韬奋基金会

新时代新征程：出版高质量发展与人才培养

——第十届韬奋出版人才发展论坛论文选

韬奋基金会秘书处 编

SPM 南方传媒 | 广东人民出版社

·广州·

图书在版编目（CIP）数据

新时代新征程：出版高质量发展与人才培养：第十届韬奋出版人才发展论坛论文选/韬奋基金会秘书处编. —广州：广东人民出版社，2022.8

ISBN 978 - 7 - 218 - 15824 - 2

Ⅰ．①新… Ⅱ．①韬… Ⅲ．①出版业—人才资源开发—中国—文集 Ⅳ．①G239.2 - 53

中国版本图书馆 CIP 数据核字（2022）第 106159 号

XINSHIDAI XINZHENGCHENG：CHUBAN GAOZHILIANG FAZHAN YU RENCAI PEIYANG

新时代新征程：出版高质量发展与人才培养

DI-SHI JIE TAOFEN CHUBAN RENCAI FAZHAN LUNTAN LUNWENXUAN

第十届韬奋出版人才发展论坛论文选

韬奋基金会秘书处 编

版权所有 翻印必究

出 版 人：肖风华

策划编辑：萧宿荣
责任编辑：赵瑞艳
责任技编：吴彦斌

出版发行：广东人民出版社
地 　址：广州市越秀区大沙头四马路 10 号（邮政编码：510199）
电 　话：（020）85716809（总编室）
传 　真：（020）85716872
网 　址：http://www.gdpph.com
印 　刷：广州市浩诚印刷有限公司
开 　本：787mm×1092mm 1/16
印 　张：21 插 页：1 字 数：300 千
版 　次：2022 年 8 月第 1 版
印 　次：2022 年 8 月第 1 次印刷
定 　价：58.00 元

如发现印装质量问题，影响阅读，请与出版社（020 - 85716849）联系调换。
售书热线：（020）85716826

代序：

略论韬奋出版人才发展论坛的意义、价值与作用①

韬奋基金会理事长　聂震宁

各位领导、各位嘉宾、各位同仁

同志们、朋友们：

在中共中央宣传部的指导下，在主办单位、联办单位和承办单位、协办单位的共同努力下，2021 年第十届韬奋出版人才发展论坛终于举行了。我谨代表韬奋基金会，向上级领导的亲切关心和指导，向各联办、承办、协办单位的通力合作，向今天线上线下莅临论坛的各位领导、嘉宾、专家和出版界同仁，表示热烈的欢迎和衷心的感谢！

韬奋出版人才发展论坛是为了继承弘扬韬奋精神、为我国出版业的创新发展提供人才支撑而创立的。韬奋先生在从事进步出版事业的过程中，高度重视人才工作，提出并认真实践过"人才主义"，在韬奋先生的带

---

① 此文系作者在第十届韬奋出版人才发展论坛的主旨演讲。

领下，生活书店以及三联书店的人才队伍，为革命出版事业、为新中国出版事业的开创提供了重要的人才基础。

韬奋出版人才发展论坛迄今已经举办九届，现在迎来了第十届论坛的举行。我们回顾 10 年来论坛举办的历程，可以加深对论坛的意义、价值和作用的认识。

第一届论坛是在党的十八大胜利闭幕不久，于 2012 年 11 月 5 日在北京举行。论坛主题是"出版人才成长之路"。在主论坛之外分别举行"编辑、数字出版与专业技术人才培养""转企改制与经营管理人才培养""走出去战略与国际化人才培养""民营出版发展与人才培养" 4 个平行论坛。可以说，首届论坛对即将开启的新时代出版业征程的人才工作做出了比较全面的观照。

第二届论坛于 2013 年 11 月 5 日在安徽合肥举行，安徽出版集团、时代出版传媒股份有限公司为承办单位。论坛主题是"中国好编辑"。3 个平行论坛分别是"好编辑培养之道""好编辑成才之路""成功案例交流"。论坛把出版业的人才培养工作聚焦到"编辑人才"这一关系到全行业核心竞争力的人才培养上。

第三届论坛于 2014 年 11 月 5 日在江西南昌举行，江西出版集团、中文天地出版传媒集团股份有限公司是承办单位。论坛主题是"现代编辑领军人"。3 个平行论坛分别是"出版单位名编辑内涵分析""编辑室及重大项目负责人素质探析""优秀出版物策划人职能探讨"。论坛把编辑人才队伍建设聚焦到现代编辑领军人的培养上。

第四届论坛于 2015 年 11 月 5 日在北京举行，论坛主题是"'互联网＋'时代出版人才培养"。历时一天的论坛集中讨论"互联网＋"时代出版业方方面面人才的培养。在本届论坛召开之前，即 11 月 3 日，韬奋基金会与中国出版协会、中国新闻工作者联合会联合举办了"纪念韬奋同志诞辰 120 周年座谈会"，中共中央政治局委员、国务院副总理刘延东同志出席会议并发表讲话。

第五届论坛于 2016 年 11 月 5 日在江苏南京举行。江苏出版集团、江苏凤凰出版传媒股份有限公司是承办单位。论坛主题是"创新·跨界·融合——出版人才发展大趋势"。论坛围绕包括出版业在内的整个传媒业正在进行的"创新、跨界、融合"热潮进行了整整一天的讨论。

第六届论坛于 2017 年 11 月 5 日在山东济南举行，山东出版集团是承办单位。论坛主题是"出版人才专业培养与继续教育"，平行论坛分别是"高等院校出版人才专业培养探讨"和"出版单位继续教育培训探讨"。论坛比较具体、深入地讨论了出版业人才培养工作和出版学科的建设。

第七届论坛于 2018 年 11 月 5 日在陕西西安举行，陕西师范大学出版总社是承办单位。论坛主题是"改革开放 40 年：出版人才之路"，平行论坛分别是"改革开放 40 年：出版机构人才培养"和"改革开放 40 年：出版人才专业教育"。论坛回顾了改革开放 40 年来出版业新型人才培养和成长取得的重大成果，对新时期出版业人才工作创新经验做了深入总结。

第八届论坛于 2019 年 11 月 28 日在四川成都举办，四川新华文轩出版传媒股份有限公司为承办单位。论坛主题是"新中国出版人：奋进新时代"，平行论坛分别是"出版人才培养经验总结""出版人才培养模式探究"。论坛对新中国成立 70 年来出版业人才队伍建设进行了比较全面的回顾，并就新时代出版业人才培养面临的新任务进行了深入的讨论。

第九届论坛于 2020 年 11 月 5 日在重庆举办，重庆出版集团是承办单位。论坛主题是"公益精神与社会担当"。这一主题虽然由抗击新冠肺炎疫情所引发，论坛发言的主题却空前聚焦，内容涉及出版业在 2003 年抗击非典、2008 年抗震救灾等国家社会发生的重大事件中的出色表现。本次论坛成为出版业公益精神的一次大讨论。

回顾九届论坛的历程，我们可以看到，韬奋出版人才发展论坛一直紧跟新时代的步伐，与新时代出版业的改革创新和高质量发展相伴而行，为新时代出版业人才队伍建设发挥了重要作用，逐步成为我国出版行业一个颇具影响力的专业论坛。

今天，经过多方努力，排除种种困难，第十届论坛终于举行。本届论坛由广东省出版集团和南方出版传媒股份有限公司承办，机械工业出版社和百道网协办。原计划是在广东省广州市举办，可是为了抗疫的要求，改为在北京线下线上举行。虽然论坛的地点和形式有一些变化，演讲的容量略有一些缩减，可是，论坛依然保持了较高层次。本届论坛的主题是"新时代新征程：出版高质量发展与人才培养"。论坛将由广东省委宣传部二级巡视员张燕卿和广东省出版集团总经理杜传贵热情致辞，诸位将有幸听到中国出版协会理事长邬书林、中国版权协会理事长阎晓宏、中国编辑学会会长郝振省和迟云、肖延兵、李奇、陈丹等诸位嘉宾的专题演讲。本次论坛完全有望成为 2021 年年末出版业人才工作经验交流和理论思考的一场思想、智慧的盛宴。

同志们、朋友们，在诸位领导和嘉宾演讲之前，论坛还将为本次论坛征文获奖的作者进行颁奖。本次论坛征文活动共收到 216 篇来稿，来稿的整体质量明显高于往届。征文的作者既有出版发行集团领导、出版发行机构负责人，更多的是出版发行业一线的员工，还有不少高校出版学科的师生；特别可喜的是，其中出版发行机构负责人明显多于往届，让我们看到出版业领军人才较之以往更为重视实践经验的总结和理论思考。经过评委会严格评审，有 5 篇获一等奖，10 篇获二等奖，15 篇获三等奖，60 篇获优秀奖。获奖征文围绕论坛主题"新时代新征程：出版高质量发展与人才培养"，从不同角度发表自己的思考见解。归纳起来，主要是三个角度：一是从强化出版人的高质量发展意识的角度，阐述新时代新征程新形势下，推进出版高质量发展的必要性和有效途径，深入讨论出版高质量发展与培养出版人才的内在联系；二是从出版人才助力出版高质量发展案例总结的角度，讲述、总结新时代新征程新形势下，高质量出版中优秀人才发挥重要作用的经典案例；三是从新时代出版人才培养模式探究的角度，探索新时代出版人才的培养路径，分析新时代对出版从业者的新要求，探究新时代出版专业教学的新目标。征文获奖作品紧扣论坛主题，既全面、宏观探讨新时代新征程新形势下的出版高质量发展与人才培养问题，也通过小角度或具体案例反映大主题，作品都能紧密联系实际，做到言之有物，言之有据，为新时代出版业人才工作奉献了一批颇具传播交流价值的专业文章。本届论坛之后，韬奋基金会与南方出版传媒广东人民出版社合作出版获奖论文集。

同志们、朋友们，十八大以来，以习近平同志为核心的党中央高度重视人才工作，我国各行各业爱才敬才蔚然成风。习近平总书记曾在中国科学院第十九次院士大会、中国工程院第十四次院士大会上指出："我们比历史上任何时期都更接近实现中华民族伟大复兴的宏伟目标，我们也比历史上任何时期都更加渴求人才。"前不久，习近平总书记出席中央人才工作会议并发表重要讲话，指出："深入实施新时代人才强国战略，全方位培养、引进、用好人才，加快建设世界重要人才中心和创新高地，为2035年基本实现社会主义现代化提供人才支撑，为2050年全面建成社会主义现代化强国打好人才基础。"我国出版业要实现高质量发展，在2035年我国建成文化强国的伟大进程中发挥重要作用，比历史上任何时期都更加渴求人才，也比历史上任何时期都更加需要加强人才培养，韬奋出版人才论坛愿意为此作出我们应有的贡献。

再次感谢各位领导、各位嘉宾、各位专家和出版界同仁出席本届论坛。预祝论坛取得圆满成功！

谢谢大家！

目录

第十届韬奋出版人才发展论坛获奖论文选粹

附录

主论坛　新时代新征程：出版高质量发展与人才培养

弘扬主旋律　奋进新征程

——在第十届韬奋出版人才发展论坛上的致辞

广东省委宣传部二级巡视员　张燕卿

尊敬的邬书林理事长、阎晓宏理事长、张怀海巡视员、聂震宁理事长，各位领导，各位朋友：

大家上午好！

正值广东全力推进文化强省建设工作之际，第十届韬奋出版人才发展论坛在首都北京和花城广州连线举办，具有重要意义。受中共广东省委宣传部副部长王桂科同志委托，我谨代表中共广东省委宣传部、广东省新闻出版局对论坛的举办表示热烈的祝贺！对各位领导和嘉宾朋友的莅临表示热烈的欢迎！

党中央把宣传思想工作作为党的一项极端重要的工作，高度重视宣传思想人才队伍建设。习近平总书记围绕推动宣传思想战线强起来做出一系列重要论述，突出强调宣传思想工作者要不断掌握新知识、熟悉新领域、开拓新视野，增加本领能力，增强脚力、眼力、脑力、笔力，努力打造一支政治过硬、本领高强、求实创新、能打胜仗的优秀人才队伍。出版工作是党的宣传思想文化工作的重要组成部分，承担着传播真理、传承文明、引领风尚、教育人民、服务社会的重要责任。做好新时代出版工作，对于坚持马克思主义在意识形态领域指导地位，巩固壮大主流思想舆论，满足人民精神文化需求，增强人民精神力量，坚定文化自信，提高文化软实力和中华文化影响力，建设社会主义文化强国具有重要意义。

韬奋基金会致力于弘扬韬奋精神、壮大出版队伍、发展出版事业，韬奋出版奖成为中国出版人孜孜以求的光荣与梦想。韬奋出版人才发展论坛对提升编辑素质、拓展出版视野、推动出版创新发挥了重要作用，成为中国出版业高质量发展的重要平台。"十四五"开局之年，第十届韬奋出版人才发展论坛在广州举办，是对广东出版人的极大鼓舞，也是对广东出版业的有力促进。

广东高度重视新闻出版人才的培养，出台了一系列激励政策和举措，正在评选的"广东出版政府奖"，将评出一批优秀出版人。我们将充分发挥省出版集团的示范引领作用，进一步完善人才管理制度，探索多层次人才尤其是复合型人才培养路径，真正培养出一批讲政治、懂出版、会经营的高素质出版人才，推动广东出版在深化改革上做表率，在高质量发展上见成效。

广东出版工作将以这次论坛为契机，认真贯彻党的十九届六中全会精神，进一步加强党对出版工作的全面领导，深入贯彻新发展理念，弘扬韬奋精神，实施人才战略，出版精品力作，为社会主义文化强国建设做出新的更大贡献。

祝论坛圆满成功！祝各位领导、嘉宾在广州顺心顺利！

谢谢大家！

推动出精品、育英才、攀高峰

——在第十届韬奋出版人才发展论坛上的致辞

广东省出版集团党委副书记、总经理　杜传贵

尊敬的邬书林理事长、阎晓宏理事长、聂震宁理事长、张怀海巡视员、郝振省会长、魏玉山院长、李奇社长、张增顺秘书长，还有我们广东分会场的张燕卿巡视员，各位专家学者、出版同仁、媒体朋友：

大家早上好！

今年是中国共产党成立一百周年的大喜之年。在党和人民胜利实现第一个百年奋斗目标，正在意气风发向着全面建成社会主义现代化强国的第二个百年奋斗目标迈进的重要时刻，我们通过线上线下结合的方式，隆重开启本届韬奋出版人才发展论坛。作为本届论坛的承办方，我谨代表广东省出版集团、南方出版传媒，代表谭君铁董事长，向与会的各位领导、嘉宾和朋友，表示热烈的欢迎！也借此机会，对长期以来关心支持广东省出版集团、南方出版传媒改革发展的各界人士，表示衷心的感谢！

广东，向洋而生。在鸦片战争之前的数十年里，广州是清政府"一口通商"政策下唯一对外口岸。这种地位使广州成为当时中西文化交流的重要窗口和唯一通道，广州同时也是中国近代出版业发源地之一。著名思想家、中国报业先驱梁启超先生，生于广州的出版巨擘张元济先生，祖籍广东中山（生于上海）的出版家王云五先生，新中国出版事业的重要开拓者、著名语言学家、新会人陈原先生，都是中国近现代出版史上的风云人物。

中国共产党成立前夕，《新青年》杂志南迁广州，党的理论刊物《向导周报》也在广州出版，为马克思主义理论在中国的传播做出了重要贡献。新中国成立后，广东的出版业走上新历程，《三家巷》《羊城暗哨》《唐诗小札》等一批脍炙人口的经典作品相继问世。

1979年，改革开放、潮起珠江，广东出版得风气之先，《花城》《随笔》等一批有影响的刊物应运而生。随后，率先引进香港武侠小说，继而引领了武侠热、琼瑶热、朦胧诗热、先锋文学热等中国出版和阅读潮流。《论社会主义商品经济》《人啊，人》《新三字经》和王小波"时代三部曲"等风靡一时。1993年，《岭南文库》第一批18种图书推出，成为国内第一部研究地域文化的大型原创性丛书。近些年，陆续出版了《中华人民共和国通史》《这边风景》《遥远的向日葵地》《中国桥》《我的家在中国》等一批双效俱佳的精品图书。

习近平总书记亲自谋划、亲自部署、亲自推动粤港澳大湾区国家战略，广东省出版集团发挥广东与港澳地缘相近、文化相亲、语言相通的优势，助力人文湾区建设。一是成立粤港澳大湾区文化教育交流中心，做好《中国语文》《中国历史》等港澳教材和文化读本的编写、出版和推广使用，二是策划出版《粤港澳大湾区规划和全球定位》《简明香港史》等彰显湾区特色的精品力作，三是开展粤港澳青少年研学活动和湾区高校征文比赛、打造澳门青少年横琴阅读基地，进一步促进港澳青少年的国家认同、文化认同。

精品图书生产，离不开优秀人才支撑。近年来，广东省出版集团坚持以人才引领发展，制订了新时代人才工程三年行动计划，设立两千万人才工作专项资金，面向全国百万年薪引进人才，积极推动双通道建设，在引进人才、培养人才、留住人才方面进行了一些探索和尝试，以激发出版人才内在潜能和活力。当前，我们正在深入推进教育出版集约化经营、大众出版专业化特色化品牌化发展，在深化主业改革过程中，我们特别注重、特别强调把精品出版与人才培养结合起来，通过精品项目锻造编发队伍，通过人才培养促进精品生产，形成两者的有机互动、良性循环，推动出版更多"叫得响、传得开、留得住"的精品力作。

当前，出版业正面临信息技术、数字技术和网络技术革命所带来的巨大挑战，出版企业需要积极探寻符合自身实际的转型发展路径，出版业对人才的需求，比以往更加迫切。我们必须牢记习近平总书记在中央人才工作会议上的殷殷嘱托，深化人才发展体制机制改革，完善人才评价体系，为各类人才搭建干事创业的平台，构建充分体现知识、技术等创新要素价值的收益分配机制，让事业激励人才，让人才成就事业，努力做到出人才、出好书、出效益，推动实现集团高质量发展！

韬奋出版人才论坛是为弘扬韬奋精神、推动出版创新而创设的高端人才平台，设立以来为推动出版工作改革创新，为出版人才队伍建设，为中国出版事业发展，做了大量工作，做出重大贡献。本届论坛以"出版高质量发展与人才培养"为主题，与会的嘉宾既有主管主办单位的领导、行业翘楚，也有业内资深的专家学者，大家在出版人才培养领域有着深厚的理论功底、专业造诣和丰富的实践经验。广东省出版集团殷切希望借此机会，学习同行尤其是在人才培养方面的好经验、好做法，不拘一格广纳贤才，推动集团人才工作迈上一个新的台阶。

预祝论坛圆满成功！

谢谢各位！

发扬韬奋精神 不负伟大时代

——在第十届韬奋出版人才发展论坛上的发言

中国出版协会理事长 邬书林

刚才聂震宁同志介绍了韬奋基金会前九届论坛的情况，从他的讲话中我们看到，韬奋基金会对出版人才培养一以贯之的高度重视，一直在扎扎实实工作，令人感佩。我们出版协会要好好学习。在出版业高质量发展的关键时刻，本届论坛聚焦新时代出版人才培养，我以为立意高远、意义重大。

做好新时代出版人才的培养，要认真落实中央的战略部署。2021年9月29日，习近平总书记在中央召开的人才工作会议上，全面回顾了党的十八大以来人才工作取得的历史性成就，科学回答了新时代人才工作的一系列重大理论和实践问题，明确了指导思想、战略目标、重点任务、政策举措。深刻阐述了人才强国和中华民族伟大复兴的相互关系，为新时代人才工作指明了前进方向，提供了根本遵循。讲话内涵丰富、思想深刻，蕴含关键的顶层设计和战略谋划，是为新时代人才工作谋篇布局的纲领性文件，出版界要抓好会议精神的学习和贯彻落实。

党的十九大做出了中国特色社会主义进入新时代的重大政治论断，提出加快建设创新型国家的宏伟战略目标。十九届五中全会进一步提出坚持创新在我国现代化建设全局中的核心地位，强调坚持高质量发展，建成文化强国，国家文化软实力显著增强的历史任务。同时围绕着建设文化强国，中央还做出了一系列重大战略部署。提出建设世界一流学术期刊，2035年使我国的学术期刊进入世界第一方阵；提出加快构建中国特色哲学社会科学学科体系、学术体系、话语体系三大体系等任务。实现这些宏伟目标，不仅是新时代我国自然科学工作者、哲学社会科学工作者的历史使命，也是我国出版人的重要职责。新时代出版工作应当大有作为，也可以大有作为，我们出版人才的培养应当放到这个大局下去考量。

抓好出版人才培养，推动出版高质量发展要认真研究中外出版的历史经验。从一定意义上讲，一个国家出版工作者的思想水准、工作水平、实操能力决定了出版业在该国和世界的地位。只有一个国家的出版家多了，思想水平、专业水平高了，经营能力强了，才能更好地发挥出版工作在推动社会进步方面的作用。我们可以回顾一下国际国内的经验，这方面也有很高的相关性。英国自工业革命后，相当长的时间内一直引领世界出版业，很重要的原因就是它有一批高水平的出版家、思想家。《牛津辞典》编纂工作是吸引全世界的出版人才共同参与完成的。二战之后，英国出版商协会主席斯坦利·昂温出版的《出版概论》，被誉为"出版人的圣经"，全面总结了英国工业革命以来出版业和世界文明相互之间的关系。他也被英国女王授予了爵士头衔。一个平民出版商成为英国爵士，如没有重要贡献，不会通过英国皇家的严格审核。麦克米伦出版公司为英国教材繁荣发展做出过贡献，麦克米伦后来成为英国首相。至今麦克米伦出版公司在学术、教育、少儿等出版领域仍然有重要影响，关键原因就是它有一批重要的出版家。二战前后，美国涌现出一批伟大的作家，也是因为背后有一大批高水平的编辑和出版家。斯坦贝克、海明威都曾经讲过，没有珀金斯，就没有他们。

再看国内。当年，邹韬奋先生在办三联书店时就高度重视人才培养。尽管当时是非常艰难的战争年代，韬奋先生还是坚持每月组织一次员工学习会，周恩来曾到会做过报告。我认为，韬奋先生当时提出的"一边学习，一边生产，克服困难，敌人丧胆"方法，仍然是出版人才培养的重要经验。新中国成立以后和改革开放以来，一大批高水平的专家和出版家为我国出版业的发展贡献了智慧和力量，我们要好好地继承和发扬。这里举几个例子以证之。胡绳同志是我国著名的理论家，新中国成立初期担任人民出版社总编辑。他提出的"出版要设立门槛，这样一个国家的学术水平才能提高"的原则，今天仍然非常重要。冯雪峰同志是人民文学出版社的创始领导，他留下的"古今中外，提高为主"的社训，为人民文学出版社的发展奠定了思想文化基础。人民文学出版社成立70年的时候，出了一本书叫作《文学名著诞生地》，建议出版人看看，如何翻译出版外国文学名著？人民文学出版社和当时的一批专家、学者、出版者共同商定了这么一项原则，叫作"网罗经典，格高意远，本色传承"，简称网格本。现在网格本是我国外国文学名著的著名品牌，也是中国出版人与世界文明对话时的重要资本，因为很少有一个国家，像中国这样系统地翻译世界各国的文学名著。改革开放以来，我们还亲历了陈翰伯先生等老一辈出版家组织出版《汉译世界名著》的过程，给我们诸多的启示和经验。再举一个单本书的例子，看看出版人才的作用。钱钟书先生的《管锥编》的责任编辑是周振甫先生。周振甫先生从编辑的角度对书稿提出了数千条意见。钱钟书先生视这些意见为"非谓之'大鸣'不可""禅人所谓'震耳作三日聋'不可改也"，并记录在案。这段学者与出版人交往的故事，一时传为佳话。这些都是我们培养出版人才的宝贵精神财富。

中国出版高质量发展正面临着空前的机遇，出版工作者大有可为，呼唤出版人才为之努力。

宏观上看，中国出版高质量发展条件很好、机遇空前。一是党中央高度重视，召开重要会议，下发一系列重要文件指引和促进出版的繁荣发展。2018 年 11 月，习近平总书记主持召开中央深改委第五次会议，审议通过了《关于加强和改进出版工作的意见》《关于深化改革培育世界一流科技期刊的意见》，2021 年中宣部、教育部和科技部联合下发了《关于推动学术期刊繁荣发展的意见》。二是经济社会的快速发展和教育的全面繁荣发展为出版繁荣提供了坚实基础。根据中国国家统计局数据，1978—2021 年，我国 GDP 总量从 0.37 万亿元跃升至 114 万亿元，实际增长了307 倍多。综合国力的大幅提升为出版注入了活力。此外，目前中国在校大学生人数为 4000 多万，有 2.18 亿人受过高等教育，博士研究生的数量已位居世界前列。教育水平的提高不仅为中国出版事业涵养了广大读者，也为内容生产提供了源源不断的作者。三是研发投入的稳步增长为出版提供了不竭的内容来源。1995 年起，中国实行科教兴国的基本国策，科学研究繁荣发展，科研创新成果不断增多，既促进了经济社会的发展，又为出版繁荣提供了重要的内容资源。近年来，中国的研发开支大幅增长，从2000 年的 896 亿元增长到 2020 年的 24 393 亿元，位居世界第二。另据Scopus 数据库统计，2019 年度全学科总体发文量中国与美国持平。四是健全的出版体系和积累的出版经验为出版业的发展提供了重要保障。改革开放以来，中国出版业自身有了长足的进步，建立了相对完整的出版体系，初步适应了中国经济和社会发展。目前，每年出版报纸 1800 多种；出版图书近 40 万种，其中新书有 20 多万种；出版期刊 1 万多种。2020 年，中国数字出版的收入已达 11 781.7 亿元，年增长 19.2%。

从出版微观角度看，也是如此。我做了一点功课，版协换届后，我们要做一件自以为是大事的事，就是成立学术出版委员会，研究高质量发展下的出版业责任。通过研究学术名著和出版的相互关系，我们发现，伟大作品出版与重大事件一般都有时间差。众所周知，法国大革命是引领世界的一场伟大革命，催生了一批伟大的作品，但是它们的出版时间一般都滞后了若干年。这样的例子很多，如托克维尔总结法国大革命经验的世界名著《旧制度与大革命》。法国大革命爆发于 1789 年，托克维尔 1835 年、1840 年出版了《论美国的民主》（上、下卷），又历时近 20 年潜心研究，直至 1856 年才首次出版《旧制度与大革命》。雨果的名著《悲惨世界》也是法国大革命 70 年后才出版。

当前，新中国成立 70 多年，改革开放 40 多年，党中央提出要经过 15～20 年的努力，也就是 2035 年前后建成世界文化强国。我们正处于有条件出版重要作品的有利机遇期，在迎接党的二十大胜利召开的重要时刻，出版界更应当把政治意识、大局意识、核心意识、看齐意识落到实处，拿出实实在在的举措，出版好精品，推动出版事业高质量发展。

最后，希望出版工作者发扬韬奋精神，不负伟大时代！

（根据录音整理）

怎样挖掘优秀作品

——以出版人才与人工智能数据分析为视角

全国政协文化文史和学习委员会副主任、中国版权协会理事长　阎晓宏

　　首先对聂震宁理事长和韬奋基金会致以崇高的敬意，基金会做了大量卓有成效的工作，非常值得我们学习。同时，也向获奖者表示热烈的祝贺。我今天讲的主题是"怎样挖掘优秀作品——以出版人才与人工智能数据分析为视角"，主要有三点：第一，什么是出版人才；第二，怎样挖掘优秀作品；第三，作品是衡量人才的最终标准。

　　第一，什么是出版人才。一是具备卓越的策划能力。聂震宁同志是著名的出版人，20 世纪 90 年代初，他在广西漓江出版社任社长时，策划了一套诺贝尔文学奖的获奖作品，翻译出版后，影响很大，这也是国内首次系统推出的诺贝尔文学奖的作品丛书。刚才见到机械工业出版社出版的《底层逻辑》，一个月印了 30 万册，也是因为策划的原因，还有机械工业出版社出版的《被讨厌的勇气》，累计印数是 150 万册。这都体现出卓越的

策划能力是非常重要的。我还知道多年前几个经典案例，比如张小影和俞晓群策划、辽宁教育出版社出版的《中国读本》，先设定中国读本选题，最后寻找到最合适的作者苏叔阳，大概发行了五六百万册。王亚民在河北教育出版社时也策划了很多有影响力的书。还有机械工业出版社组织策划并出版的《机械工程手册》8卷本，朱镕基总理出席了出版首发座谈会，影响十分大。

二是具备挖掘优秀作品的能力，也是我今天重点要谈的。

三是具备编辑加工，提升稿件质量的能力。我举两个例子。一个是刚才书林理事长谈到的周振甫编辑钱钟书的《管锥编》，整个编辑修改的文字达2万多，钱钟书非常感谢周振甫先生纠正了书稿中一些不严谨与疏漏之处，认为周振甫先生发现书稿中谬误之处，就像观世音一样有千眼千手。另一个是20世纪90年代，我当时在新闻出版署图书司工作，陪同中宣部出版局高明光局长，到陕西人民出版社检查编辑出版的质量，同行的专家是人民出版社的编审林穗芳，他学养深厚，懂7国语言。他分析了陕西人民出版社拟出版的一部书稿，娓娓道来，丝丝入扣，大家听了，无论是陕西人民出版社的同志还是我们北京来的一行人都深为折服。

四是具备面向读者或者市场制作和传播的能力。这个题目很大，我现在只能点一下。新技术给我们带来了很多好的地方，但同时也面临着很多问题，比如说电商的打折，这是不公平竞争，我觉得还需要进一步地推进解决这个问题。

反观我们的出版人才，出版人才是个大概念，包括编辑出版、制作和发行销售。现在我觉得编辑与制作能力都很强，但是发行销售能力是我们的短板，甚至可以说是我们出版行业的"卡脖子"工程，需要从出版可持续与高质量发展的战略层面予以高度重视，从国家层面采取有力措施。

在前面提到的这四种能力当中，挖掘优秀作品的能力是最为重要的。怎样挖掘优秀作品呢？说起来容易做起来难。就是要有丰富的学识和涵养，要有敏锐的眼光，对作品做出判断，还有对前沿问题的把握，比如最好的作家在写什么。另外就是对市场、对读者的需求的预期和把握。

比如，著名网络作家唐家三少，其实他现在创作的作品不仅限于网络，也有先出纸质版，再在网络上传播的，也有改编成电影、电视剧的。他现在成名了，被誉为网络作家第一人，网络文学平台和传统出版机构都在争抢他的作品。但是他当年刚出道时，他的作品默默无闻，其处女作是一个香港人发现的。唐家三少最早是在北京一家网络公司上班，后来这家公司经营不景气，他被解聘了，并且找不到工作，他就临时帮母亲看修车铺，闲来无事，写些文字，并在网上发表。当时，他根本没有想到写作也能赚钱，有人点击阅读，他就很高兴。直到有一天，有一位香港出版商发现了网上的文章并找到他，承诺写一部 15 万 ~ 20 万字的小说，给他 2 万港币，这让唐家三少非常兴奋，他也由此走上了职业创作的道路。当他出名以后，他的小说十分抢手，出版社很难约到他的书稿；而在他未出名之前，其稿件是无人问津的。

这样的例子还有不少。比如，著名作家杨红樱的第一本书也是无人问津的，是当时在作家出版社的著名出版人白冰发现的，我称之为挖掘作品。还有当年明月的第一部作品是沈浩波挖掘的，等等。

这些例子给我们的启示在于，编辑不是寻找甚至争抢已经出了名的作家的作品，而是寻找挖掘那些还没有出名，但非常有天赋、有才华的作者。这样的作者，需要慧眼识珠的伯乐，而且我认为，在当前的社会环境下，有很多杰出的人才、优秀的作品由于没有伯乐，已经被淹没。

但是，即使如此，上述成功挖掘优秀作品的案例仍然有局限。因为它是以经验和眼光为前提的，假如香港出版人没有遇到唐家三少的作品，白冰、沈浩波没有遇见杨红樱与当年明月的作品，这些就无从谈及了。这是经验在挖掘优秀作品中的局限。

那怎么解决这个问题呢？有无改进的办法呢？我抛砖引玉讲讲这个问题。我们运用人工智能和数据分析，不仅可以挖掘优秀作品，甚至还可以创作优秀作品。以人工智能为例，现在人工智能创作的作品，不仅限于图书，还有舞蹈、音乐等。一方面，只要作品有独创性，构成智力成果，并且可以以某种形式表达出来，就属于著作权范畴之中的客体；另一方面，它有很大的市场价值。现在，运用人工智能创作不同类型的作品，已经不是天方夜谭，它正以崭新的姿态步入现实生活。

运用人工智能和数据分析挖掘优秀作品。我认为这个是值得思考与尝试的，特别是具有一定实力的出版机构。其实，现在出版领域已经有了这方面的尝试与实践。比如我在远集坊请中国出版集团副总裁刘伯根讲中国出版集团的发展时，他举了一个例子，中国出版集团旗下的中国对外翻译有限公司有一个中译语通公司。一本50多万字的书，他们运用自己的翻译系统数据进行分析，大概不到5分钟就全部翻译完毕，4个编审用2小时把它全部梳理一遍，不到3小时就出书了，并且扉页上注明翻译、编审、印制共3小时，内容无大碍。需要特别说明的是，这本书没有出版，只是在合理使用范围内印了几本。比如爱奇艺要拍一部片子，从阅文集团拿到的小说都是上百万字的，把它变成一个剧本耗费的人工成本非常大。他们就可以通过人工智能和数据分析，在很短的时间内，把它变成一个人物关系梳理得很清楚的几十万字的东西，这个时候编剧再上手，就极大地提升了效率。我觉得这个从未来发展来看也是需要关注的。

数字经济风靡，必将是我们经济与文化发展的主流。数字经济和我们的关联度非常高，我们通过优秀的作品作为生产要素，通过互联网作为载体，通过人工智能、数据分析、通信技术有效地改善和提升我们的效率，这里面的空间也是非常大的。

2021年12月，习近平总书记在中国文联第十一次全国代表大会、中国作协第十次代表大会上发表重要讲话，明确指出："衡量一个时代的文艺成就，最终要看作品。衡量文学家、艺术家的人生价值，也要看作品。"衡量出版人才的标准是什么？要看组织能力、策划能力，挖掘好作品的能力，而且要低成本挖掘好作品，当然还有编辑加工能力，制作、发行与销售能力。

名编辑的标识及其成长的主、客观条件

中国编辑学会会长　郝振省

　　我今天给大家分享的题目是《名编辑的标识及其成长的主、客观条件》。根据会议的议程安排和时间要求，我就讲个提纲，提纲的结构叫作"三大九小"，有三个大的提纲，每个大提纲下面有三个子提纲。

　　第一个大提纲：名编辑或者说编辑家的标志是什么？这里面分三个小的子提纲。子提纲一：你必须有编辑业务的代表作，并且代表作横向为行业内外所承认，纵向可以流传好多年，甚至是永久性的。很多时候我们想到某一个编辑大家，马上想到他策划编辑的代表作。反过来，当我们说到一个精品出版物的时候，往往会提到作者和编辑。谈到龙世辉先生，我们总会想到《林海雪原》和作者曲波先生。我们业内谈到唐浩明先生的时候，就一下子想到他花了 11 年的工夫编出的 1500 多万字、30 多卷册的《曾国藩全集》。陈昕同志作为编辑家与《当代经济学系列丛书》联系在一起。还有周百义同志与二月河的康雍乾九卷本长篇历史小说联系在一起。

子提纲二：从你的代表作追溯而去发现你具备相当强势、相当成熟的选题策划能力。这些选题策划可能是一部很有影响力、辐射力的单行本著作，也可能是只有开头没有结尾或者既有开头也有结尾的套书。我们编辑学会评出的"十大优秀出版编辑"之一、湖南科技出版社的黄一九先生，他编著的《九亿农民健康教育读本》，就是把健康中国的国策和踩着黄泥的这种现实结合起来策划出来的。还有高教社的优秀编辑吴雪梅女士，她长期跟踪生命科学的发展，策划了分子生物学的专著、教材。其专著首版5000册，最后大概发行60万册，获得第四届国家图书奖提名奖。上海交通大学出版社原社长韩建民先生，策划《平易近人——习近平语言的力量》，其实未进入"红海"领域，走的是"蓝海"的道路。从《平易近人》走下去，从习近平语言的力量引申出外交的力量、军事的力量、教育的力量等。

子提纲三：由选题策划再向深度追溯，就会发现能动性的编辑加工和创新性的案头功夫，是优秀编辑家的又一个标志。对于好的书稿，你能够锦上添花，精益求精；对于一般的书稿，你能化平庸为精品，甚至把"废料"变为宝贝。在我的印象里，《傅雷家书》就是这样的情况。像我们讲编辑能力，举个例子，人民大学出版社的哲学名编辑杨宗元女士。她有一位95岁的作者刘欣怡教授，她带了一个团队编辑这位教授的《中国的儒学统治》书稿，花费一个多月时间，以为能得到老教授的肯定，结果老教授认为这是对他的不信任，难道我的书稿就那么有问题？结果她给老教授汇报了编辑加工的情况，并将相关电子邮件和十几处疑问发送给他，老教授甚为感佩，说道，你们发现了过去多年没有发现的问题。

第二个大提纲：关于名编或者编辑家成长的主观条件。我也分了三个子提纲。子提纲一：他应该忠诚于党的编辑出版事业，一入行就义无反顾，把献身祖国、服务人民的编辑出版事业作为实现自我价值的最佳选择。比如十月文艺出版社总编辑韩敬群，也是"十大优秀出版编辑"之一，他说：编辑便是以我们有限的知识储备应对无穷变化的书稿内容的过程。这是逼着你永远不要放弃追求新知，要有"一字不知，儒者之耻"的精神。另一位编辑家陈昕讲他入行以后，一直记着马克思中学毕业时职业选择的那一段话，他认为这个行业最能够体现我们的人生价值。此外编辑家蔡敏的座右铭是：每一本书都认真去编，就能学到很多。

子提纲二：编辑家应该在他的编辑业务领域坚守专业性和专注性的方向，不要轻易地转换镜头，而是专注地投入专业性，向深度掘进，向宽度拓展。巢峰同志在辞典和经济学领域耕耘了70多年，主持《辞海》四个十年版的修订工作，几任总书记写信肯定、祝贺。有句话说得好，一个人一生只做一件事情，整个世界都会围着你转；一个人一生不断地调整目标，转换镜头，将沿着地球切线飞出去，被世界所否定。

子提纲三：由专业性和专注性所引发，他应该追求比较高端的学养和比较深厚的底蕴；他必须既是一位专业的编辑家，又是一位专门的学问家；他不仅能够编出好的书稿，而且能够写出好的文章。关于学养和底蕴，你得在价值观和使命感的基础上，具有文学、史学、哲学、艺术、科学和伦理学方面的学习和修炼；关于编辑家和学问家，是说你在编辑家的基础上，还能对某一领域科学或学术具有较大的发言权，比如刚才说的杨宗元女士，除了是一位编辑家，还是哲学方面有造诣的学者；名编辑自己能够写出好文章、大文章，几乎成为一条定律。周振甫、唐浩明都是这样的双大家。

第三个大提纲：名编辑成长的客观条件。子提纲一：从一个企业来讲，应该根据企业的定位和社会的需求，一方面为自己的编辑，特别是中青年的编辑职工量身定做，提出发展目标，分配发展任务；另一方面为他们实现目标和完成任务提供条件和保障，使他们有一种归属感、获得感和使命感。子提纲二：既为名编辑成长提供基础性实力，又为这种成长施加合理性压力，还为这种成长供给引领性动力。子提纲三：在国家层面，既通过设计建设文化强国和建成文化强国的近期目标与远景目标，引发出版强国重大战略任务，又通过"五位一体"的总体布局和"四个全面"的战略布局为我们全体编辑出版人，同时为年轻编辑的成长提供发展空间。

由于时间关系，后面内容没有展开。请各位原谅。谢谢大家！

激活人才引擎　赋能高质量发展

——在第十届韬奋出版人才发展论坛上的致辞

南方出版传媒股份有限公司党委委员、总编辑　肖延兵

尊敬的各位领导、各位嘉宾，朋友们：

大家上午好！现在，中国大多数地方已进入初冬时节，但此刻的广州依旧花团锦簇、温暖如春。非常高兴与全国各地出版界的新朋故交，线上相聚于第十届韬奋出版人才发展论坛，共同探讨如何加强新时代出版人才队伍建设，为出版业高质量发展提供人才支撑，这一当前出版业的时代命题。

出版业是人才密集型行业，出好书离不开人才。广东省出版集团党委一直高度重视人才工作。近年来，我们认真学习贯彻习近平新时代中国特色社会主义思想，坚持以习近平总书记关于人才工作的重要论述为指引，围绕"主业挺拔、双效俱佳、多业态共融、高质量发展"的企业发展目标，大力实施人才强企战略，扎实推进出版主业供给侧结构性改革，大力推动教育出版集约化经营，大众出版专业化、特色化、品牌化发展，取得

了较好的社会效益和经济效益。"十三五"期间，获中宣部"五个一工程"奖、中国出版政府奖、中华优秀出版物奖三大奖图书25种，入选国家重点出版规划项目62个，获国家出版基金资助项目75个。1人荣获全国宣传文化系统"四个一批"人才，1人获韬奋出版奖，2人获评享受国务院政府特殊津贴，2人入选全国新闻出版行业领军人才，2人入选全国宣传思想文化青年英才。

近三年来，我们始终坚持人才引领发展的理念，采取了一系列举措，不断优化人才发展环境、激发人才创造活力，努力夯实出版主业高质量发展的人才基石。受谭君铁董事长的委托，根据论坛议程安排，我就广东省出版集团的人才工作的一些思路举措，与大家做个简单交流，抛砖引玉，希望大家批评指正。

一是坚持党管人才，积极把握人才工作战略主动。我们坚持把人才工作放在企业发展的首要位置，构建"一把手"带头抓"第一资源"的工作格局，注重从出版业务主战场发现"宝贝"人才，把关注点放在青年人才上。自2019年起，国家开始实施新时代人才工程三年行动计划，设立两千万人才工作专项资金，通过人才集聚、培育、激励、保障四大工程，对人才工作进行谋篇布局。2020年，我们首次开展了新时代人才评选，选拔出5名领军人才、21名高层次专业人才、102名优秀青年人才。遴选出来的这128名新时代人才中，来自出版相关业务单位的85名，其中，80后优秀青年人才达70名。实施首席编辑/记者选拔评价制度后，已有22名新闻出版岗位的专业人才获评首席编辑和首席记者。另外组织经营管理人才和业务骨干赴美国、德国、澳大利亚，开展以出版融合发展为主题的人才培训，连续三年在香港开展"从优秀到卓越"的业务专题培训，在北京大学、浙江大学举办"头雁领航工程"研修班。同时，组织举办高级人才读书会、南方出版论坛、社店营销等沙龙活动，通过各类培训和交流活动，促进出版各类人才拓宽视野、更新观念，不断提高工作的创新能力和业务水平。这些措施持续释放求贤若渴的强烈信号，促使人才工作战略目标正在一步步实现。

二是坚持守正创新，不断拓宽人才工作的思路。我们把人才工作机制创新，作为推动出版主业供给侧结构性改革的重要抓手，出台了出版社干部人事工作改革意见，优化出版社领导班子考核机制和薪酬分配制度，让出版社一把手对班子人选配备和班子副职的薪酬分配上拥有更大的话语权。同时，鼓励距离退休年龄不足三年的出版社领导班子成员，改任非领导职务；鼓励出版社实施全员竞聘上岗，优化人才队伍结构，为改革提供有力的政策供给。大力实施职业经理人制度，通过转聘、竞聘上岗、社会招聘等方式聘用了 5 名出版、营销、投资方面的职业经理人，在促进企业优化管理、提升经营方面取得了明显的成效。我们还拟订了出版编辑人员职业发展通道管理指导意见，拓宽编辑上升通道和发展空间，激发人才活力。

三是坚持海纳百川，不断探索人才集聚的路径。我们坚持重点突破与全面推进相结合，推进人才引进工作，把紧缺急需和具有重要战略价值的关键人才作为工作重点。2020 年，开展了南方传媒"百万年薪纳贤才"高端人才招募工作，多渠道释放广纳贤才信号，成功引进多名行业高端人才。2021 年，为支持大众出版专业化、特色化、品牌化发展，南方传媒组织出版社集中向社会公开招聘一批出版行业专业人才，给予工资总额支持。充分利用博士后科研工作站研究平台，招聘了 4 名具有较强科研能力的文学、历史和设计专业博士进站工作，围绕出版融合发展、岭南文化传播和文旅特色小镇规划等课题进行研究。近三年，招聘引进了包括北京大学、清华大学、武汉大学、中山大学、伦敦大学国王学院、纽约大学等综合实力或专业实力强的知名高校应届毕业生 290 余人。

四是坚持"一线赛马"，不断强化注重实绩的用人导向。我们坚持从业务一线选人，不断提高选人用人的公信力。近年来广东省出版集团和南方传媒股份有限公司"一报告两评议"的群众认可度稳步提升。对所属子公司选人用人"一报告两评议"得分偏低的，进行集体约谈，深入分析原因，责成改进优化。今年，我们启动实施了集团中层岗位竞聘工作，经竞聘程序，9 名来自直属一线业务单位的政治过硬、实绩突出的优秀年轻人才脱颖而出，成为中层副职领导干部。注重总部与业务一线人员的交流，建立出版发行人才挂职锻炼管理机制，实施出版社、新华发行集团之间编辑、营销发行人员双向挂职锻炼，目前，第一批计划选派 12 名出版专业人才赴广东新华发行集团挂职锻炼。

五是坚持优化环境，不断完善人才激励机制。旗帜鲜明地为担当作为的人才撑腰鼓劲，以组织担当带动人才担当，以组织作为带动人才作为。我们积极探索建立包含考核分配、中长期激励、职级晋升、荣誉奖励等内容的激励"政策包"，强化正向激励，营造良好的干事创业环境。为推动出版主业供给侧结构性改革，健全市场化经营机制，按照分业分类、一企一策原则，优化出版社领导班子考核机制，实施出版社领导班子任期考核。持续深化薪酬分配制度改革，健全与业绩挂钩的工效联动机制和工资正常增长机制，完善特殊人才工资总额单列等政策。启动鼓励内部员工创新创业工作，出台相关指导意见。关心高级人才的工作生活状况，给予获评高级职称的在职人员一定资金补助。积极推荐高层次专业人才参评国家、省市有关人才项目，集团每年开展年度表彰工作，对于担当作为的优秀人才和业务团队，大张旗鼓地予以表彰奖励，激励广大职工见贤思齐、实干进取。

众所周知，国内出版行业正面临着新科技革命和产业变革带来的严峻挑战，传统出版业如何培育新产品、适应新渠道、开拓新模式，真正实现高质量发展，已成为摆在每位出版人面前的迫切课题。本次韬奋出版人才论坛以"出版高质量发展与人才培养"为主题，对全国出版界认真学习贯彻习近平总书记在 2021 年中央人才工作会议上的重要讲话精神和探求高质量发展路径必将大有裨益。相信论坛一定会碰出智慧的火花，期待各位专家学者的真知灼见！

谢谢大家！

机工社的创新发展与人才培养

机械工业出版社社长　李　奇

当前，伴随数字技术的快速发展，书业外部环境正发生快速变化，出版机构的应变速度被要求更快、更灵敏，同时对人才培养也提出了新的要求。近几年，机械工业出版社在创新发展与人才培养方面进行了一些探索和实践，相关情况如下。

一、基本情况

机工社始终立足工程科技主业，坚持传播工业技术、工匠技能和工业文化，经过近 70 年的积淀与发展，逐渐构建起覆盖社本部和下属企业的产业化、集团化运营模式，形成了机工智库、机工传媒、机工出版、机工分销、机工数字"五位一体"的新型科技资源知识服务体系，在工程技术领域形成了独特的资源服务优势，形成了信息出版传媒集团的基本架构。

1. 图书出版。机械工业出版社作为我国科技出版的领先机构，在机械工程、电工电子、汽车工程、信息工程、高端制造及经济管理等领域具有强大的竞争优势，拥有"一日十书，日销十万册"的产销实力，在国内多个细分市场和销售渠道的占有率长期位居前列。

2. 期刊传媒。机工传媒作为国内最大的工业媒体集群之一，拥有《机械工程学报》《电气工程学报》《金属加工》《现代制造》《中国表面工程》等行业顶尖学术及技术期刊 25 种，在广大工程技术人员中有很高的知名度。

3. 研究咨询。机工咨询作为我国装备制造业的专业研究机构，依托工信部"产业技术基础公共服务平台""国家中小企业公共服务示范平台"及国家工程技术图书馆第一分馆，对政府、行业、产业及企业提供战略咨询、文献信息服务及信息化项目支撑。

4. 分销产业。机工分销主要依托信息院整体科技资源优势以及北京百万庄图书大厦，为全国 300 多家理工科院校提供纸质及数字资源服务，在国内图书馆服务中位列前三名。

5. 数字出版。机工数字聚焦国家高端装备制造业资源建设体系，为广大科研人员提供精准化、碎片化、标准化、便捷化的数字资源知识服务平台。

二、"十四五"期间高质量发展的"十大工程"

面向"十四五"，机工社将重点建设"十大工程"，以带动全社业务的高质量发展。"十大工程"具体如下：

（1）泰安物流产业园及数码印刷基地建设工程；

（2）工业装备探索馆（海军馆）工程；

（3）百种硬核产品开发工程；

（4）"中国装备制造业发展报告"研发工程；

（5）营销销售终端（私域流量）建设工程；

（6）工程科技知识服务平台建设工程；

（7）融媒体中心建设工程；

（8）九州云播升级改造工程；

（9）天工讲堂建设工程；

（10）机工集团化管理体系搭建与优化工程。

这十大工程，都带有基础性、示范性和创新性的特点，对加快机工业务转型升级，推动机工向数字化、平台化、集团化发展，具有全局性、战略性和带动性的重大意义，机工社将统筹、调配各方面力量，全力加以推进。

三、确保"十四五"目标完成的人才培养措施

（一）组织落实

一是机构落实。结构决定功能，要做好人才培养，先要组建专门的机构，主要人员以全职形式推进工作，只有这样才能做得比较深、比较专业。

二是岗位落实。要培养年轻人，就要给平台、给机会，不拘一格用人才，把人才放到最合适的岗位。目前，机工社 40 岁以下年轻干部占比近 50%。

三是待遇落实。积极推动薪酬制度改革，加大对业务骨干和特殊人才的倾斜力度，为他们提供待遇、平台以及发展机会。

（二）价值观的培养

价值观是人才培养极为重要的组成部分，也是首先要解决的问题。技能是前进的速度，可以通过培训、学习进一步提升。价值观则是决定前进的方向，方向错了，速度就失去了意义。一直以来，机工社在人才培养方

面坚持做好价值观的引领工作。

1. 对高层的价值观：六大战略。一是要加快实施复合发展的战略。二是要加快实施争夺核心资源的战略。三是要加快实施技术引领的战略。四是要加快实施构建全媒体生态的战略。五是要加快实施差异化竞争的战略。六是要加快实施以人为本的战略。

2. 对中层的价值观：七个战术。一是要坚持"领先半步就是利润"。二是要坚持"复杂问题分类处理"。三是要坚持"走半步"。四是要坚持"业务合作要掌握核心竞争力"。五是要坚持"实用为先"。六是要坚持"凡事都要有第二方案"。七是要坚持"落地才是硬道理"。

3. 对基层的价值观：五个文化。一是遵规守纪的文化。二是追求创新的文化。三是追求完美的文化。四是崇拜英雄的文化。五是为荣誉而战的文化。

（三）实战技能的培养

一是提升策划能力。产品的开发能力和分销能力是出版社的核心竞争力，对于编辑而言就是提升策划能力。近年来，机工社的编辑们加大"走出去、请进来"的力度，搜集信息、发现需求的能力进一步提升。

二是提升打造产品的能力。编辑在策划选题时要回答好"书写给谁""能否解决读者的痛点需求""与竞品的差异化在哪儿""在本书中编辑的价值在哪儿"四个问题，同时要把这些嵌入工作流程，固化编辑的工作方式。

三是提升文字加工能力。文字加工是基本功，机工社在文字加工培训的基础上，注重给编辑们提供工具，例如我们做了《作译者手册》《加工编辑培训手册》《书稿导向问题 100 问》等系列培训教材。

四是提升驾驭新媒体的能力。2019 年以来，机工社通过设置专业机构，打造广电级的融媒体场所，围绕视频、直播、活动策划、社群运营等核心技能组织培训等措施，引导员工主动跟上形势变化，全面提升员工的

"单兵作战能力"。

五是领导带头。在机工社，不管职位高低，都有宣传产品的基础职责。从社领导做起，以身作则，积极融入一线业务，参加直播、书展、论坛、专委会等营销活动。

（四）不断复盘

复盘是员工成长和提升能力的重要方式，每个项目或者活动结束后都要复盘，总结成功经验、失败教训，在实践中打磨、成长。

（五）社会招聘

社会招聘是人才的重要补充渠道之一，在招聘时，除常规流程外，加大对过往作品、业绩的考察力度，确保所招聘的人员具有真才实学。

（六）培养特殊人才

机工社是一个综合型的出版机构，业务繁多。我们不仅需要策划人才、编辑人才等，也需要视频编导、动画制作、播音主持等方面的人才。近年来，通过我们的不断努力，在打造"机工网红"方面，也取得了不错的成效。

优化编辑人才成长的宏观环境

山东出版集团总编辑　迟　云

尊敬的聂震宁理事长，尊敬的各位领导、各位同仁：

大家上午好！

首先感谢韬奋基金会论文评比组委会对我的关心、支持与厚爱！

这次论文征文，确定的主题是编辑人才的培养与成长，很有意义。出版事业，担当着文脉传承、文化繁荣、文明进步等社会责任。而这个责任的实现，是通过高质量的精品出版来完成的。在当下，作为出版主体的各个出版社，它的存在状态或者说身份认证就是企业，每一个出版企业又都是轻资产的，也就是说精品出版的业绩好与不好，与资产雄厚不雄厚有关系，但关系不大。决定一家出版社的品质、品位和是否可持续发展的关键在于是否拥有一支高素质的编辑队伍，编辑人才是出版企业生存发展的核心竞争力。我们通常说的"一个优秀的编辑能够把纸变成钱，一个平庸的编辑能够把钱变成纸"，也从一个侧面印证了编辑的重要性。所以说，这次征文的主题聚焦为编辑人才的培养与成长，引导广大同仁来研究讨论，我认为很有意义，很有必要。

现代出版企业，在积累发展中，对编辑人才的重要性认识得越来越全面、越来越深刻。作为企业的主要管理者，为了图书市场的两个效益，无不为编辑人才的基本素养、编辑人才的能力提升、编辑人才的收入保障、编辑人才成长环境的优化而费心焦虑。怎么能不焦虑呢？一方面，互联网、智能化等信息技术对图书阅读市场的冲击越来越大，造成图书发行量的萎缩；另一方面，编辑人才的社会比较收入比10年、20年前显著降低，特别优秀的人才不愿意进入，现有的优秀人才人心不稳，一旦外面有诱惑就选择跳槽。面对这二者的叠加，每一个有事业心和责任感的管理者，都不能不面对和思考。所以，从总体上说，作为出版社，对人才的重视和培养，还是做了不少工作的，如加强辅导培训、组织业务交流、严格编校质量管理、适当提升编辑待遇等。当然，各有各的章法，各有各的路数，效果不同，状态不一样，也实属难免。总体而言，出版社对编辑人才的培养还是重视的，还是有内生动力的。因为不这样做，就是自断前程。

所以，今天在这里，我更愿意谈谈编辑人才培养成长的外部环境问题。因为我认为从宏观的角度来看，起码有两大问题严重地制约影响了编辑人才的培养成长乃至整个出版事业的发展，这两个问题也是出版社无力解决的。

一是出版企业上市带来的负面影响。出版企业上市募集了资金，资本对出版企业的投入产出比提出了更高的要求，因为社会资本的进入，要求较高的收入回报，否则股价的市场表现就会很难看。出版行业是轻资产的行业，选择新的投资方向和投资项目又很难，尤其需要谨慎从事，而在坚持正确的政治导向的前提下，着力提高出版主业的效益就成为必然的稳妥的选择。要提升出版主业的效益，无非一是做精品，二是多做精品，靠质优量大去拓展市场，实现良好的社会效益和经济效益。这个质优量大的市场要求，按说是参与市场经济活动的基本要求，但由于社会资本的进入，加上图书出版不是简单的流水线式的机械复制、规模扩大，使这个要求的力度加大了，使编辑的工作强度加大了，使编辑静下心来打磨精品图书的心境变化了。资本力量的驱使，使企业逐利的特点更加突出，使编辑队伍在总体上呈现出一种沉重感、焦灼感、疲惫感，使编辑的生存环境和成长条件走向艰难。因为他们在创造价值养活自己的同时，还要为大大小小的股东创造利润。文化产品、精神产品不能脱离世俗的社会，但不应当被世俗的物质羁绊所捆绑，所以单纯从图书出版主业这个角度来看，尤其是对编辑队伍的成长和优化来说，资本的压力大了，很难说是利大于弊还是弊大于利。已经上市的企业要经受压力，适应发展；没有上市的企业，则存在入市须谨慎的问题。

二是网络图书市场与实体书店同书不同价的问题。这是一个比较复杂的社会文化问题。这几年，这个问题越来越突出、越来越严重。网店利用平台、资金的优势，大打价格战，造成了图书市场利润空间的降低、极低，甚至零利润、负利润。客观地讲，图书价格实行折扣价，有利于消费者，但是无序的价格折扣搏杀，造成的负面影响也是巨大的。首先，一些出版社为了应对恶性的价格折扣战，在降低纸张质量、印刷质量、人工成本、版税成本和虚高定价上做文章，导致了一些图书品质品相的降低，甚至出现了专门针对网店营销的网书。其次，网店图书的销售，挤压了图书市场的利润空间，使很多出版社的经营状况下滑，业绩递减，做精品书的内生动力减弱，编辑的收入降低，对职业的忠诚度动摇。特别是年轻编辑处在谈恋爱、购婚房的特殊时期，业务上又处于适应学习时期，作者资源、市场资源相对薄弱，独当一面的能力相对不足，所以他们经济压力大、心理负担重，在行业的比较优势下滑的情况下，具有潜质的优秀人才不愿意进来，存量的优秀编辑加大了流出的可能，长此以往，编辑的队伍结构、质量素养堪忧。最后，这种情况，表面上看是一个市场价格问题，实则是资本和网络平台利用垄断优势对出版事业乃至文化事业的侵蚀和强暴，是一个国家一个民族的文化根脉能不能持续生长、文化安全能不能保障的问题。因为即使在完全的资本主义市场经济的国家，比如德国、日本、韩国等，他们在这样的问题上也注意了图书出版的文化属性和意识形态属性，以立法的形式，从国家治理的角度，实行了网店与实体店在新书上市一年半时间之内的统一定价制度。而我们呢？几乎到了书籍论斤卖、到处吆喝大减价的地步。

以上两个方面，都是老问题，也很难解决，但它们发挥着基础性的规定作用，对出版主业的影响很大，对编辑人才的培养成长、责任担当影响长远。因其是老问题、难问题，发挥着基础性的规定作用，才更应引起我们全行业的严重关切。出版单位自己能解决的，加以注意，争取把负面影响降到最低，自己不能解决的，各级出版组织、出版机构、出版人才都应当为行业、为文化、为国家、为民族担当责任、奔走呼吁、积极呐喊，争取优化发展环境，促进问题早日解决。

谢谢大家！

回应需求　肩负使命　开拓创新

——新时代出版人才培养的思考与实践

北京印刷学院　陈　丹　黄　莹　伍昕阳

【摘要】　当前，出版业正处于融合发展的纵深阶段，剧烈变革激发出的诸多矛盾提出了行业转型与重构的必要。为提升出版业人才专业能力及综合素质，更好应对当前挑战与机遇，本文从新时代出版人才培养的意义、职责与具体实践三个方面展开讨论，具体探讨多层次人才尤其是复合型高层次人才培育路径。

【关键词】　出版业；人才培养；实践路径

一、回应需求：新时代出版人才培养的重要意义

新时代出版人才培养面向时代社会的需求，对接行业、服务社会，进而服务国家建设。同时，新时代出版

人才培养是学科之本、时代之需、行业之要。

从学科层面来看，出版人才是学科之本。出版作为一门综合性、交叉型学科，历来强调继承与创新、交叉与融合、协同与共享，在人才培养上则要求"通专融合"，对人才培养质量有着很高要求。人才培养是学科建设的逻辑起点，两者在方向、布局、目标和机制方面是密切相关的，人才的进步离不开学科发展的支持，学科的发展同样需要各个阶段的人才不断为其注入新鲜血液，与时代焕新同频共振。学科体系构建不仅将学科建设重新锚定在更具高度、更明确的价值需求之上，更是回应、包容和承接当下以及未来的数字化、智能化传播生态，对于稳步提升"通专融合"高层次人才培养质量，具有基础性、全局性、战略性的重大意义。对此，出版学界和业界一直都在不遗余力地进行探索研究，是对数字化、智能化传播生态下人才培养的积极回应，同时也是培养"通专融合"的高层次高端人才的坚实基桩。

从时代发展来看，出版人才是时代之需。目前出版业正处于时代的剧烈变革中，是出版业迈入融合发展的纵深阶段，出版业态发生巨大变化，面临着诸多矛盾时期，无论是行业发展与人才队伍的矛盾、融合发展和传播体制的矛盾，还是技术超前和应用滞后的矛盾等，都倒逼我们出版教育要进行转型和重构。同时，人类社会正在由信息社会进入智能社会，从传播学的角度来说，整个社会的传播系统正在朝智能数字网络社会变迁，数字传播技术已成为社会生产中的最大变量，人才作为生产关系的核心要素之一，是实现出版融合发展的核心驱动力。因此智能时代的变迁背景下，对复合型、应用型、全媒化出版传播人才需求大幅上升。因此，加强出版人才培养是顺应新闻出版业转型升级和融合发展的重要任务。

从行业的需求来看，出版人才是行业之要。《2020年新闻出版产业分析报告》显示，我国出版印刷和发行服务业的营收已经超过16 000亿元，数字出版成为新的强劲增长点，2020年的数字出版收入达到11 781.7亿元。产业收入的万亿规模奠定了数字出版人才需求基础，产业发展体量决定了人才需求数量。一方面，出版高等教育需要不断回应行业发展的变革动态及行业人才的切实需求，更好地适应出版传媒业的深刻变革，解决出版从业人员中，如结构不合理、高级经营管理人才稀缺、产品研发人员不足、行业领军人物相对偏少等问题，培养顺应时代、满足产业需求的出版人才，成为出版高等教育亟待解决的问题。另一方面，加强出版人才培养是破解出版人才短板的重要手段。从产业构成来看，在新技术的推动下，面对有声书编辑、数据分析师、图书选品师、播客制片人等不断涌现的新岗位，如何缩小产业人才市场中巨大的供需缺口，如何敏锐地识别、界定不断涌现的出版新业态、新岗位，怎样设计、实施与之匹配的人才培养方案等问题，都是学界需要致力探索的重大任务。

二、接续未来：新时代出版人才培养的重要职责

新时代出版人才培养延续着民族国家的文化血脉，积淀着中华民族的伟大精神，是中华民族生生不息、中华文明永盛不衰的关键一环。

（一）以赓续民族文化血脉为使命

在漫长的文化传承历程中，出版活动是文化建设的一个重要方式，出版队伍是文化传承的一股重要力量，出版作品是我们文化自信的重要基石。国家文化建设的顶层设计中，已经明确了中国出版人才的使命和责任，例如国家数字出版基地的建设运营、国家版本馆的规划设计，以及"数字出版千人培养计划"的组织落实，都不是以"一城一池"的得失去衡量出版实践和教育创新，而是要确保出版业在数字化时代继续保持平稳快速发展，要巩固意识形态和宣传文化阵地，要在数字传播环境下实现中华优秀传统文化、革命文化和社会主义先进文化的完整传承。因此，新时代出版人才的培养必须以赓续民族文化血脉为使命，强化理想信念建设，巩固宣传文化阵地。

（二）以服务国家战略需求为方向

出版高等教育一直致力于为我国的新闻出版业输送具有国际视野、家国情怀的出版人才，立志培养出版三个"者"：第一是要培养主流舆论的坚定拥护者，第二是要培养先进文化的传播者，第三是要培养出版融合的积极贡献者。出版高校一直是以积极服务国家战略发展和经济社会发展为"大逻辑"，为文化强国、出版强国、出版高质量发展、出版融合发展等提供生力军和后备人才，不断聚焦特色，打造红色精品，依托国家文化强国战略，以传承创新融入新闻出版强国建设，用好红色出版文化资源，传承红色传统，将高校优势转换为服务当地社会发展的优势，不断焕发出新的蓬勃生机和活力。

（三）以构筑社会精神家园为目标

出版人才队伍的努力目标是始终坚持把社会效益放在首位，实现社会效益和经济效益相统一，深入贯彻"导向正确、内容优质、创新突出、双效俱佳"的理念；出版人才队伍的质量衡量标准，不是为出版产业创造多少利润，而是创作了多少高质量的经典作品；出版人才队伍的工作目标，不是借助先进技术实现个体盈利，而是通过团队合作塑造适应新时代要求的思想观念、精神面貌、文明风尚、行为规范。唯有如此，中国的出版人才是有底色、有底蕴、有底气的精神家园建设者。

三、开拓创新：新时代出版人才培养的具体实践

据最新统计，全国共有编辑出版学专业建设点 67 个，数字出版专业建设点 22 个，每年培养近 5000 名出版专业的本科生。新时代数字人才培养目标着力于培养对出版事业的责任和价值有担当、准确把握党对意识形态和宣传文化战线的总要求、对媒体融合的趋势和发展有判别、具备较高的

专业素养和管理运营能力的出版人。北京印刷学院作为出版传媒人才培养的"排头兵"和"领头雁"，应该主动应变把握方向，善谋规划优化人才培养路径，下文主要从三个方面探讨北京印刷学院在新时代出版人才培养方面的具体实践。

（一）厚植民族情怀，与党和国家同心同德

出版高等教育要在围绕中心、服务大局中找准坐标定位，深化马克思主义新闻出版观专题教育，着力推动马克思主义新闻观进教材、进课堂、进头脑。以思想引领为根本，全面做好育人育才工作，培养学生成长为有"红色灵魂"的新闻出版工作者。如北京印刷学院大力推行课程思政教育，开设"马克思主义新闻出版观"等专业课，选择10门专业课作为开展课程思政的试点。坚持传承红色基因，激活红色资源，不忘出版初心，以"红色出版"塑造学生的出版观，将"红色出版文化特色"同"红色出版基因"相结合，以"百人育才、百场活动、百年党史"为主题，设计"三百"思政育人行动计划，以"百人育才"为依托强化"三全"育人成效，培养学子普遍具有敏感的政治意识、正确的政治判断和厚实的政治理论素养。

（二）促进产教融合，与业态发展同步同频

积极探索产融于教，创新教学模式。北京印刷学院积极对接中宣部"出版融合精品案例进课堂"系列活动，邀请行业领军人物和专家学者进课堂开展精品案例的授课分享和项目讲解；同时学院依托全国高校数字出版联盟，建立行业导师聘任制度，深入探索校企师资共建、项目式教学等人才培养模式，凸显特色学科、特色人才、特色服务的人才培养模式创新，提升复合型出版人才培养质量。

主动贡献专业力量，促进行业发展。近几年来，我校出版专业的教研团队在国家出版行业发展中，始终默默贡献自己的专业力量，在行业发展

大事中不缺位，为政府管理部门出台政策、发布规划提供咨询支持，为出版企业发展提供方案策略，为新闻出版业转型升级融合发展提供理论支撑。调研制定了"图书出版单位社会效益考核评价体系"；起草了《关于深化出版专业技术人员职称制度改革的指导意见》；参与编写国家出版业"十四五"规划，深度参与"数字出版精品项目遴选活动"，组织"全国大学生编校技能大赛"，举办"中青年出版专业教师培训班"和"数字千人培训班"，密集调研"全国编辑队伍建设与管理"等行业动态，获得了中宣部、出版集团和出版社、行业协会的认可。

（三）打造学术共同体，与人才培养同向同行

近几年，北京印刷学院致力于打造学术共同体，通过信息共享、秩序共治、平台共建，以提升出版学科的贡献度和影响力。2018年，在数博会的数字出版人才论坛上，北京印刷学院牵头成立了"全国高校数字出版联盟"，当选为理事长单位。经过3年的发展，联盟阵容不断强大，2021年的数字出版人才论坛上，12家兄弟高校成为"全国高校数字出版联盟"新增的成员单位。2019年，中宣部出版局和北京印刷学院联合成立"出版学一级学科论证报告"写作小组，在报告的写作过程中，得到了众多兄弟高校的支持，多位教授亲自撰写，行业协会、出版单位等多位专家数次把关，最终形成了一份扎实厚重的论证报告。2020年11月，北京印刷学院承办了"全国出版学学科建设与人才培养研讨会"，多家高校云集响应，会议讨论非常热烈，成果丰富，出版学列入一级学科目录的呼声和舆论，也得到了中宣部等部委的支持和响应。

综上，培育新时代出版人才是国家之任、时代之需，是巩固我国意识形态的重要保障，是促进我国出版产业蓬勃发展的稳定内核，是不断完善出版学科体系建设的根本源头。着力建设新时代出版人才，更是在现实层面回应"建设与我国深厚文化底蕴和丰富文化资源相匹配的社会主义文化强国"。北京印刷学院在未来将继续与兄弟院校、出版企业一

起，深入交流、携手并进、汇聚力量，为我国出版人才培养工作做出更大贡献。

参考文献：

［1］罗学科，陈丹，黄莹. 锚定支点　彰显价值　面向未来：新时代出版学学科体系构建［J］.中国出版，2021(18):5－11.

［2］陈丹，宋嘉庚. 构建中国特色出版学体系理论思考和现实期待——增设出版学一级学科的必要性与重要性分析［J］. 中国出版，2020(4):8－11.

［3］陈丹，徐露. 全国高校出版专业教育现状调研与发展路径分析［J］. 出版发行研究，2021(2):19－27.

［4］张志强，杨阳. 时代之需：出版学设为一级学科的必要性与可行性［J］. 中国出版，2020(4):3－8.

［5］王关义，万安伦，宋嘉庚. 新文科背景下加强出版学科建设的思考［J］. 出版发行研究，2021(2):12－18.

［6］梁彦. 我国出版人才队伍建设研究现状综述［J］. 经济师，2021(11):170－171.

［7］陆晨阳. 新时代编辑出版人才创新能力培养策略［J］. 传媒论坛，2019,2(17):104,107.

［8］聂震宁. 出版学应该成为一级学科的五个理由［J］. 现代出版，2020(3):5－10.

第十届韬奋出版人才

发展论坛获奖论文选粹

加强党史学习教育，锻造高素质出版人才队伍

人民出版社副编审　柴晨清

在庆祝中国共产党成立 100 周年大会上的重要讲话中，习近平总书记强调，我们要用历史映照现实、远观未来，从中国共产党的百年奋斗中看清楚过去我们为什么能够成功、弄明白未来我们怎样才能继续成功，从而在新的征程上更加坚定、更加自觉地牢记初心使命、开创美好未来。习近平总书记"七一"重要讲话，是一篇马克思主义纲领性文献，是新时代中国共产党人以史为鉴、开创未来的政治宣言和行动指南，为出版战线加强自身建设，从党史学习中汲取前进的智慧和力量，在新征程上肩负历史使命指明了前进方面、提供了根本遵循。

一

2021 年是党的百年华诞。回望百年，中国共产党团结带领中国人民，书写了中华民族 5000 年历史上最恢宏

的史诗，党的出版事业也从筚路蓝缕到迈向高质量发展，积累了宝贵经验，取得了丰硕成果。1921 年 7 月，中国共产党一经诞生，就旗帜鲜明把坚持党对出版工作的领导作为一项重要政治原则，明确规定："一切书籍、日报、标语和传单的出版工作，均应受中央执行委员会或临时中央执行委员会的监督。每个地方组织均有权出版地方的通报、日报、周刊、传单和通告。不论中央或地方出版的一切出版物，其出版工作均应受党员的领导。任何出版物，无论是中央的或地方的，均不得刊登违背党的原则、政策和决议的文章。"一百年来，在革命、建设和改革各个历史时期，出版工作始终在党的坚强领导下，把好政治导向，坚持服务人民、服务大局，加强干部人才队伍建设，不断从胜利走向胜利。

革命战争年代，在军事斗争极为严峻的情况下，我们党就十分重视宣传人才干部的历史学习。针对国民党顽固派的反共宣传，1941 年 5 月 7 日，中共中央宣传部做出《关于展开对国民党宣传战的指示》，强调："要战胜国民党反动宣传，就必须努力（尤其是宣传工作干部）于马列主义中国化的事业，努力研究中国历史和中国社会。"

新中国成立后，党领导下的出版事业为社会主义革命和建设提供了强大的精神食粮。1949 年 10 月 4 日，新中国成立后的第三天就召开了全国新华书店第一届出版工作会议，毛泽东同志给会议题词："认真做好出版工作。"1950 年 12 月，人民出版社在北京重建。在广大出版工作者的共同努力下，新中国出版事业不断发展壮大，图书品种和规模大幅增长，仅1950 年至 1956 年的 6 年时间，图书品种就由 12 153 种增加到 28 773 种，增长 1.3 倍多。

党的十一届三中全会以后，出版业在改革中不断探索，一系列改革措施落地生根，出版活力得到释放。1995 年起，逐步建立出版从业人员持证上岗制度，出版人才队伍建设得到大大加强，整体素质逐步提高，为我国成为出版大国提供了重要的人才支撑。

党的十八大以来，以习近平同志为核心的党中央做出一系列重要部署，加强党对出版工作的全面领导，不断完善党领导出版的体制机制，实施一系列有力举措，高素质专业化出版人才队伍建设取得新进展新成效，有力推动了出版业持续繁荣健康发展。

二

回望过往的奋进路，眺望前方的奋进路，深刻学习领会习近平总书记"七一"重要讲话精神，持续深化党史学习教育，对于锻造高素质出版人才队伍具有重要的历史意义和现实意义。

一是引导出版战线坚定理想信念、筑牢初心使命的必然要求。习近平总书记强调，信仰信念任何时候都至关重要，对共产主义的信仰、对中国特色社会主义的信念，是共产党人的政治灵魂，是共产党人经受任何考验的精神支柱。革命理想高于天，理想信念之火一经点燃就会产生巨大的精神力量。当今世界正经历百年未有之大变局，我国正经历中华民族伟大复兴战略全局，当前和今后一个时期，虽然我国发展仍然处于重要战略机遇期，但机遇和挑战都有新的发展变化，机遇和挑战之大都前所未有，总体上机遇大于挑战。站在"两个一百年"奋斗目标历史交汇的关键节点，面向未来，出版战线责任重大、使命光荣，要通过党史学习教育认真总结历史经验、准确把握历史规律，特别是党的百年出版史中的宝贵经验和成功做法，在学思践悟中坚定战胜前进道路上各种艰难险阻的信仰信心信念，在奋发有为中矢志拼搏奋斗，为实现中华民族伟大复兴的目标奋勇前进。

二是推动出版战线强起来的必然要求。历史是最好的教科书。中国革命历史是最好的营养剂。中国共产党成立一百年来的实践表明，无论是革命、建设还是改革开放，出版工作都发挥了重要作用，积累了宝贵经验。1921年11月颁布的《中国共产党中央局通告》明确要求，"在明年七月以前，必须出书（关于纯粹的共产主义者）二十种以上"，还公布了人民出版社当年的出版计划，准备出版"马克思全书""列宁全书""康民尼斯特丛书"（共产主义丛书）等。这些图书的出版对于"群众认识自己的利益，并且团结起来，为自己的利益而奋斗"，发挥了重要作用。要通过党史学习教育，深刻认识红色政权来之不易、新中国来之不易、中国特色社会主义来之不易，深刻认识中国共产党为什么能，中国特色社会主义为什么好，归根到底是因为马克思主义行！进入新发展阶段，出版工作的对象、方式等发生了深刻变化，尤其是融合发展，对出版工作提出了新的挑战，对出版队伍素质能力提出了更高要求。新征程上，出版战线要不断掌握新知识、熟悉新领域、开拓新视野，增强本领能力，增强脚力、眼力、脑力、笔力，但都没有现成经验可循，要乐于善于从党的百年奋斗历史特别是党的出版史中汲取前进的智慧和力量。

三是推进出版业高质量发展的必然要求。与新发展阶段党和国家事业发展的新任务、人民群众的新期盼相比，出版工作还存在一些薄弱环节，出版人才队伍还不适用，存在一定的短板。这就需要完善出版业高质量发展体制机制，不断提高出版人才队伍能力本领，推动出版工作科学化、规范化、制度化。我国社会主要矛盾已经转化为人民日益增长的美好生活需要和不平衡不充分的发展之间的矛盾，在出版产品上表现为由"有没有"转向"好不好""优不优"，需要顺应人民群众对精神文化生活的新期待，优化出版供给，提升出版品质，促进满足人民文化需求和增强人民精神力量相统一，提高人们的审美情趣，陶冶人们的道德情操，增强人民精神力量，坚定文化自信，提高国家文化软实力和中华文化影响力。要通过这次学习教育，把党的出版工作好经验好传统总结好继承好，为新发展阶段的中国出版更好更快发展提供历史借鉴。

三

在庆祝中国共产党百年华诞的重大时刻，站在"两个一百年"奋斗目标历史交汇的关键节点，面向未来、面对挑战，广大出版工作者要把深入学习贯彻习近平总书记"七一"重要讲话精神作为当前和今后一个时期的重大政治任务，贯穿到党史学习教育各方面，同落实"十四五"规划重点任务、推动出版高质量发展结合起来，适应新发展阶段需要提升能力素质，激励担当作为，持续改进作风，着力推动队伍素质整体提升。

一是把深入学习贯彻习近平新时代中国特色社会主义思想特别是习近平总书记"七一"重要讲话精神作为首要政治任务。习近平新时代中国特色社会主义思想是马克思主义中国化最新成果，是党和国家必须长期坚持的根本指导思想，是新时代中国共产党人的思想旗帜，是引领中华民族伟大复兴的指路明灯。习近平总书记"七一"重要讲话，贯通历史、现实和未来，把我们党对共产党执政规律、社会主义建设规律、人类社会发展规律的认识提升到了新高度。出版战线是宣传贯彻习近平新时代中国特色社会主义思想以及习近平总书记"七一"重要讲话精神的重要力量，肩负着加强理论武装和宣传教育的双重职责。要先学一步、学深一层，字斟句酌地研读习近平总书记"七一"重要讲话精神，认真学习习近平《论中国共产党历史》和《毛泽东、邓小平、江泽民、胡锦涛关于中国共产党历史论述摘编》《习近平新时代中国特色社会主义思想学习问答》《中国共产党简史》等学习材料，深化党史学习教育和"四史"宣传教育，深入开展马克思主义出版观教育，不断提高政治判断力、政治领悟力、政治执行力。

二是把创新方式方法作为重要抓手。习近平总书记指出，党史学习教育要推进内容、形式、方法的创新，不断增强针对性和实效性。要坚持集中学习和自主学习相结合，坚持规定动作和自选动作相结合，开展特色鲜明、形式多样的学习教育，通过党史学习教育切实提高把好出版政治关、内容关、质量关的真本领。要坚持导向为魂、内容为王、创新为要，切实把党中央关于加快推进媒体深度融合发展的意见要求落地生效，把融合发展作为出版高质量发展的战略支撑，提高融合发展本领，打造社会效益和经济效益俱佳的融合出版产品。要聚焦读者阅读需求多样化趋势，主动作为、集思广益，推出更多读者爱不释手、喜闻乐见的精品力作，引导广大读者在阅读中树立正确人生观、世界观、价值观，旗帜鲜明反对历史虚无主义，坚决抵制歪曲和丑化党的历史的错误倾向。要精心策划更多讲好中国共产党治国理政的故事、中国人民奋斗圆梦的故事、中国坚持和平发展合作共赢的故事等优秀出版物，把红色资源作为生动教材，深入开展全民阅读活动，让广大读者在阅读中感悟党的初心使命之可贵。

三是把锤炼高强业务本领作为主要目标。繁荣发展社会主义出版事业，关键在人、在队伍。出版人才队伍建设，要紧紧围绕新时代宣传思想工作的使命任务，着力培养打造政治过硬、本领高强、求实创新、能打胜仗的出版人才队伍，为新时代出版业高质量发展提供有力的组织保障和人才支撑。出版工作是专业性很强的工作，要有高素质、好把式、真功夫。要政治强、业务精、文字功底好，既熟悉传统出版又懂得数字出版，或者通理论，或者能经营，或者会技术，不断增强脚力、眼力、脑力、笔力，真正练就"几把刷子"，培养更多又博又专、底蕴深厚的复合型出版人才。要充分发挥文化名家暨"四个一批"人才、新闻出版行业领军人才、宣传思想文化青年英才等高层次人才项目示范带动作用，造就一批出版领军人物和出版家，培养一大批合格出版后备人才。要加强作风建设，持之以恒转作风、改文风、树新风，准确把握出版工作的政治属性，继承党的出版优良传统，发扬革命精神，端正思想作风、改进工作作风、锤炼清新文风。要把增强人民群众精神文化生活的获得感幸福感安全感作为出发点和落脚点，加强优秀内容供给，提供更多更好的传承中华优秀文化、展示当代中国形象、贴近国际市场的出版精品。

中国共产党立志于中华民族千秋伟业，百年恰是风华正茂！出版战线要以这次党史学习教育为契机，努力做到以史为镜、以史明志，增强历史自觉，坚定理想信念，牢记初心使命，始终把牢正确政治方向，努力打造一支政治过硬、本领高强、求实创新、能打胜仗的出版人才队伍，适应新形势新任务的要求，满怀信心投身全面建设社会主义现代化国家新征程。

精品为基，人才为本，开创出版高质量发展"新时代"

作为记录历史、传承文明、传播科学的知识生产和服务行业，出版业的发展，始终与一个国家、一个时代的发展主题密切相关。我国的图书出版业，经过近百年特别是新中国70多年的发展，取得了巨大的进步，成果丰硕，为中国特色社会主义文化的繁荣发展做出了巨大的贡献。进入新时代，我国社会的主要矛盾已经变为"人民日益增长的美好生活需要和不平衡不充分的发展之间的矛盾"。作为国有出版企业，必须大力实施精品战略，生产更多的优秀文化产品，推动出版高质量发展，满足人民日益增长的精神文化需求，为建设文化强国打下坚实的基础。

一、实施高质量发展战略是新时代赋予出版工作者的使命和担当

（一）出版的高质量发展是新时代出版的方向和任务

2017 年 10 月，党的十九大报告提出，我国经济已由高速增长阶段转向高质量发展阶段，必须坚持质量第一、效益优先，以供给侧结构性改革为主线，推动经济发展质量变革、效率变革、动力变革，提高全要素生产率。这不仅为我国经济发展提供了根本遵循，也为出版业的发展指明了方向。

随着我国社会主要矛盾的转化，要满足人民过上美好生活的新期待，就必须为读者提供更加精美的精神食粮。出版业既要以高质量的产品和服务供给，丰富人民群众的精神文化生活，提升人民群众的文化素养，提升社会精神文明发展水平，同时又要讲好中国故事、传播好中国声音，提升中国在全球的影响力和话语权。减量控规模，提质增效益，是党和国家赋予出版业的历史使命和责任担当。

（二）出版的高质量发展是建设文化强国的目标要求

党的十九届五中全会明确提出 2035 年建成文化强国，首次明确了建成文化强国的具体时间表，作为文化产业的重要组成部分和文化强国建设的重要主体，实现出版的高质量发展，是实现文化强国建设目标的必然要求。

改革开放以来，我国出版业实现了高速增长，出版规模领先世界，出版实力显著增强，早已迈入"出版大国"的行列，但距离"出版强国"仍然有一定的差距，在一定程度上存在着"大而不强"问题。出版业的发展，整体还处于粗放型、数量型发展阶段，迫切需要解决"强"和"精"的问题。重视质量、提升效益、优化结构，全面提升出版业的发展水平，

以高质量发展助力文化强国建设，是当前出版业必须自觉担当的时代责任。

二、精品出版是出版实现高质量发展的基础和关键

就如何推动出版业的高质量发展，近几年，出版界围绕内容建设、供给侧结构改革、融合发展、体制机制创新等各个方面，展开了热烈的讨论，也进行了许多有益的实践。无论何时，出版业谈高质量发展，永远都绕不开优质内容资源这个核心问题。没有优质内容，出版业的发展就是无源之水、无本之木。只有建立在丰富的优质内容资源基础之上的出版生态体系，才能让出版的高质量发展有源源不断的动力支撑。因此，出精品、出好书始终是出版实现高质量发展的基础和关键。

目前，我国年出版图书约 50 万种，其中有新书 20 万种左右，但庞大的出版规模之下，重复出版、跟风出版、同质化出版、高库存等问题屡见不鲜，"有数量、缺质量，有高原、缺高峰"已是出版业对精品出版问题的共识。从 2018 年开始，国家有关管理部门开始通过调控书号等行政手段，督促图书出版单位由增加品种数的粗放式增长向重质量的精细化增长转型，当是行政引导、干预的明确动作。

（一）要充分认识精品出版的重要性

以习近平同志为核心的党中央，对宣传文化领域提高质量、多出精品寄予厚望。2019 年，习近平总书记在考察读者出版集团时说："提倡多读书，建设书香社会，不断提升人民思想境界、增强人民精神力量，中华民族的精神世界就能更加厚重深邃。为人民提供更多优秀精神文化产品，善莫大焉。"

做好精品出版是出版事业代代相传的职责和使命，是出版企业的立身之本和品牌根基，也是每个出版人的初心和梦想。

（二）要对精品出版有长远的认识和规划

当前，精品生产面临着诸多压力。作为独立的经营个体，出版单位既要在日益激烈的市场竞争中谋得一席之地，求效益，保饭碗，还要努力完成上级部门的各项绩效考核任务，担当相关的责任和义务。而近年来，在新媒体新技术的冲击下，读者转场现象日益突出，传统出版业面临着前所未有的危机和考验；同时，纸价一路飙升，印刷、人工、仓储、物流等各项成本不断增加，出版社的生产、经营成本越来越高，线上销售的折扣越压越低，出版社的利润空间越来越小，有些经济基础比较薄弱的出版社甚至面临着严峻的生存危机。

精品出版从选题策划到文稿的加工、设计、生产，再到推广和维护，需要一定的生产周期，有的项目在前期就需要比较大的资金和人力投入，受限于各方面因素，有的出版社把工作重心转向一些投资小、见效快、利润丰厚的多元项目，对精品出版的重要性在认识上产生了偏差，在行动上缺少长远的规划和措施。

不能否定，出版社的发展积淀、经济基础等或多或少都会对精品出版产生一定的影响，但最大的制约因素还是眼界和思想。思想不解放，认识就不会到位，人力资源上就不会有配置，财务保障上就不会有投入，激励措施上就不会有机制，长此以往，精品出版很难有大的突破。

（三）要把立足特色、找准定位作为精品出版的基础

立足特色，找准定位，需要"有所为""有所不为"。需要出版社领导层根植于出版社历史发展的优势沉淀和现实市场需求，对未来发展做出清晰的判断，制订科学的发展规划并长期落实。一方面，珍惜并维护好本社原有品牌的生命力及美誉度，让老品牌历久弥新；另一方面，深挖出版特色和优势资源，打造不可替代或者替代度很低的产品，形成特色板块和产品线，练就自己的看家"绝活"。

（四）要把精品出版的核心资源抓实抓牢

选题、作者、编辑，是做好精品出版的三个核心资源。一是选题资源。要有一定数量的"三高"选题储备，要"内容层次高，作者水平高，实现率高"。二是作者资源。要建立并维护好作者群，既要扩大"朋友圈"，发现优秀作者，寻求合作机会，也要用品德、学养和良好的企业文化氛围维护好优质老作者。三是编辑资源。要培养一支强有力的编辑队伍，既要在优秀人才的选拔和引进上定好标准、把好关，更要优化环境、完善机制，为优秀人才提供能干事、能成事的平台。

（五）要为精品出版建立行之有效的经营管理机制

精品出版涉及出版流程的方方面面，出版企业必须建立一套系统、科学、完善的精品出版生产、运行、激励机制并持久地落实。一是科学的选题策划和论证机制，提高选题策划的精准度、精细度、专业度，提升选题论证的决策水平。二是完善的意识形态工作责任制和质量监管机制，确保精品出版的导向正确，内容健康，质量优良。三是高效的沟通协调机制，编辑、美编、印制、市场等出版各环节通力合作，确保各出版环节落实到位、精益求精，缩短出版周期，抢占市场先机。四是科学的扶持激励机制。一方面，通过资金扶持为精品出版解决后顾之忧；另一方面，通过绩效奖励充分调动大家做精品的主动性和积极性。五是精准的宣传推介机制，充分挖掘产品的亮点、价值和独特性，做好线上线下的立体化宣传推广。

三、人才队伍建设是实现出版高质量发展的根本保障

精品出版是出版高质量发展的根基，精品则来源于编辑的创造性劳动。因此，发现、培养、引进适应新时代出版工作的高素质编辑人才，是实施出版高质量发展战略的根本保障。

（一）出版人才队伍建设面临的问题

随着出版企业体制机制改革的逐步深入、市场化程度的日益加深，出版企业在选人、用人方面，确实存在着一些问题。

一是人才断层问题。20世纪八九十年代至21世纪初，是传统出版业的黄金期，吸引了一大批优秀人才投身行业。随着时代的变迁，这批中坚力量陆续退出历史舞台，人才断层问题需要引起重视。

二是出版行业的吸引力下降，优秀人才"引不来"也"难留住"。一方面，相较于金融、IT、新媒体等许多新兴行业，出版行业的薪资水平及各种福利待遇缺乏竞争优势，个体收入、职业前景等各方面的差距，把很多有情怀、有水平但也有生存压力的优秀年轻人挡在门外；另一方面，编辑人才素质强调的是创意，而支撑创意的是视野、灵性和思想的深刻，编辑人才招聘过程中考核的一般化甚至平庸化，也导致了编辑队伍基础素质的降低。更值得关注的是，人才引进质量得不到保证的同时，优秀出版人才向其他行业外流的情况也时有发生。

三是优秀编辑人才需要一定的成长周期。一名能担大任的编辑，没有五到十年的成长期是不行的，不仅要有扎实的学术功底，还要具备一定的策划创意能力、项目执行能力和市场拓展能力。一名优秀编辑的炼成，除了其自身的努力，出版社的培养、保护措施也同样重要。

四是复合型编辑人才稀缺。传统出版对编辑素质的考察和培养偏重于专业学科素养、语言文字功底等，而新时代出版工作对编辑的素质提出了更高的标准，除了要具备传统出版所需要的各种专业能力，还要对新媒体、新技术有一定的掌握和操作能力，对市场有一定的分析和把控能力。特别是随着出版融合发展的深入推进，出版单位常常面临着"懂出版的人不懂技术和市场，懂技术和市场的人不懂出版"的尴尬局面。尽管大部分出版单位都已意识到这种问题，也采取了很多措施加大对复合型人才的引进和培养力度，但这不是一时一日之功。出版的复合型人才，既要有扎实的知识和技术储备，更需要丰富的出版一线实践经验。

（二）出版单位要为优秀人才创造良好的成长环境

人才是出版企业的核心竞争力，是出版企业头等重要的事情。出版单位的领导班子，要把人才建设作为班子的重要任务之一，作为"一把手"工程常抓不懈，努力为人才的脱颖而出创造有利条件。

一要建立人才成长的培养保障机制。作为轻资产的文化创意产业，人才就是我们的核心竞争力。由于编辑素质、能力、市场等因素的影响，一本书可以把纸变成钱，一本书也可以把钱变成纸。表面上看，钱是经济效益的问题，其实钱的后面是市场，市场的后面是社会效益。要善于发现人才、引进人才、使用人才、留住人才，形成尊重人才、爱护人才的传统，特别是创意型的人才，可能有这样那样的个性特点，要增强包容心，扬其所长，避其所短，为他们的成长优化环境。

除了良好的环境和氛围，薪资待遇也同样重要。出版社必须在综合考量本社实际情况的基础上，建立并实施科学系统的绩效考核和薪酬管理制度，奖罚分明，规范评价、考核每个编辑的工作成果，有效保护、激励优秀人才的工作热情。对于一些有实际困难的编辑，比如规模大、周期长的重大项目的执行者，新入职的年轻员工等，给予合理合规的经济资助和补贴，让他们能够踏实安心地工作。

二要继承和发扬好"传帮带"的优良传统，做好梯队建设。随着出版社规模的日益扩大，很多编辑都是超负荷工作，传统的新老编辑"一对一"师徒式的带法确实难有空间和时间，但"传帮带"的传统不能丢，这既是编辑梯队建设的有效方式和方法，更是一种良好的氛围和风气。要把这种优秀传统融入日常工作中，引导、激励新老编辑把共同工作的过程作为"传""帮""带"的过程，也可以通过相关制度建设来促进，比如效仿高校的"导师制"，一个老编辑带几个新编辑，将每个新编辑的任务完成情况与导师的绩效挂钩。"老带新、新促老"，既可以引导和帮助年轻编辑尽快适应工作、融入团队，增强归属感和责任感，又能增强编辑团队的活力和创新能力。

三要做好编辑结构的合理配置。根据编辑的专业背景和特长，有针对性地培养策划型编辑、学者型编辑、案头型编辑，特别是优秀的策划型编辑，是出版业迫切需要的力量。人事部门要定期做好对本单位编辑队伍的梳理和分析，通过集体座谈、个别交流等方式，全面了解编辑人员的动态情况，分类别、分层次地做好编辑的培养工作。同时，针对本单位编辑队伍中存在的普遍性问题，制订相应的解决措施。

四要切实做好编辑的职业技能培训。第一，督促编辑参加好每年的出版专业技术人员继续教育培训。特别是近两年，在新冠肺炎疫情的影响下，继续教育的面授培训也改为网络直播授课的方式。出版单位必须做好配合和监督，认真组织好本单位编辑的学习，绝不能让继续教育流于形式。第二，围绕本单位的出版定位和方向，做好相应学科知识的培训。可以适时邀请学科专家进社做讲座，也可以主动承办学术研讨和交流会，创造更多机会让编辑与专家、学者进行面对面交流；同时，要舍得投入资金，支持编辑"走出去"参加各类活动，开阔视野，既可以增加知识储备，又能结识优秀作者。第三，为员工提供充足的学习资料和便利的学习条件。要为编辑提供丰富的专业学术报刊、便利的学术文章检索条件，有条件的出版单位，可以建立专门的学习资料室，在单位营造终身学习的氛围，让不断学习成为企业文化的有机组成部分，成为每个编辑的职业习惯。

（三）编辑要做新时代高质量出版的开拓者和践行者

关于编辑业务的提升，现在普遍的问题还是策划能力不足。视野不开阔、悟性不灵敏、思想不活跃、意蕴不深刻、与现实的关联度不紧密等，是困惑精品出版的老问题。我曾提出，编辑要注意提升自己的六种能力，即增强成就人生的内生动力，增强把握大势的能力，增强选题策划能力，提高约稿组稿的鉴别和沟通能力，提升编辑加工的案头能力，培养由杂家到专家的特色能力。这六种能力，作为编辑的基本素养，什么时候都不会过时。随着出版业转型升级步伐的加快，除了以上这六种能力，对编辑的职业精神、创新精神提出了更高的要求，要"守正"，也要"创新"，要有仰望星空的精气神，更要有脚踏实地的德才智。

守正，就是要坚守出版的初心与使命。每一代出版人都有自己的职责和使命，但无论时代如何变迁，"出好书"始终是出版人的安身立命所在。被周恩来总理称为"出版事业模范"的杰出编辑、出版家邹韬奋先生曾说："我生性不做事则已，既做事又要尽力做得像样。"快餐式阅读的盛行，让很多急功近利者有空可钻，书稿质量鱼龙混杂，对编辑的责任感、职业敏锐度和专业水准提出了更高考验，需要编辑沉得下心思、耐得住性子，甚至要忍受住"板凳一坐十年冷"的寂寞和清苦，苦练编辑基本功，滤掉敷衍劣作，以高质量、高水平的精品出版成果为国家和社会的进步做出自己的贡献。

创新，就是做出版变革的先行者，主动求变、积极创新，为出版赋能。融媒体时代，新技术迅猛发展，编辑必须及时适应时代变化，转变思维方式，开阔思路，积极学习、掌握并依托各种技术手段丰富图书的呈现和传播方式、创新营销方式，同时，加强信息筛选能力、策划包装能力以及人脉经营能力的培养和锻炼，做到出版全流程的"无缝衔接"，成为适应融媒体时代的复合型编辑。

从"传统编辑"到"产品经理"

——编辑角色转变的底层逻辑及工作方法探析

荣宝斋出版社综合办公室主任　郑　硕

【摘要】　本文着重阐述了传统编辑工作亟待转变的时代特性和迫切性，并尝试分析其背后逻辑；力求为编辑产品经理化的践行提供高效工作方法。

【关键词】　传统编辑；产品经理；底层逻辑；工作方法

互联网时代，新的技术形式、新的信息交互方式正在推动出版业比以往任何时期更快速更深远地发展。视觉激荡和技术设备成为消耗品，新媒体新形式不断涌现，内容发布变得极其便捷，手机、视听产品与节目、电子游戏不断挤占以图书为代表的传统文化消费品市场份额。传统出版单位要想在激烈竞争的市场中占有一席之地，无论是优化自身特色，加强品牌建设，抑或是提高运营管理能力，拥抱前沿技术，归根结底，最终都反映在内容生产能力、内容创新能力、内容传播能力的适时更新换代之上。①

编辑作为出版内容的实操者，从工作职责角度来看，编辑是整个出版活动的主体，编辑工作的效率和质量直接反映在图书上。从文化传播角度来看，读者与书籍之间的关系是高度私人的，而编辑则作为使这种关系更有其独特意义的特定责任承载者。编辑的生产能力、创新能力、传播能力一定程度上决定着出版单位的核心竞争力。面对行业、岗位、趋势提出的新要求，传统编辑简单把书稿看好、把质量控好的传统工作方法已经捉襟见肘，很难适应新的形势。

任何工作要做到极致，便要向工作内容的上下游延伸。编辑不再是被动的执行者，编辑的核心竞争力也不应再局限于内容处理（而是图书的创造者）。编辑工作的起点应从市场调研、读者研究、确定开发何种图书、组织实施相应商业策略开始。在落地执行时，还要负责协调作者、设计者、研发、营销、运营等相关工作，整合资源，保证图书质量。在全新工作思维下，编辑被赋予了管理者、设计者、经营者的多重身份。②

简单的理论分析也许还不能够清晰地表明编辑角色转变的鲜明时代特性和迫切性。下面的实例则更能说明问题。众所周知，工具书是一种具有明确"记录和传播文化知识"出版属性的图书种类，如字典类工具书、地图图书、旅游图书、食谱图书等，因其内容信息翔实、具体、实用性强、辅助性强，在相当长一段时期内有着庞大的社会需求基础。但如今已被互联网搜索引擎、智能导航地图、大众点评类 APP 等新技术"工具"替代。"记录和传播文化知识"出版属性被吸纳到更智能、具有交互体验、不断迭代的"产品"中。"记录和传播文化知识"的出版属性已被包含在一个更多元的"产品"中。换言之，图书要想不被淘汰，则需要更新自身属

① 李永强：《精品内容是出版业高质量发展的核心驱动力》，载《中国新闻出版广电报》2020 年 8 月 3 日第 6 版。

② 张水华：《传统编辑如何向产品经理转型》，载《传播力研究》2020 年第 4 卷第 3 期，第 123、125 页。

性，升级为能够跟上时代的"产品"。在确定了图书的"产品属性"后，编辑成为"产品经理"就变得更顺理成章。

一、产品经理底层逻辑框架下的"价值发掘"驱动

产品经理思维框架下，从新的视角审视出版的动机时，笔者认为出版工作的最终目的并不是出版一部图书，图书只是工具，最终目的实际上是以一部图书作为工具来满足当下的文化需求。挖掘图书给文化需求带来的价值，这个价值才是编辑寻求的最终答案。图书产品的编辑应始于了解，高于洞察，妙于价值观。

只有当编辑真正了解并洞察到了受众需求，发现了亟待创造的需求价值，才有机会形成所谓的"品牌定位"或者"图书定位"，所以对任何编辑来说，"价值发掘"都是第一位的。价值发掘可以基于人、功能、意识形态这三方面来考虑。通俗来说，就是首先要明确目标人群，然后考虑要为目标人群创造的功能价值和情感价值。例如，结合当下育儿和国潮的兴起，传统美术类出版社拟以"中国传统书画艺术爱好家庭"为目标人群，为该目标群体打造亲子共读的传递美、诗意、知识的"中华文化美育"系列绘本，而在情感层面，则主张一种"以中国传统美学滋养中国少儿心灵"的生活态度，那么我们可以说，这就是图书"价值发掘"的第一步。"价值发掘"的第一步至关重要，不仅激活了目标人群的消费情绪，也为随之而来的消费行为赋予了心理意义。之后则需要通过目标人群的需求洞察进一步取得差异化的价值发现，最终依靠配套传播快速形成竞争优势。

那么，该如何进行目标人群的需求洞察？笔者以为在做需求洞察时，要坚持目标人群第一的原则，因为一旦脱离了目标人群，任何产品都是伪命题。要想挖掘真实需求，从目标人群到需求再到产品，这个过程没有捷径。编辑首先要了解目标人群，并与目标人群建立稳定的互动联系，最终做到感同身受，即将自己变成目标人群，且可以随时切换不同的角色。如

针对亲子共读绘本，则需要编辑同时洞察父母、孩子、教育工作者等不同人群的不同需求心理。在工作实践中，编辑通过自问自答以下几个问题能够为有效开展目标人群需求洞察提供一点工作思路。

（1）我所编辑的图书针对哪类人？

（2）读此类书的人是谁？他们的社会属性、年龄、收入如何？

（3）目标人群的阅读习惯是什么？

（4）我编辑的图书在什么时间、场景下被阅读更多？

（5）我认为的重点内容，读者注意到了吗？

（6）此类书的真实口碑如何？读者如何评价它？

（7）买此类图书的人还可能需要什么别的内容或服务？[①]

通过对目标人群的特性、认知心理进行研究，对其行为和诉求进行筛选，最后变成自己产品的需求。这个过程使目标人群的实际需求成为产品设计的导向，使产品更符合目标人群的习惯和期待。但同时，这并不意味着编辑要一味讨好目标人群，好的编辑既不能被作者牵着鼻子走，也不能被用户牵着鼻子走。价值发掘是一个庞大的概念，涉及多个学科，如经济学、哲学、心理学、人类学、市场学等。要想发掘读者背后更大的价值点，还需要编辑不断积累知识和总结经验。

二、产品经理底层逻辑框架下的"版本""保质期""交互体验"

将图书视为产品的编辑产品经理化的底层逻辑还应包含"版本""保质期""交互体验"这三个概念。"版本"这一概念在传统出版工作中很常见，但"保质期"这一概念则很少提及。基于前文的讨论，既然图书被视作一种产品，则每本图书都会有相应的保质期。这里的版本更强调将图书视为"产品流"，赋予了图书更强的迭代更新属性，随着多样化"版本"

---

① 宇见：《洞察力：让营销从此直指人心》，电子工业出版社 2018 年版。

的推出，可以起到延长图书保质期的作用。产品迭代是一个适应读者需求的动态过程，在这个过程中，要时刻观察读者的需求动向。保质期的概念正是提醒传统出版业不应单纯追求码洋，更应把读者需求挖掘工作做足。"版本"的迭代既可以是随时间推移的更新，也可以是跨品类跨目标人群的版本叠加，又或者是对内容的再融创。如基于图书内容编辑的数字版本，基于多样传播设备开发的应用程序，基于忠实读者、冲动消费者、以收藏或送礼为目的购买人群分别开发的版本，又或者"老酒装新瓶"经典拆分、畅销系列抽取单册重新塑造亮点的全新版本。

但多版本图书的打造并不能发掘出全部的需求，因为读者在表面的需求之下还隐藏着隐性的需求。也就是说，有时候目标人群并不知道自己想要什么，其所表达的需求有着提升的空间。一方面，编辑应做好需求引导工作；另一方面，不妨在产品内加入互动体验环节，以便收集目标人群隐性的需求。在未来，一本图书的编辑或许是编辑、作者、读者三方一起完成的；图书的内容被嵌入各种互联网传播平台及各种线下文化活动中，并有 N 种编辑与读者、作者与读者、读者与读者的互动模式。优秀的"交互体验"不仅能够通过价值满足来拉动内容售卖，更是一种基于内容建立的"后项增值服务"，而"内容服务化"或许会是出版业一个全新的业务增长点。①

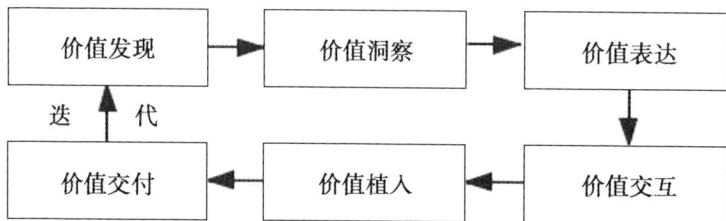

图 1　产品经理思维框架下的"价值发掘"驱动逻辑导图

---

① 宇见：《洞察力：让营销从此直指人心》，电子工业出版社 2018 年版。

三、编辑工作产品经理化的工作方法——两会一图一报一文档

编辑工作产品经理化，无论从出版流程的深度还是广度都被赋予了更多全新的内容，需求分析、选题定位、生产模式选择、营销策略确定、图书迭代升级等方方面面都要涉及，工作内容庞杂。从编写逻辑严谨的选题策划方案到汇报报告，从分析数据到讨论产品功能和运营重点运营方案，从参与交互设计到内外部沟通协调跟进，还要处理突发性的如质量把控等问题。可以看出，全新的编辑工作对协调追踪能力的要求较高、对整体工作能力的要求较全面。编辑不但需要抓细节，还需要把控全局。

面对纷繁复杂的工作内容，编辑应建立相应的工作方法，做到合理而有效的工作节奏把控。本文力求为编辑产品经理化提供一个可参考的工作方法，简单来说就是——两会一图一报一文档。"两会"是指"选题论证会"和"项目启动会"，"一图一报"是指"图书出版计划流程图"和"进度周报（月报）"，"一文档"是指"需求文档"。

一个选题能否通过，关键的三点为：（1）有数据支撑。（2）方案逻辑与内外环境相符。（3）投入产出比合适。选题是否通过的评价维度，一是需求的价值，即社会效益和经济效益的双重考量；二是需求的难度，即成本。编辑在准备选题论证材料时需围绕以上三点进行论证。展开来看需涉及以下几点：（1）需求背景：详述价值发掘和目标人群需求洞察分析，同步项目目标和价值导向。（2）选题情况概述：目前选题状况，如作者情况、稿件情况。（3）方案简述：选题实施方案，生产模式选择。（4）可行性分析：营销策略确定，分析方案的可行性，以及有无备选方案。（5）成本预估：方案的投产比评估如何，其价值有多大。

选题论证会后，首先应根据意见修改方案，然后根据需求评估工作量，整理出"图书出版计划流程图"。编辑站在产品经理的角度把控出版全流程，该流程图将图书出版完成各项工作的时间节点及路径清晰标记出

来，便于团队各部分时刻检视项目进度。

产品的实现离不开团队的协作，虽然图书出版的整体方案是由编辑推进完成的，但这不是由编辑独自完成的，而是团队的共同努力。因此，编辑需要经常与作者、领导、研发、交互、设计、营销、印制等内外部人员沟通。编辑要充当团队协作工作的中转站和黏合剂，利用"图书出版计划流程图"可规避因无效沟通或沟通不力而产生的摩擦。①

"项目启动会"顾名思义是指选题通过后，项目启动前的说明会和通气会。为避免项目开启后因目标不清晰，信息共享不充分，导致的各自为战、沟通混乱、进度拖沓。通过召开项目启动会，将项目总体目标、阶段目标、待办事宜进行同步，减少各部分单点沟通的时间成本，对项目高效运转起到推动作用。在启动会上需确定如下几点事项：

（1）敲定项目成员。

（2）同步项目信息，如图书文字作者和绘者第一次合作则需尽快建立联系。

（3）同步项目目标并拆解目标，提高参与各环节人员的积极性。

（4）项目初期待办事项及完成的时间节点。

在项目开展过程中，编辑需要站在统筹全局的角度时刻检视工作进度，发现问题并及时调整。"进度周报（月报）"是很好的项目进展跟进材料。编辑将一段时间内项目各环节工作完成情况、下一步工作、遇到的问题通过周报（月报）整理出来，分享给参与项目的各个环节及上级领导。大家彼此知道对方在做什么，沟通就会十分顺畅，也可以使项目在领导面前保持一定的存在感，进而保持项目活跃度，给团队以鼓励，使工作有节奏、有目标。周报（月报）内容有价值才是目的，周期和形式只是手段，应避免流于形式。

---

① 姜杰夫：《高效产品攻略》，电子工业出版社 2020 年版。

进度月报样例

阶段	环节	目标	本月工作	计划下月工作	提示	负责人
2020年7月报	编辑	选题通过	撰写需求文档	选题论证会上会	撰写需求文档需与作者绘者营销人员碰思路	
	作者	完成书稿文字部分的修改工作	针对编辑意见修改文字	针对编辑意见修改文字	暂无	
	绘者	完成角色设计	角色设计（一稿）	角色设计（二稿）	着重突出中国风	
	营销	选题营销策划	针对选题给出营销建议	选题论证会上会	暂无	

需求文档是产品由"概念化"阶段进入"生产化"阶段的主要文档。广义的需求文档应包含产品定位、目标市场、目标用户、竞争对手、产品结构、功能描述等。[①] 需求文档没有固定格式及内容，应根据具体的情况选择最适合的文档格式。从编辑实际工作出发，首先明确需求文档的撰写对象为图书生产各环节，即选题编辑、文字编辑、美术编辑、营销人员、总编辑、社领导等。准备需求文档，一方面用于选题论证会上回答选题"做不做"的问题，另一方面，在选题通过后，项目启动会上说明"怎么做"的问题。通常情况下，需求文档应至少包含产品定位、需求分析、内容框架三部分。首先，分析目标市场及人群的消费行为体现的需求以及通过策划什么选题去满足需求的思考。其次，比对同类竞争图书，选择进入市场的商业模式，是突出特色主打差异化策略还是以价格优势占领市场。最后，阐明图书内容设计思路，为图书生产各环节提供需求细节和规范的作业指导。需求文档就如同图书的档案一样需归档留存，为后续需求迭代与图书版本更新提供依据。

---

① 姜杰夫：《高效产品攻略》，电子工业出版社2020年版。

最后需强调的是，两会一图一报一文档所涉及的内容、数据、分析都是围绕具体工作目标开展的，应避免空话套话以及无法落地的概念。可参考 SMART 原则为工作准绳，即：（1）S－具体（Specific）：指要用具体的描述来说明工作目标和行为标准。（2）M－可度量（Measurable）：指目标是可量化或行为化的。（3）A－可实现（Attainable）：指工作内容是现实的，避免设立过高或过低的目标。（4）R－相关性（Relevant）：指围绕目标开展的工作都具有很强的关联性。（5）T－有时限（Time bound）：目标的完成需要有时间限制。①

笔者认为，编辑从来就应该是理想主义，甚至有些挑剔偏执，但同时又是责任心强，尊重读者，对文化传承有使命感的人。一代代编辑秉承专业精神为人类文明延续创造着无与伦比的价值。世界在变，技术在变，需求在变，唯一不变的就是通过不断精进学习、分析、思考、沟通的能力，坚定信念，用心去描绘一个理想的文明世界。这便是成为一个新时代编辑的关键。

---

① 人人都是产品经理. 产品经理入门攻略［EB/OL］.（2018－06）［2022－04－01］. https：//yuedu. baidu. com/ebook/5aee391b3069a45177232f60ddccda38376be1b0.

浅谈新时代优秀童书编辑成长策略

——以接力出版社编辑培养为例

接力出版社项目编辑　王　燕

【摘要】　新的出版形势下，要想在激烈的市场环境中突出重围，出版企业和编辑个人都面临着转型升级。培养适应新时代、新形势的新型编辑，已成为出版界的共同呼声。接力出版社 30 余年的发展，既是中国少儿出版 30 年发展历程的缩影之一，也是中国出版发展的历史见证。本文以接力出版社为例，从社内竞争工作机制促进编辑成长等方面论述童书编辑培养的策略方法。

【关键词】　价值出版；机制创新；守正创新

出版的本质是价值传递，是文化的传递，这是出版的价值核心。一代一代人通过出版载体，把人类文明成果传给下一代，这是出版的核心所在。目前，中国的童书出版，从出版格局看，580 多家出版社，有 550 多家出版童书，其中，专业少儿出版社 30 多家，童书出版集团 4 家，童书出版正在由专业出版演化成大众出版；从发展速度看，近 20 年来，少儿图书市场规模呈现持续上升的态势，2016 年少儿图书市场首超社科，成为码洋比重最大的类别，随后少儿市场每年以 1 个百分点左右的增幅不断增加，成为中国出版最重要的领涨力量。

在当下的童书出版产业中，出版主体的竞争日益加剧，儿童读者的阅读方式日益多元化，出版企业要想突出重围必须强化童书编辑的作用，小到一本童书的编辑出版，大到一个国家的儿童阅读方向，都有赖于童书出版编辑发挥应有的作用。因此，童书编辑必须看清行业发展大趋势，明确自己的优劣势和职责分工，巩固自己在编辑业务上的核心竞争力。同时，童书编辑的素养和能力是出版企业的核心竞争力，出版企业必须重视对童书编辑的培养，通过提升、凝聚编辑的能力和力量来增强企业的整体实力和活力。本文以接力出版社为例，围绕社内竞争工作机制促进编辑转型成长等方面，论述童书编辑培养的策略方法。

成立于 1990 年的接力出版社，是一家专业的婴幼儿、青少年读物出版社，年均出版少儿读物 400 余种。按照经济总量测算，接力出版社并不在中国出版业最强悍的第一方阵，但在中国出版业每一次改革与发展的关键时期，总会以自己独有的探索方式，引起行业内外的关注。经过 30 余年的发展，这家诞生于边陲之地、所在省域经济体量和文化土壤均不占优势的出版社，30 多年来始终活跃在中国少儿出版的前沿，涌现出一批能力较强的出版人。这些人才中，有的是通过组织内竞聘机制的系统化、制度化提升上来的；有的是依靠优秀的企业文化，在平等、尊重、合作的基础上，争取人才加盟形成的；由于接力出版社体制的优势，还通过项目合作方式开辟了人才引进的新通道。①

---

① 黄俭：《浪花儿里飞出欢乐的歌——接力出版社在变革中念好"管理经"》，载《出版发行研究》2017 年第 11 期，第 49－51 页。

一、编辑竞争工作机制

任何企业做大做强依仗的都是人才，人力资源的合理开发与配置是决定一个企业生存与发展的关键因素之一。编辑出版工作，是一种非常专业和需要时间来养成的工作，要有一种笃定的精神，扎在出版里，不受纷纷纭纭的种种干扰，才能把这份工作干好。

（一）三级两次论证制，对待平庸选题毫不手软

一级选题论证即拟论证选题市场调研。提出选题的编辑做充分的市场调研，了解同类产品的市场情况。二级选题论证即部门论证。提出选题的部门根据市场调研结果进行部门内论证。三级选题论证即出版社内论证，由社领导、各分社、设计部、推广调研部、发行部、国际合作部、数字出版部、审校部、出版部、财务部、总编室等中层干部代表，从不同的角度对选题项目的可行性进行多方论证。在论证过程中，总编辑并没有特殊的权力，也只是其中的一票。因此，接力出版社每次的社级选题论证会，通过的选题只有8%～10%。对于那些平庸化、一般化的选题，对十那些跟风书、模仿书，一律不予通过，毫不手软。

（二）项目主管制，让每个编辑成为管家

一本书，从文字到打磨成型的作品，再到在某一领域或在社会上产生价值，其实是一个系统工程。接力出版社总编辑白冰根据自己多年的出版工作经验，最早在接力出版社内部创造性地实行了项目主管制，即把社内所有选题分解为一个个具体可实施的项目，把每个选题都当作出版社的投资项目来运作，让每个责任编辑都来当项目主管，成为小管家。项目主管要对一本书进行全程策划和各个环节的操作与监督执行。从图书选题论证开始，到编校、设计、印制、宣传推广、发行，这个过程中的每个具体操

作步骤，项目主管都要拿出完整的策划方案，一步步实施。项目主管制在赋予编辑更大权力的同时，也对编辑素质提出了更大挑战。作为项目主管的编辑所考虑的，不仅仅是编书，还有出版发行营销链条上的所有环节。将图书生产的协调权赋予责任编辑，这样既促进了编校、印刷、发行各个环节的沟通，又使编、印、发等环节的资源得到了最大限度的开发和利用，图书生产中各个环节产生的问题都能在各部门协调和沟通中得到及时有效的解决。①

通过实行项目主管制，从制度上促使编辑介入图书生产的全流程，介入发行营销推广全过程。一个图书项目做下来，编辑在工作过程中，可以迅速掌握很多在常规环境下难以学到的知识，并且能够充分地找到图书市场感觉，提高市场判断力。

（三）选题竞标制，充分激发编辑的潜能

选题竞标制，就是不定期地将社组选题实行平等竞争，一切都遵循公平、公正、公开的原则。社内任何一个编辑都可以单独竞标或者若干编辑联合竞标。在竞标过程中，编辑、发行、宣传推广、出版印制、财务等部门人员对竞标编辑提出的策划案进行全方位的论证，选题竞标论证的主要依据是四个方面：一是策划方案的创造性，竞标编辑要想打动各部门人员，提出的方案就一定要有自己的独特之处；二是确保社会效益与经济效益的最大化；三是策划方案的可操作性，竞标编辑的想法必须符合市场实际，而且有充分的操作完成把握；四是编辑的个人特长，每个编辑都有自身独特的优势，需综合考虑该竞标编辑是否适合完成这类选题。社组选题竞标制的实施，激发了编辑的工作积极性和创造性，在社内形成了竞争比拼的氛围，各展才艺，最后产生胜者。

---

① 郭玉婷、唐玲：《品质：打造少儿图书品牌的核心要素——以接力出版社的品牌塑造为例》，载《出版广角》2017年第12期，第6－9页。

选题竞标制的实施，不但在全社形成了选题面前人人平等的氛围，同时编辑的策划、市场调研和后期市场营销推广能力迅速提升，在编校加工图书的每一个环节强化了市场意识，每个编辑都能够按照自己的兴趣和意愿选择选题。选题竞标制也是一种对作者负责的态度，让优秀的选题找到最适合的编辑。①

2019 年 4 月，接力出版社引进版图书《我的野生动物朋友》（全新完整版）一经上市便受到读者的热烈欢迎，可以说是当之无愧的超级畅销书。截至 2021 年 8 月，已经完成第 11 次印刷，印量总计 81 万册。这就是全社编辑公开竞标后由婴幼分社策划创意完成的。

此外，接力出版社总编辑白冰还开创性地提出激励制约机制、生产流程制等创新机制，人才能进能出，干部能上能下，面向市场招聘，这些管理机制和制度至今在业界颇具影响力。

二、从接力出版社编辑竞争工作机制，看新时代童书编辑转型成长策略

（一）从读者需求出发，真正走到市场中去

少儿图书是育人的书，首先，应该比成人图书设计更高的标准，要对培养孩子健全的人格、情感起到重要作用；其次，能够拓展孩子的视野，培养孩子的创新精神。出版童书是一个比做成人图书还要复杂的产业链，需要具备的专业知识很多时候比成人图书编辑还要宽广。儿童的身心都在成长阶段，书中的任何细节都可能产生正向或负面的影响。

一个选题能不能做，其实是受许多因素影响的。编辑需要去理解这个选题究竟讲了什么，它有什么样的特点，是不是有一个或者几个和其他作

---

① 朱胜龙：《出版神话是这样创造出来的——白冰的活法与做法》，载《编辑之友》2004年第 5 期，第 18 - 22 页。

品不一样的独特亮点，它是不是能够打动你，是不是小读者需要的，你和你的团队是否有能力去操作它……总编辑白冰始终鼓励编辑走进幼儿园、学校，观察老师、孩子、家长的需求，时常提醒编辑们"别在办公室拍脑瓜，坐而论道"，要求编辑在报选题的时候，使用正确的话语体系，比如，从学校得到的反馈情况如何，家长、孩子怎么想。只有这样做出来的图书产品才能有竞争力和生命力。同时，在满足和引领之间，探索找到平衡点。就是读者需要什么，出版者为读者提供什么；而"引领"是一种创新，引领读者向前走。

（二）坚持价值出版理念，多出原创精品

坚持价值出版理念，就是实现社会效益和经济效益的最大化。以更少、更好的图书品种取代大量一般化、平庸化的选题。要让精品图书畅销，图书才会有较大的社会影响，畅销的一定是精品图书，才能体现出版工作的价值。没有社会效益就没有经济效益，反过来，经济效益也体现了社会影响。

习近平总书记曾在讲话中指出，讲中国故事是时代命题，讲好中国故事是时代使命。为中国广大少年儿童读者奉献带有民族文化基因和时代特色，出版向真向善向美的优秀原创儿童文学作品是少儿出版机构的神圣责任。为此，接力出版社在不断汲取国际少儿出版先进理念，积极探索内容和新科技的同时，深挖国内少儿原创作品，一直与曹文轩、金波、葛冰、秦文君、彭懿、郑春华、黑鹤等国内顶级儿童文学作家合作，并在市场调研的基础上，让刘墉、苗德岁等作家学者为孩子量体裁衣，写作孩子们喜欢的作品，出版了众多脍炙人口、具有极高社会价值与文化价值的当代儿童文学精品。

接力出版社出版的原创图画书品牌"娃娃龙"，旗下诸如《不要和青蛙跳绳》《乌龟一家去看海》等屡获国内外大奖；原创主题出版方面，"少儿万有经典文库"遴选《资本论》和《共产党宣言》这两部马克思主义

的经典著作，将其改编为少儿普及版本，让少年儿童从小了解马克思的学术和思想体系，为少年儿童树立正确的人生观和科学的人生目标，最终成为社会主义接班人和建设者奠定坚实的基础；"中华先锋人物故事汇"系列丛书，邀请国内著名儿童文学作家，用充满浓郁童趣的美文，描述了先锋人物成长过程中的感人细节、丰富的心灵世界和在共和国发展历程中闪光的足迹。这样的图书因为有独特的功能和价值，市场表现不俗，不仅受到读者的喜爱，还获得了2021年5月公布的第六届中国政府出版奖图书奖。

（三）走融合发展的道路，同时做好儿童阅读的增值服务

新媒体网络时代，出版业要从资源思维转向用户思维，走融合发展的道路，同时需要下功夫探索能给读者带来怎样的阅读价值和阅读体验，以及做好阅读的增值服务。

一种内容以各种形式复合出版，是接力出版社一直坚持在摸索的。在讨论一本书的策划和出版的时候，数字出版部、各分社相关编辑、发行部都要坐在一起商量，这本书除了纸质图书之外还可以做什么，能不能做有声书、做电子书，能做电子出版物就做电子出版物，如果还能做知识付费项目，就做知识付费项目，实现一种内容的整体创意开发，让更多的图书内容以多媒体形式呈现。那么，阅读的增值服务如何体现？一是把图书的所有细节做好，如颜色、纸张、手感、字体、封面设计，甚至封面广告语、作家简介、图书导读等，让读者阅读时有很好的阅读体验；二是利用最新的宣传媒介，通过微信妈妈群、电商平台、抖音平台等与读者互动，通过信息流的反馈，做好图书服务的调整。接力出版社很多书在大批量印刷之前，是要拿到妈妈群让读者挑毛病的。同时，作家、画家在线上线下与读者交流，也是增值服务的一种。

三、结语

中国发展进入新时代，童书出版作为出版业的一支生力军，是为了孩子、为了祖国、为了世界、为了未来的神圣事业。童书编辑工作责任重大，使命光荣。这更加要求童书编辑不断培养、提高自身的编辑能力和竞争力，用精耕细作的方式去做出版，心无旁骛，全神贯注，在新技术和互联网的影响下，从内容本身的创新和多媒体延伸实现转型升级，适应新时代、新形势，紧跟时代步伐，开创新的出版气象。

《殷墟文化大典》：
一套中国出版政府奖图书的诞生

时代出版传媒股份有限公司重大出版工程办公室主任、编审　李　旭

　　改革开放 40 多年来，中国出版已从数量快速增长阔步迈向高质量发展新阶段。党的十九大明确指出："发展必须是科学发展，必须坚定不移贯彻创新、协调、绿色、开放、共享的发展理念。"习近平总书记反复强调：

"我国经济由高速增长转向高质量发展，这是必须迈过的坎，每个产业、每个企业都要朝着这个方向坚定往前走。"这是中国从出版大国迈向出版强国的内在要求，也是中国特色社会主义新时代出版人才培养与成长必须明确的发展方向。

当前我国出版业年出版图书数量约 50 万种，涌现出一大批优秀作品，但原创精品仍显不足。这一切的背后，主要还是出版人才的不足。本文结合第十届韬奋出版人才发展论坛征文的主题，结合自己全程参与策划的2021 年中国出版政府奖图书奖正奖获奖项目《殷墟文化大典》（3 卷 6 册）的出版历程和经验分享，谈谈优秀的编辑出版人才在高质量出版物诞生过程中的重要作用。

一、选题的酝酿策划

洹水安阳藏甲骨，三千年前是帝都。

文兴鼎成始殷商，信史溯源大典出。

回顾 20 世纪初，在中国安阳一个叫小屯村的地方，因 15 万片刻有文字的甲骨的发现，中国 3300 多年前的殷商文明被完整地呈现在世人面前。中国最古老的成系统的文字殷墟甲骨文的发现，成为 20 世纪中国 100 项考古大发现之首，殷墟实证了中国 3000 多年文明的信史。2006 年 7 月第 30 届世界遗产大会，中国安阳殷墟入选为世界文化遗产。也是在 2006 年这一年的 4 月间，一位敏感的出版人得知相关消息后，即刻赶往安阳，提前到殷墟联系《中国殷墟》一书出版。后来又策划了国家"十一五"重点出版规划项目"世界文化遗产——中国殷墟丛书"，2011 年又策划约稿《殷墟文化大典》（3 卷 6 册），2015 年《殷墟文化大典》入选国家出版基金资助项目，2021 年 7 月《殷墟文化大典》入选中国出版政府奖图书奖正奖。从2006 年到 2021 年长达 15 年的时光里，一个殷墟主题，一本本专题图书，殷墟这一璀璨丰厚的世界文化遗产出版资源被一点点发掘，并终获中国出版界最高荣誉。

2006 年 4 月，当时尚在河南人民出版社文史编辑处工作的我，听大学同学、在世界遗产地龙门石窟工作的副研究员张全友说，安阳殷墟当年有望在立陶宛召开的世界遗产大会上被投票通过，列入世界文化遗产，于是便及时联系大学考古课老师、时任河南省文物局副局长的孙英民老师，请他引荐，前往安阳拜访殷墟博物苑负责人杜久明主任，意想赶在殷墟被宣布为世界文化遗产的第一时间，出版一本介绍中国殷墟的通俗读物。好在殷墟博物苑有所储备，他们内部已经有了十几万字的稿本，是面向内部导游使用的小册子。后经再三修订、完善，完成了《中国殷墟：去安阳认识商代文明》的初稿。2006 年 5 月，随着自己作为人才引进调入上海大学出版社，这部由杜久明、杨善清合撰的《中国殷墟》书稿便也被带到了上海，成为自己调入上海后编辑出版的第一本书。《中国殷墟》于 2007 年初出版后，被评为 2007 年"中国书标"。

2006 年 8 月，在殷墟被评为中国的第 33 处世界遗产地之后，安阳市及殷墟博物苑在安阳宾馆举办了一场高规格的殷墟考古国际研讨会，本人应邀参会，并结识了中国殷商文化学会会长、中国社会科学院历史研究所研究员王宇信先生。

与王宇信先生的第一次见面颇具戏剧性。到安阳宾馆后，杜久明主任提前给我打预防针："你要做好思想准备，王先生要对你发火呢！"原来，是王先生为《中国殷墟》所作序的标题"序《中国殷墟》"，我改成了"《中国殷墟》序"。王先生见面就是一句"谁让你改我的标题了？"好在我事先做了功课，知道王先生抽烟，赶紧拿出自费买的一条"上海"牌香烟，算是赔礼道歉了。我与王先生从不认识到后来成为亦师亦友的忘年交，王先生成为我们合作的国家"十一五"重点图书规划项目和上海市"十一五"重点图书规划项目"世界文化遗产——中国殷墟丛书"的主编，后来又成为《殷墟文化大典》的总主编，我们的第一次会面真算是"不打不成交"了。向王先生提出编撰《殷墟文化大典》，是在 2011 年 5 月我调入时代出版旗下安徽人民出版社之初，当时的书名叫《殷墟文化大图典》，文图结合，结合实物（图片）讲殷墟文化遗产。约稿启动资金用的是上市公司的募集资金。

一个项目能够获得国家级大奖，应该是各种人才的强强联合。一个称职的策划人，成功将选题思路提出来，这相当于是种下一颗种子。选题要由合适的作者去撰写，这直接决定了好选题的成功率，合适的作者就像是合适的空气、阳光和水分，有了这些养分，重大选题才能萌芽成长起来。书稿完成之后，负责落实书稿编校和装帧设计的团队，依然是十分重要的，这些踏实、专业的编辑人才，就像是优秀的园艺师，将原始书稿变成美丽的景观——品相兼备的高质量图书。

二、跟进落实约稿与申报国家出版基金项目

最早提出《殷墟文化大典》的选题念头，是我在上海大学出版社为王宇信先生编辑由他主编的"世界文化遗产——中国殷墟丛书"的过程中。2011 年 5 月，经过全国公开竞聘，作为人才引进，我从上海调入安徽，担任安徽人民出版社副总编辑。经与王宇信先生多次沟通，我把"世界文化遗产——中国殷墟丛书"留在上海继续出版，《殷墟文化大典》我则决定带到安徽落地。作为该典的选题策划人和项目负责人，2011 年我代表出版社和王先生签订了约稿合同。

《殷墟文化大典》的作者团队，尤其是三个分卷的主编，由总主编亲自点将，由安阳师范学院历史系教授郭胜强牵头主编"商史卷"（上下），由中国社会科学院考古研究所安阳工作站特聘专家、安阳市文物工作队队长孟宪武牵头主编"考古卷"（上下），由中国殷商文化学会常务副秘书长、安阳市文联主席张坚牵头主编"甲骨卷"（上下）。2014 年多次向张坚先生电话催稿，还差一点发生"口争"，起因是大典 2014 年第一次申报国家出版基金资助项目，因"甲骨卷"书稿未到，书稿字数不足 60%，第

一年申报名落孙山。后来张坚先生解释说，他得了眼疾。好在 2015 年"甲骨卷"书稿完成了 60% 以上，大典第二次申报顺利通过。2014 年上半年，我曾两赴安阳殷墟，分别与胡正义社长、丁怀超总编、王海涛主任参加《殷墟文化大典》"商史卷""考古卷"的审稿会。

2014 年、2015 年两次填写《殷墟文化大典》申报国家出版基金项目申报表，都由本人执笔完成。当初填表，我立足三"定"原则——定位、定性、定量，外加准确流畅的文字表述，逐字逐句地琢磨。对选题定位与定性的把握，重在紧扣殷墟是当时中国 33 处世界文化遗产中最早讲述中华三千多年文明史的一种，殷墟的重大意义在于用文字和实物实证了中华三千多年文明的信史。选题的定量把握，是在商史、考古、甲骨三个分卷之下，按门类、门类之下按章节、章节之下按时序和重要性，将每个内容节点按 5 000 字、3 000 字、1 000 字、500 字不等的篇幅，各配若干幅图片，以最后将近 10 000 个内容点、近 400 万字、12 000 多张图片的篇幅，把殷墟所涉及的包括商代历史、殷墟考古、大型宫殿遗址、典型实物、人物、甲骨、青铜、玉器、骨器、文献、著录、海外殷墟研究成果一"典"网进，进行全面梳理，给读者一个全景式的殷墟景象。最后，提炼出一个概念，这是世界上第一部殷墟百科全书，是工具书，也是入门书。这些选题思考，充分融入项目申请书中，让评审专家一目了然。

对于社会大众需求分析，我是这样表述的："甲骨学"和"敦煌学"一样已成为世界性的"显学"，即便是在中国老百姓中间，爱好甲骨文和甲骨文书法的大众越来越多，然而，目前国内外却没有一部较全面系统反映殷墟和甲骨文的百科全书式的参考书、工具书。所以，这既是一部学界和出版界填补空白的大型学术文献工具书，也是社会大众期待系统了解世界文化遗产殷墟所急需的百科全书。加之，总主编权威，作者都是国内研究殷墟和掌握殷墟第一手资料的学者，所以该大典有理由申请入选国家出版基金资助项目。

填写基金申请表，实际上就是在撰写一篇论证文章。

三、编校实战中的编辑队伍建设与人才培养

《殷墟文化大典》内容非常专业，编校难度相当之高。面对这一难题，出版社领导班子高度重视，为保证已入选国家出版基金项目按时按质量要求完成，专门成立了项目编辑小组，打破了原来的编辑室分割现状，调动社里老中青骨干编辑力量，历时两三年才完成这套书的编校流程，使得高难度的项目顺利出版。

《殷墟文化大典》3卷6册，第1、2册为甲骨卷，第3、4册为考古卷，第5、6册为商史卷，三卷不同的书稿分解到不同的编辑部和编辑手中。2014年10月，我调任时代新媒体出版社总编辑岗位之后，由安徽人民出版社副总编白明牵头该书的编辑统筹，在3卷13位责任编辑中，秦闯、王海涛两位老编辑是编审职称，老编辑还有副编审王世超、周子瑞，中年编辑有孙文波（社长助理）、朱虹（校对室主任）、李莉（编辑部副主任），青年骨干编辑有王琦、李芳、卢昌杰、陈蕾、刘超、肖琴，封面设计宋文岚也是经验丰富的资深美编。当时兼任安徽人民出版社社长、现为时代出版传媒股份有限公司总编辑的朱寒冬是大典的出版人。可以说，出版社整合了最强大的编辑阵容来做这套"难啃"的大书。

大项目的编辑出版，编辑团队的协力攻坚对打造精品是必不可少的，在项目全程策划和编校设计出版过程中，每个人每个环节都不能"掉链子"。就拿秦闯编审牵头统筹责编的"甲骨卷"来说，其内容艰深繁难。1959年出生的老编审秦闯虽然经验丰富，但要确保这部甲骨学大著的出版质量无虞，他仍感压力较大，可谓如履薄冰。为此他带领小组投入大量心血，查阅诸多工具书和文献资料仔细检核，并对内容表述、行文体例、大量造字、甲骨图片等按出版要求进行规范化处理，倾注全力编审统筹。据秦闯事后回忆，仅他本人与大典总主编王宇信先生和"甲骨卷"主编张坚先生就有过数十次或当面或书信或电话长谈的深入交流，较好地解决了书

稿中存在的诸多疑难问题。用白明副总编的话来说，"秦闯真是编进去了，他常常一个人在单位加班到深夜，也快成半个专家了"。几位硕士毕业的青年骨干编辑也都是第一次接触甲骨文方面的书稿，他们受到了锻炼，提高了认识，为日后参与重点图书的编辑积累了经验。作为编辑统筹的白明副总编更是为本书的编辑出版和团队合作攻坚做了重要工作，他几次带队去北京、安阳，与作者沟通落实书稿调整修改等事宜，并充分调动大家的积极性，让编辑出版人员既注意书稿按国家基金项目要求的出版时间步步推进，又注意严格把好书稿编审校改、装帧设计和印刷出版质量关。最终，十几位编辑团队以"优秀"的项目考核验收成绩，保质保量地完成了3卷6册的《殷墟文化大典》的出版任务，从而为大典获得中国政府奖图书奖正奖打下了坚实的质量基础。

四、中国出版政府奖的申报与获奖启示

对重要奖项申报表格的填写也应是编辑日常需要训练的基本功，对图书能否成功获奖也会起到非常重要的作用。在最后负责审读《殷墟文化大典》申报政府奖材料时，我对部分申报文字的表述做了修改，重新补充了材料，尤其是对比较薄弱的宣传材料的补充。因为那两天填表编辑出差，我对临时配合补充材料的陈蕾编辑说："这个表得好好填，这么多项目中只有这个最有可能得个提名奖。"我们搜索全网，意外地发现一篇2019年在《殷都学刊》发表的一篇署名曹定云的书评文章《一部全面介绍殷墟文化的学术巨著：评〈殷墟文化大典〉》，如获至宝，赶快补充了进去，又从网上找到两篇其他网站转发中国社会科学网的同名书评，一并补充进去，心里稍踏实一些。在申报表的封面上，原来只写了《殷墟文化大典》，没有写明几卷几册，我都给加上去了，标题是"《殷墟文化大典》（3卷6册）"，内文同改。对于殷墟的重大意义，表格中"内容简介"部分突出不够，我最后加上一句："殷墟考古发现的最大意义是以甲骨文和实物证明

了中华文明三千多年的历史。"这些小细节，都是填表时一点一点细抠出来的。2014 年、2015 年、2021 年先后三次填写、审核基金或大奖申报表，填表一向都是有讲究的。项目要做出高质量，申请报奖的表格也要认真填出高质量来。

《殷墟文化大典》获奖的三点启示：

一是殷墟题材的意义重大。殷墟题材的重大意义就在于中国最古老的甲骨文字的发现，使中国 3300 多年的历史成为信史，这无疑是一个国家级世界级的大题材。殷墟，是中国的殷墟，也是世界的殷墟。殷墟文化，不仅属于中国，也属于全人类。殷墟，就像后来 2019 年同样入选了世界遗产、以实物证明了中华 5000 多年文明史的良渚古城遗址一样，都是中华文明历史上具有里程碑意义的重大考古发现。题材的重大，无疑是《殷墟文化大典》最终入选中国出版政府奖图书奖正奖的内在原因。在安徽，还有一套入选图书奖提名奖的《方以智全书》（10 册），前后经历了 30 年，这套书也很有价值。两个选题的最大不同，主要还是题材的不同，一个是反映国家的历史，一个是反映个人的历史。

二是作者的权威。王宇信先生作为中国社会科学院荣誉学部委员、中国殷商文化学会会长、研究员、博士生导师、著名甲骨学者，他无论是学术影响、学界地位还是与殷墟的友好关系，乃至他担任国家和上海"十一五"重点出版规划项目"世界文化遗产——中国殷墟丛书"主编的前期积累，他都是最合适的总主编人选。大典三个分卷的作者们也都是国内研究殷墟多年的相关专家。参加写作的 30 多位作者来自中国社会科学院历史研究所、中国社会科学院安阳考古研究所、中国文字博物馆、安阳师范学院历史系、安阳殷墟博物苑、安阳市文联等多家单位，他们用了 4 年左右时间倾力完成。为保证大典内容的权威性，许多文物图片都是第一次实物拍摄，还使用了海外所藏青铜器、甲骨文稀见珍贵图片资料。

三是质量的保障。书稿内容扎实、编校质量优秀、设计精心、精装印制精美等质量方面的保障，也是大典获奖的重要因素。选题重要、作者权威、质量优秀，三个方面保证了图书的最后成功。

同时，我们也不能忘记，3300 多年前商代老祖宗作为文化原创者的肇启之功，是我们殷商先人的智慧创造，才为 3300 多年后的出版人提供了一处精深博大的文化宝藏。

五、高质量出版离不开专业的出版人

通过上述《殷墟文化大典》精品项目出版的系统回顾、总结、分析，我们充分体会到在选题策划、约稿、编校、设计、印制、填表、宣传等各个环节，各类人才对确保项目成功的重要性。大项目往往是众多人才通力合作的结果。出版社作为项目的组织者，在机制上组建项目团队，分工协作，发挥人才合力，是项目成功的机制保障。在具体编校实践中，通过老中青相结合、以老带新的方式，在项目实战中锻炼队伍，既完成了项目，又培养了人才，为日后再做大型项目积累了经验，形成良性循环。出版社的品牌是一系列品牌图书的累积，而品牌图书的累积最终离不开优秀编辑的策划编校运作之功。在《殷墟文化大典》全程实施过程中，我们充分体会到本届论坛主题之一"出版人才助力出版高质量发展"背后的深意所在。

下一步，在《殷墟文化大典》图书版成功的基础上，我们将继续开发数字版《数字殷墟》项目，用 3D 成像方式对实物实景加以数字化呈现。另一个后续项目，是与王宇信先生再度合作策划 100 卷的"殷墟文献集成"，系统梳理殷墟考古百年来的学术成果。未来，还盼望能做出一套全集式的"世界遗产"文库（1000 多种，中国现有 56 种），将那些以殷墟为代表的诸如"良渚古城遗址"一类的世界遗产文化大典一部一部地出版出来。

一言以蔽之，在新时代新征程大环境下，实施出版高质量发展战略即是实施高质量出版人才培养与成长战略，《殷墟文化大典》的成功实践已充分证明这一点。谋事在人，事在人为，让不同类型的高质量人才在不同的岗位上都能有所作为，是未来出版业高质量发展的希望所在。这里借用《中国新闻出版广电报》记者张君成 2021 年 3 月 10 日访谈聂震宁先生关于《高质量人才是出版业未来发展的关键》文章中的一段话作为本文的结语："实现出版高质量发展需要各方面的人才，特别是能够提高编校质量的各种专业人才；融媒体出版需要各种媒介的专业人才，特别是能够将优秀内容和先进传播技术结合起来的复合型人才；出版产业体系建设需要优秀管理人才，特别是能够带动出版企业全面发展的出版企业家；开展全民阅读需要更多阅读推广人，特别是具有专业阅读能力的领读者；出版走出去需要更多国际出版人才，特别是具有国际本土化运营的出版经营人才。"

学习出版史上苏区精神，培育新时代出版人

福建教育出版社总编辑　孙汉生

一

1934 年 1 月，第二次全国苏维埃代表大会召开，苏维埃共和国临时政府主席毛泽东做报告，谈及文化教育和新闻出版工作业绩：

> 苏区群众文化运动迅速发展，中央苏区已有大小报刊 34 种，其中《红色中华》发行 45 000 份以上，《青年实话》发行 28 000 份，《斗争》只在江西苏区每期至少要销 27 100 份，《红星》17 300 份。①

---

① 《红色号角——中央苏区新闻出版印刷发行工作》，福建人民出版社 1993 年版，第 15 页。本文下引本书文献资料，不再一一出注。

20 世纪 90 年代出版史学者叶再生编《苏维埃区出版物通览》，统计十年内战时期全国苏区出版物共 986 种，其中，书籍、小册子 695 种，报刊 291 种。① 教育史学者赖志奎根据 20 世纪 80 年代尚能搜集到的课本统计，全国苏区总计出版各类教材大约 115 种。②

2011 年 11 月 4 日，习近平同志《在纪念中央革命根据地创建暨中华苏维埃共和国成立 80 周年座谈会上的讲话》也谈及苏区新闻出版工作成就和贡献：

> 党和苏维埃政府兴办各类学校、报纸杂志、红色中华通讯社、出版机构、文艺团体和俱乐部等，革命文艺活动十分活跃，文化工作呈现出生机勃勃的局面，从而丰富了红军指战员和人民群众的精神文化生活，对塑造人们的革命精神面貌发挥了重要作用。③

中央苏区全盛时期，总面积 8 万平方公里，总人口 450 万。报刊发行量几万份（册），占有率非常高。敌人围困万千重，物资极为匮乏，苏区人口 90% 是文盲，而共产党人能在几年内将文化教育和新闻出版办得轰轰烈烈、红红火火，靠的是什么？这个问题值得研究。我们正在学习的《中国共产党简史》，有一段文字专门阐述了"苏区精神"，可作注脚：

> （苏区）铸就了以坚定信念、求真务实、一心为民、清正廉洁、艰苦奋斗、争创一流、无私奉献等为主要内涵的苏区精神。"苏区干部好作风，自带干粮去办公。日穿草鞋干革命，夜走山路访贫农。"这首民歌在苏区广为传唱，流传至今，正是苏区精神的真实写照。④

---

① 叶再生主编：《出版史研究》第 3 辑，中国书籍出版社 1995 年版。

② 赖志奎：《苏区教育史》，福建教育出版社 1989 年版，第 233 页。

③ 习近平：《在纪念中央革命根据地创建暨中华苏维埃共和国成立 80 周年座谈会上的讲话》，载《人民日报》2011 年 11 月 5 日第 3 版。

④ 《中国共产党简史》，人民出版社、中共党史出版社 2021 年版，第 52 页。

习近平同志 2011 年的《讲话》已经提出"苏区精神"概念，并对其内涵做了上述 28 字精炼概括，同时又做阐释：

> 面对大革命失败后国民党反动派实行白色恐怖的血雨腥风，面对敌人的重兵"围剿"封锁，根据地军民怀着"星星之火，可以燎原"的信念，坚信中国革命必然胜利，不断战胜各种艰难困苦，前仆后继，勇往直前。那时，许许多多的共产党人不为官、不为钱，不怕艰苦、不怕坐牢，慷慨赴死、从容就义，真正做到了为主义和信仰而奋斗、而献身。①

这段话里，也有苏区新闻出版人的身影。

二

苏区的教育、新闻出版工作，担负着社会启蒙、政治动员、宣传鼓动、批评监督的功能，甚至直接参与战斗，与革命事业及人民群众息息相关，融为一体，为苏区建设做出重要贡献，也为历史留下了一份宝贵的精神遗产，这种精神遗产是苏区精神的重要组成部分。现将其内容和表现归纳如下：

（一）坚定理想信念：宣传马列主义，进行革命启蒙和动员

早在苏区开辟之前，共产党人邓子恢等便在家乡龙岩创办《岩声》月刊，其发刊词和宣言（1923 年 9 月 1 日）是社会启蒙的告白：

> 我们二十多万善睡的同胞，只是昏昏沉沉地梦着，一向不会清醒。吾们更相信知识阶级，是民众的良导师，应该跟着时代走，循历史进化的原则指导民众，通力合作，以促进社会。

---

① 习近平：《在纪念中央革命根据地创建暨中华苏维埃共和国成立 80 周年座谈会上的讲话》，载《人民日报》2011 年 11 月 5 日第 3 版。

《岩声》直接与黑暗势力斗争，揭露社会黑暗，传播马克思主义的革命理论，对龙岩人民起到了革命思想启蒙作用，为中国共产党在闽西建立地方组织和发动工农运动，做了思想和组织准备。

苏维埃临时政府甫一成立，就同步展开了新闻出版工作，出版的首要任务和内容，就是对广大人民群众进行马克思主义教育、宣传，进行革命思想启蒙和革命动员。苏区新闻出版人编辑出版了大量的马克思列宁主义理论著作，如《共产党宣言》《马克思主义浅说》《社会主义浅说》等。这些著作用最先进、最科学的思想理论武装广大党员、干部和工农兵群众，坚定其共产主义理想信念，指明其革命方向，增强其斗争的决心和胜利的信心。

苏维埃临时政府机关报《红色中华》的办报宗旨是：真正办成党和政府宣传、发动、组织革命战争的重大阵地；展示苏区人心所向，向全国全世界人民表明，苏区是中国的灯塔和希望。苏区团中央机关刊《青年实话》的宗旨，首要的是注重青年的思想建设，帮助青年学习马列主义，树立共产主义信仰；注重团结广大青年，注重理论联系实际，促进共青团员在各自岗位上发挥模范作用。

苏区教材出版也是以马克思主义为宗旨，而废止国民党党化课本。中央教育人民委员部颁布《小学课程教则大纲》，对教材编写有要求和指导：普通教育应当建立真正科学的唯物论的马克思列宁主义的世界观。①

（二）与人民群众紧密相连：为了人民幸福，依靠群众力量

苏区文化教育和出版工作的目的和使命是使广大中国民众都成为享受文明幸福的人。毛泽东主席在第二次全国苏维埃代表大会上的报告（1934年1月）指出：

---

① 《苏区教育资料选编（1929—1934）》，江西人民出版社1981年版，第119页。

苏维埃文化教育的总方针，是以共产主义的精神来教育广大的劳苦大众，使文化教育为革命战争与阶级斗争服务，使教育与劳动联系起来，使广大中国民众都成为享受文明幸福的人。苏维埃文化建设的中心任务是厉行全部的义务教育，是发展广泛的社会教育，是努力扫除文盲，是创造大批领导斗争的高级干部。①

1929 年 3 月，红四军首次入闽，在闽西地方党组织配合下开始建立红色政权。同年 6 月，毛泽东率领红四军第二次入闽，驻扎连城新泉村，帮助当地干部创办了闽西第一所工农妇女夜校。红军一驻扎，就办列宁小学、平民小学，缺乏教师，毛泽东夫人贺子珍还曾到小学教书。学校来了红军女教师，轰动山乡。② 毛泽东也曾操起老本行，亲自给小学生讲课，并指导干部自编课本《红色识字课本》《平民课本》《劳动课本》。③ 这是革命根据地教育出版的滥觞。

对于贫穷落后的山区，人民群众教育的一大障碍就是文盲问题。苏区各级政府非常重视扫盲工作，教育、文化、新闻出版部门和共青团组织共同负起责任。苏区团中央宣传部副部长魏挺群（阿伪）发表文章《论消灭文盲》，引用列宁的论述："社会主义的创造是需要一定的文化水准的。"④ 扫盲，实际上是一种革命启蒙，也为新闻出版培养了大众读者。

为了扫盲和革命动员，苏区大办社会教育，办了很多夜校。夜校教育要求，能识字、读报，能看懂政府文件、指示、标语口号，会写简单应用文。以能写信、做报告、看红中（《红色中华》）为毕业标准。

苏区办刊办报是为人民群众说话，也让人民群众说话。闽西苏维埃政府第三十五号通知《关于红报问题》："《红报》要经常征求群众的意见，

---

① 《苏区教育资料选编（1929—1934）》，江西人民出版社 1981 年版，第 46 页。
② 王豫生主编：《福建教育史》，福建教育出版社 2004 年版，第 683 页。
③ 姚宏杰、宋荐戈主编：《中国革命根据地教育史事日志》，山东教育出版社 2020 年版，第 32 页。
④ 《苏区教育资料选编（1929—1934）》，江西人民出版社 1981 年版，第 172 页。

使广大的劳苦群众明了《红报》是闽西八十万工农劳苦群众的喉舌。"

中华全国总工会苏区执行局机关报《苏区工人》敢于为工人群众说话，维护工人群众的切身利益，反映工人群众的迫切要求，如1932年8月新闻报道《反对老板破坏合同！实行劳动法！南广豆腐店老板受处罚》。《苏区工人》拥有一大批生产一线的工农通讯员与发行员，因而能及时、真实地反映苏区工农群众的迫切要求、斗争情绪和活动情况。

为了让人民群众能够说话，苏区教育工作者和新闻出版人真是用心良苦。闽西苏维埃政府文化部《关于组织读报团的通知》：

> 为提高群众政治教育，使广大群众的政治水平能够提高，而且由识而进到能读能写的程度；要把一切宣传品，尤其是《红旗》《红报》的文字宣读给不识字的群众听，使政府的政治主张及斗争策略及目前政治消息能深入到群众中去。组长要把本读报组团员表现及读报后感受和收获向当地政府文化科报告。

苏区报刊就是这样在文盲社会里自己培养读者，培育市场，还从文盲里培养作者。苏区新闻工作有一个通讯员制度，建立了工农通信网络，不识字的通讯员还可以向识字的通讯员口述，由识字的代写。

（三）艰苦卓绝：敢于创新，争创一流

此种精神，从老一辈革命家李富春当年的文章《"红中"百期的战斗纪念》（1933年8月）可见一斑："红中"的伟大进步是从艰苦的坚定的向一切困难做残酷斗争而获得的。向敌人封锁做艰苦的斗争，来克服印刷和材料的困难；努力为适合苏区群众的文化水平而不断改良编辑内容。

虽然生活艰苦，环境简陋，物资匮乏，但苏区出版人对质量的追求，毫不含糊。《共青团闽西特委各县宣传科第一次联席会议决议案》（1929年12月28日）主要是关于质量检查报告，包括内容、编校、印刷、发行、行政管理方方面面的质量问题。中央军委机关报《红星报》内容充实，版

面灵活，文字生动流畅，语言通俗活泼，通讯和社论都"短、新、快"。这是苏区新闻出版的共同特点。

邓小平同志主编《红星报》是从第36期接手，为了提高质量，扩大影响，他把原来32开本的油印报纸，改为与创刊初期相同的4开铅印报纸，并开辟新栏目，《红星报》面貌焕然一新。

苏区教材出版也非常注重质量。编审委员会对教材是否符合"教则大纲"要求严格审查，教育部副部长徐特立亲力亲为，审查四册《共产儿童读本》时指出"太偏重于政治，日常事项太少；且内容深浅，几册都没有什么区别"。再版时都做了改进。

苏区出版人敢于创新，善于经营。为了适应革命战争和苏区建设的需要，1931年春，闽西苏维埃政府开始筹办闽西列宁书局。列宁书局发行股票，苏区广大军民踊跃入股。列宁书局是中央苏区第一家出版发行机构，公私合营，管理有章有法，为中央苏区政府新闻出版工作积累了宝贵的经验。列宁书局集印刷、发行于一体，推出大量出版物，为宣传苏维埃政府的路线方针政策，开展土地革命和武装斗争，巩固和壮大苏维埃政权，发挥了重要作用，在中共党史上留下浓墨重彩的一笔。

（四）求真务实：深入革命实践，投入战斗

——革命年代的新闻出版工作，就是制造精神炮弹，并直接向敌人发射；苏区出版人紧密配合中心工作，甚至直接参加战斗。

1929年3月，朱毛红军从井冈山转战闽西，驻扎长汀。11月，红四军第二次进驻长汀，毛铭新印刷所的地下党员毛钟鸣到红四军驻地联系印刷业务，毛泽东建议印刷所维持商业性面貌，以掩护革命工作。他说："我们的革命宣传好比是向敌人发射的精神炮弹，印刷所好比是制造这种精神炮弹的兵工厂。这个印刷所是革命活动的一个据点，我们不可随便丢失，要想法掩护它。"

国民党报纸造谣污蔑说红军在闽西杀人放火，中共中央机关报《红旗

日报》针锋相对地反映打土豪、分田地，改善人民生活，受到闽西人民热烈拥护的事实。印刷品的"炮弹"，威力猛于真枪实弹。

印刷所的职能不仅仅是纸上功夫，还直接参与现实斗争：游击队撤退时，印刷所以印刷品大张声势，迷惑敌人；同时，更是一个坚强的红色秘密堡垒，为保护党的干部，传递秘密文件做出了突出的贡献。

瞿秋白从1934年2月至1935年2月担任《红色中华》报社长、主编，正遇上第五次反"围剿"战争失败，他带领报社同志充分发挥报纸的宣传、组织、领导作用，为掩护中央和红军突围做出卓越贡献：在极端困难的情况下，报纸继续正常编辑、印刷、发行，像平常一样刊发扩红、征收公粮、优待军属、瓦解白军、红军战绩等内容，不减版面，字里行间不露红军转移的一丝一毫信息，制造假象，迷惑敌人。由于有效掩护，直到1934年10月下旬，国民党军才得知红军主力已经突围转移。中央机关转移后，报社从瑞金转移到于都山村农舍，印刷厂转移到会昌县深山密林。因战斗需要，报社人员被抽调到部队，只有瞿秋白坚持出版工作，没有稿件，瞿秋白在昏暗的农舍夜以继日地写稿、编辑、校对。红军长征后，硬是再坚持了四个月，把红色宣传事业的旗帜扛到最后关头，在中国新闻出版史上留下光辉的一页。

——苏区的新闻出版工作者，是集体的宣传者和组织者。

"党报是集体的宣传者和集体的组织者"，苏区报人常常引用列宁的话，以说明报刊的功能和责任；《红色中华》"应该加强组织战争动员和经济动员工作"，主编李一氓《论目前"红中"的任务》如是说。《青年实话》如此定位："是团的工作与群众工作的领导者，她不仅是一个集体的宣传者，起到团结教育青年的共产主义学校的作用；报刊发行工作不仅担负组织与教育团内外群众的任务，也担负调查与推动整个团的工作的使命。"

闽西苏维埃政府文化部《关于组织读报团的通知》："《红报》要使政府的政治主张及斗争策略及目前政治消息能深入到群众中去，不只要使大家明了，而且要大家做起来。"闽西苏维埃政府第三十五号通知《关于红报问题》要求"《红报》不只是单纯的宣传教育的作用，它在革命的过程中，是占了一个很重要的推动工作领导斗争的任务"；"帮助政府教育群众，领导斗争，指导工作，扩大政治影响"。

——苏区新闻出版更本质的功能是政治宣传和舆论监督。

苏区报刊表扬先进，但也发扬批评与自我批评的优良传统，对不好的现象提出尖锐批评，没有什么框框限制。张闻天在中央苏区主编中共中央机关报《斗争》，开设《自我批评》专栏，发挥党刊的监督功能，以此实现党刊的领导作用。第二期编发文章《没有下文的空洞计划》，批评去年"福建省军区政治部发的四号训令，上面曾经说到在三个月内不但要实现七千红军，而且要超过计划一万五千人，但一直到现在我们没有听到下文"；"这种空洞的不预备兑现的计划请问有什么用处呢"。

来苏区前夕，瞿秋白做《关于红色中华报的意见》，指出党报对各级党部工作的优点和缺点都要反映，促使党的领导作用、核心作用充分体现出来；要大力报道群众的积极性，也要利用报纸园地开展批评与自我批评，适当地披露和批评一些坏现象，领导民众反对官僚主义。1933 年 1月，瞿秋白来到苏区，2 月接手主编《红色中华》，身体力行，发挥报纸的舆论监督功能。

中央军委机关报《红星报》创刊号（1931 年 12 月 11 日）头版头条《见面话》说：

> （《红星报》）加强红军里的一切政治工作，提高红军的政治、文化水平线，完成使红军成为铁军的任务；他是镜子，看清红军工作好处坏处；是红军党的工作指导员，纠正做错的地方；是讨论会，无论哪一个同志有意见，都可以来讨论；是俱乐部，会讲故事，会作游戏给大家看；是裁判员，有消极怠工、官僚腐化，都会受到他的处罚，使同志们明白他们的罪恶。

《红星报》在报纸上开展表扬、批评活动，使战士能明辨是非，向好人好事学习，向坏人坏事做斗争。不仅开辟《红板》专栏，还设置《铁锤》专栏，对那些违反红军纪律、破坏军民关系的人，不管职位高低，都进行公开的点名批评。

三

习近平总书记《在党史学习教育动员大会上的讲话》指出："党的历史是最生动、最有说服力的教科书。"作为新时代出版人，苏区新闻出版的历史和精神遗产更是最直接的教科书。

（一）学习苏区出版人以坚定的理想信念冲决重重围困

几代共产党人的浴血奋斗，为我们创下了辉煌的基业，我们拥有了比前人优越的事业环境和条件，但是一代人有一代人的境遇，一代人有一代人的使命担当。我们今天也面临着一系列困难，新冠疫情尚存风险压力，给出版事业带来一定的障碍；国际上霸权主义对我国实行经济和科技封锁、意识形态渗透和围剿、军事威慑，与当年国民党大军围困有某些相似。让我们重温习近平同志十年前关于苏区精神的讲话，以汲取智慧和力量：

> 实践证明，由坚定的政治信仰产生的百折不挠的革命意志，是中国共产党人战胜一切艰难险阻、从胜利走向胜利的强大力量源泉。我们正在从事前无古人的伟大事业。①

在互联网时代，众声喧哗，主流出版阵地和主流媒体如何把控主旋律？只有坚定理想信念，增强"四个意识""四个自信"，立定脚跟，理直

---

① 习近平：《在纪念中央革命根据地创建暨中华苏维埃共和国成立80周年座谈会上的讲话》，载《人民日报》2011年11月5日第3版。

气壮唱响主旋律，做好主题出版，巩固壮大主流思想舆论，才能掌握主动权。学习苏区新闻出版讲好红军故事的优良传统，在世界舆论场讲好中国故事，"解决失语就要挨骂"的问题。

（二）学习苏区新闻出版人自带干粮、坚毅敬业的奉献精神

作为新闻出版人瞿秋白烈士的事迹，前文已述；苏区中央出版局局长兼中央印刷局局长、总发行部部长张人亚的事迹亦十分感人。1927年大革命失败，白色恐怖笼罩上海，在上海从事党的书刊出版发行工作的张人亚不顾个人安危，将一批党的文件和书刊包裹起来，悄悄回到自己的家乡宁波，交给父亲保存。让其父对外宣称张人亚已经病故，在山上造了一座衣冠冢，将包裹藏于冢中。直到革命胜利后发冢取物，一批党的早期珍贵文献得以存世、流传。第四次反"围剿"期间，张人亚在出版工作岗位上积劳成疾，因公殉职。[①]

1931年11月7日，中华苏维埃第一次全国代表大会在瑞金召开，应会议筹备组要求，毛钟鸣率领毛铭新印刷所工人，搬运部分机器设备，到瑞金印刷会议材料。任务急重，印刷工作夜以继日，圆满完成任务。中华苏维埃共和国建立了国家银行，行长毛泽民请求毛铭新印刷所帮助设计、绘制、印刷钞票。印刷所派出专业人员，帮助国家银行创办财政部（国家银行）印刷所。后来在毛铭新印刷所技术和设备的支持下，中央苏区又创办了中央政府印刷厂、中央军委印刷厂。毛铭新印刷所是毛钟鸣家私产，共产党员毛钟鸣真正是自带干粮干革命。

今日新闻出版人要开拓创新、争创一流，打造精品力作，从高原攀到高峰，实现新闻出版业高质量发展，就必须学习苏区前辈同行这种敬业奉献的精神。

---

① 侯俊智：《"最勇敢坚决的革命战士"张人亚》，载《中国新闻出版广电报》2021年8月4日第2版。

（三）学习苏区新闻出版人坚持真理，关怀现实，勇担时代使命

苏区新闻出版工作紧紧围绕党政军中心工作和人民生活展开，就连少儿出版也不例外。苏区中央儿童局机关刊《时刻准备着》，积极宣传鼓动少年儿童拥护扩红。红小鬼陈丕显同志为第一期画插图：三儿童手举红旗，鼓动哥哥去当红军。少年主编胡耀邦同志给这幅封面画配了一首诗："我们是从小做工的苦姊哥，携手向鲜红的苏维埃乐园走！大家准备好了吗？"儿童局组织儿童叫卖队在乡村街镇卖刊宣传。苏区的《春耕画报》反映苏区生产热烈场面，配闽西歌谣："开熟荒，开生荒，扛起锄头上山岗，支援红军打胜仗。"苏区出版的这些事例，生动地反映了当时出版人的现实情怀。

现在党领导全国人民迈入小康社会，但仍然以经济建设为中心，进一步深化改革开放，新闻出版者应像苏区同行那样，助力党的中心工作。出版虽然不排除纯学术、纯文学、纯艺术题材，但必须有更多的现实关怀，更多反映现实生活和社会热点，近为国家"十四五"规划高质量实现，远为21世纪中叶新中国成立100年时建成富强民主文明和谐的社会主义现代化国家，贡献智慧和力量。

习近平总书记《在庆祝中国共产党成立100周年大会上的讲话》要求我们发扬"坚持真理、坚守理想，践行初心、担当使命，不怕牺牲、英勇斗争，对党忠诚、不负人民的伟大建党精神"，要求"从严治党"，"勇于自我革命"，新时代新闻出版人应像苏区同行那样，以真理为武器，敢于监督，敢于批评，以落实中央号召，助推党的建设和廉政建设。

新时代出版人才培养初探

浙江教育报刊总社副社长、副总编辑　楼仲青

中国特色社会主义进入了新时代，这是我国发展新的历史方位。今年是建党一百周年，也是"十四五"开局之年。习近平总书记在庆祝中国共产党成立一百周年大会上庄严宣告："我们实现了第一个百年奋斗目标，在中华大地上全面建成了小康社会，历史性地解决了绝对贫困问题，正在意气风发向着全面建成社会主义现代化强国的第二个百年奋斗目标迈进。"出版行业是社会主义现代化强国的重要组成部分，"人才是第一资源"，本文就出版单位如何培养多层次人才、复合型人才谈一点粗浅的看法。

一、重视企业文化建设，以文化人

"文化的力量，或者我们称之为构成综合竞争力的文化软实力，总是'润物细无声'地融入经济力量、政

治力量、社会力量之中，成为经济发展的'助推器'、政治文明的'导航灯'、社会和谐的'黏合剂'。"① 同样，企业文化是一个出版单位的灵魂，对人才发展的方向、人才成长的秩序、人才成长的高度，都发挥着潜移默化的作用。出版单位企业文化建设，至少应有以下几个方面。

1. 与时俱进地学习，把握世界大局、国家发展趋势、行业发展特点。如要认真学习并贯彻落实习近平新时代中国特色社会主义思想，因为党的十九大把习近平新时代中国特色社会主义思想确立为党必须长期坚持的指导思想并庄严地写入党章，第十三届全国人民代表大会第一次会议通过宪法修正案，郑重地把习近平新时代中国特色社会主义思想载入宪法，实现了党和国家指导思想的与时俱进。要组织学习《中共中央关于制定国民经济和社会发展第十四个五年规划和二〇三五年远景目标的建议》。要及时跟进学习在《求是》杂志上发表的习近平总书记的重要文章，还要学习掌握《出版管理条例》《报刊质量管理规定》等法律法规。"把自己摆进去、把职责摆进去、把工作摆进去，做到学、思、用贯通，知、信、行统一。"②

2. 坚持系统观念，加强前瞻性思考、全局性谋划、战略性布局、整体性推进，从而形成出版单位人才成长的系统。这个系统包括单位的使命，如浙江教育报刊总社的"五个服务"，即服务青少年的健康成长，服务教师的专业成长，服务省教育厅的中心工作，服务各地各校的教育改革和发展，服务人民群众对权威教育信息的需求；包括单位的愿景及实施，如单位 5 年规划、年度工作报告、半年总结会、月度主要工作安排等；包括单位内设部门，即与使命和愿景相适应的部门数、部门领导人职数、部门员工数等。

3. 制定和完善各项制度，推进出版单位治理体系和治理能力现代化。

---

① 习近平：《之江新语》，浙江人民出版社 2007 年版，第 149 页。

② 《习近平谈治国理政》第 3 卷，外文出版社 2020 年版，第 519 页。

邓小平指出："制度好，可以使坏人无法任意横行；制度不好，可以使好人无法充分做好事，甚至会走向反面。"① 为保证出版单位各层次人才有良好的成长环境，必须凝聚共识，制定相关制度，如职工大会制度、党委会会议制度、社长总编办公会议制度、人事与分配制度、中层领导人员聘任工作方案、岗位设置与聘用方案、专业技术岗位聘用等级投票规则、岗位职责暂行规定、出版物质量责任制、绩效考核与奖励办法、职工在职进修培训等若干规定、请休假制度、出国（境）管理工作通知、财务管理制度、预算管理制度、发行管理暂行办法、经济合同管理办法、差旅费报销的相关规定、接待用餐的规定等。

二、重视青年人才培养，打造先锋力量

"青年兴则国家兴，青年强则国家强。青年一代有理想、有本领、有担当，国家就有前途，民族就有希望。"② 怎样把出版单位的年轻人打造成有理想、有本领、有担当的先锋力量？"人生的道路虽然漫长，但紧要处常常只有几步。"我们要抓住以下几个关键环节。

1. 志向关。"新时代的中国青年要以实现中华民族伟大复兴为己任，增强做中国人的志气、骨气、底气，不负时代，不负韶华，不负党和人民的殷切期望！"为此，出版单位要做好新员工入职教育，制作好入职培训手册，手册应包括习近平新时代中国特色社会主义思想、法律法规、使命愿景、单位制度等。在入职培训班上，党委书记、社长、总编辑要带头讲课，讲国家"富强、民主、文明、和谐"，讲"四个意识""四个自信""两个维护"，讲出版法律法规和出版业高质量发展，讲新发展理念、新发展格局、共同富裕，讲单位使命和愿景，帮助年轻人坚定理念信念，激发

---

① 《中国共产党简史》，人民出版社、中共党史出版社2021年版，第239页。
② 《党的十九大报告学习辅导百问》，党建读物出版社、学习出版社2017年版，第55页。

奋进潜力，"爱国、敬业、诚信、友善"。入职教育可安排年轻人去印刷厂、新华书店挂职锻炼一段时间，让其了解、熟悉报刊图书的印制和销售。入职教育最后还要开好一个座谈会，引导年轻人发现问题，不只是提出问题，还要有意识地鼓励其做出解决方案，让他们带着探究之心和强劲的自信心走向工作岗位。"自信人生二百年，会当水击三千里。"

2. 奋斗关。当今世界是互联网时代。科学技术是第一生产力。"加快推动媒体融合发展，使主流媒体具有强大的传播力、引导力、影响力、公信力。"① 这是报刊出版单位面临的一项紧迫课题。融合发展涉及传统媒体和新兴媒体，要实现各种媒介资源、生产要素有效整合，牵涉信息内容、技术应用、平台终端、管理手段等共融互通，有直播、社群、抖音、短视频等新方式，因此也是报刊出版单位的一项难点工作。鲁迅先生说，青年"所多的是生力，遇见森林，可以辟成平地的，遇见旷野，可以栽种树木的，遇见沙漠，可以开掘井泉的"。在媒体融合发展过程中，可以让青年勇挑重担、勇克难关、勇斗风险，借助移动传播，牢牢占据舆论引导、思想引领、文化传承、服务人民的传播制高点，让青年人在持续奋斗中收获幸福，在坚守舆论阵地中坚强起来，在坚持不懈地讲好中国故事中锻炼成长。

3. 业余关。爱因斯坦有句经典名言，人的成就和差异决定于其业余时间。出版单位指导年轻人如何科学合理安排八小时以外，大有学问。要用好职称职务"指挥棒"，让年轻人明确知道每个发展通道的前进路径和前方目标，如专业技术岗的"助理编辑、编辑、副编审、编审"出版序列和"助理经济师、经济师、高级经济师、正高级经济师"的经济序列，管理岗的"副主任、主任、副社长副总编、社长总编……"。要建好"三房一小组"，即廉租房、食堂、健身房和兴趣小组。刚来单位入职的年轻人，一般尚未结婚，会合租住房，租房价格贵，还有安全隐患。如果出版单位

---

① 习近平：《论党的宣传思想工作》，中央文献出版社 2020 年版，第 354 页。

能购买一些商品房，作为青年人的廉租房，又有食堂提供可口的一日三餐，再加健身房的运动和兴趣小组活动，这样可以减轻年轻人的住房负担，强健其体魄，可以增加其学习交流的机会，减少其安全隐患，可以引导年轻人把业余时间更多地花在体育锻炼、学习和交朋友上，不至于迷失在电子游戏、网络小说、短视频上。

三、重视中层干部队伍建设，培养复合型人才

"'为政之要，莫先于用人。'一个政党、一个国家能不能不断培养出优秀领导人才，在很大程度上决定着这个政党、这个国家的兴衰存亡。"① 当前，出版单位贯彻新发展理念、实现高质量发展，加快形成新发展格局，需要一支忠诚干净担当的高素质干部队伍，尤其是复合型人才。如何培养？

1. 选拔方案指向德才兼备。任人唯贤、德才兼备应是出版单位中层干部选拔的主要原则。一般要出台一个"中层领导人员聘任工作方案"，"方案"由社长总编办公会商定，党委会批准。一般要经单位职工大会或职工代表大会通过，并且公示，让本单位所有员工看到审定文本。"方案"里中层领导人员条件与资格要指向德才兼备，总要求是"信念坚定、为民服务、勤政务实、敢于担当、清正廉洁"。具体地说，要爱社敬岗，业绩显著，群众公认（看由本单位全体员工参与的民主推荐和民主测评结果）。要有中级职称，具备岗位所需的组织领导力，能坚持民主集中制的管理方式。要有强烈的事业心和责任感，在单位的改革和发展中起带头作用等。

2. 考核瞄向高质量发展。出版单位对中层干部的考核要构建"社会效益放在首位、社会效益和经济效益相统一的体制机制"，要全面准确贯

---

① 《习近平新时代中国特色社会主义思想问答》，学习出版社、人民出版社 2021 年版，第 203 页。

彻创新、协调、绿色、开放、共享的新发展理念，瞄向高质量发展。如对期刊主编的考核具体应包含以下内容：正确的导向，意识形态工作责任制，主题出版，社会评价，公益行为，采编及经营行为规范，内容、编校及印刷质量，媒体融合发展，创新与安全发展，发行总码洋和覆盖面，举办活动，专业与社会影响力（含获得奖项），国际传播力，廉洁从业，党建工作，队伍建设等。

3. 多岗位历练培养复合型人才。一个报刊出版单位内有做传统媒体的，有做新兴媒体的，有发行、广告等经营部门，有办公室、财务部、发展规划部等综合部门。中层干部在部门之间交流任职，能够多岗位历练，是出版单位培养复合型人才的有效途径。如报纸编辑部的主编与数媒中心的主任交流任职，很快，两人均具备了管理传统媒体和新兴媒体的经验，具备了向复合型人才成长的有利条件。干部交流要注意做好一张"交接清单"，交接清单应包括部门做成的事、正在做的事、计划做的事，甚至可以有难以推进的事、曾经失败的事。有这样的清单，可以让中层干部迅速了解情况、掌握信息，加快干部复合型成长的速度。干部交流要做出制度性安排，如规定任满一届可以轮岗，三届必须轮岗。明确提拔任职时，必须有下一级两个以上岗位历练等，这样可以为干部复合型成长创造良好氛围。

四、重视出版单位传承，用好资深人才

子曰："吾十有五而志于学，三十而立，四十而不惑，五十而知天命，六十而耳顺，七十而从心所欲，不逾矩。"可见，"天生我材必有用"，人生百年，在不同的年龄段能发挥不同的作用，做成不同的事。在出版单位，会有这样一个群体，他们从事出版工作30多年，又具有高级职称，却临近退休，他们有阅历、有经验、有出版和社会资源，大都有为单位继续服务的热情。出版工作也是接力赛，需要一棒接一棒地传承单位使命。用

好这些资深人才，必定会助力新时代出版单位的高质量发展。

1. 建立退出机制。《道德经》说："功成身退，天之道也。"出版单位在干部换届时，对退出管理岗位人员要做出制度性安排。一般会规定离退休不满 3 年的要退出，有的还会规定离退休不满 5 年的可自愿申请退出。对这些因年龄原因退出领导岗位的人员，出版单位要肯定其历史业绩，尊重其贡献，在年度考核合格的情况下，保留其原岗位待遇。

2. 建立智囊团。可选择安排资深出版人在单位发展规划部门工作，引导他们保持平和心态，看淡个人进退得失，发挥他们从业时间长、经验丰富的特点，积极研究出版行业现状和发展趋势，作为智囊团、参谋部，为出版单位的高质量发展出谋划策。

3. 建立现代师徒制。"人生代代无穷已。"交好接力棒，对出版单位有很重要的意义。出版单位可请采编资深员工担任审读专员，请管理或经营资深员工担任经营专员，每位专员带几名新员工。弘扬工匠精神，发挥资深员工的专业特长，指导年轻人尽快入行，提高执行力，创造性地保质保量地完成出版工作。

五、突出事上练，练就一支精兵强将

"王阳明的知行合一里有一个重要的理论，就叫事上练。事上练，就是在事上磨练……工作即修行，其实就是事上练。事上练是阳明心学，尤其是知行合一中一个非常重要的智慧。"[1] 阳明心学的智慧告诉我们，出版单位贯彻新发展理念、实现高质量发展，不是空谈，不是天天说道理，而是要落在采编、经营、管理等具体的事情上，落在事上练就的精兵强将身上，落在各年龄段各层次人才"撸起袖子加油干"的劲头上。

1. 采编练。报刊单位采编人员，在认真执行"三审三校"的基础上，

---

① 郦波：《五百年来王阳明》，上海人民出版社 2017 年版，第 133 页。

要重点抓好"主题出版"，如在新中国成立 70 周年、建党 100 周年等节点，深入反映群众呼声，唱响主旋律，传播正能量。浙江教育报刊总社的《中学生天地》《小学生时代》杂志策划的庆祝建党百年选题，刊登了《有温度的信仰》《生逢其时，重任在肩》《平凡与伟大的桥梁》《疫情下的 90 后医护人员：家国有难，使命必达》《中国共产党历史你问我答》等一组文章，入选了全国"青少年期刊讲党史"主题宣传百种重点选题目录。要做好"数字出版"，投身媒体融合发展，努力使自己成为"全媒体"采编人才。还要参加比赛、评奖等活动，如"韬奋杯"青年编校大赛，韬奋出版人才发展论坛征文评选等。通过磨练，出版单位采编人员的脚力、脑力、眼力、笔力将不断增强。

2. 经营练。"有市场的文化不一定是先进文化，但没有市场的文化更难讲是先进文化。没有市场，作品给谁看？宣教功能怎么发挥？先进性又体现在哪里？"① 报刊图书千辛万苦印刷出来，出版单位就要千方百计将其卖出去。要有"经营工作目标责任制"，发行人员在"责任制"规定的范围内，重点做好发行渠道建设，实体店和网店两手抓，线上线下协同。关键在教育书刊，不只是因为庞大的市场，更因为是"立德树人"的根本任务。还要举办好以读者需求为导向的营销活动。特别是要增强自制力，能挡得住各种诱惑。通过磨练，出版人的经营手段将千变万化，而且常有成效。

3. 管理练。"'人在事上练，刀在石上磨。'领导干部要经受严格的思想淬炼、政治历练、实践锻炼、专业训练，主动投身到各种斗争中去，多经历'风吹浪打'，多捧'烫手山芋'，当几回'热锅上的蚂蚁'，在复杂的斗争中真正锻造成为烈火真金。"② 这段话简明形象，直接把管理练的内容方式与目的意义说透了。出版单位的"风浪"和"烫手山芋"是一种客

---

① 习近平：《之江新语》，浙江人民出版社 2007 年版，第 9 页。

② 《习近平新时代中国特色社会主义思想学习问答》，学习出版社、人民出版社 2021 年版，第 459 页。

观存在，如面对意识形态领域的错误思潮、各种不正之风和消极腐败现象、特权现象等，敢不敢斗争；数字出版、媒体融合是做做样子，还是真正推进；采编、发行、广告、活动如何加强合作、集成协同；专业素养和工作能力是否跟上时代节拍；团队建设如何进行；"优秀员工"是否凭贡献考核产生；等等。通过磨练，能够"不管风吹浪打，胜似闲庭信步"。

六、党管人才，统筹协调人才成长机制

中国共产党的领导是中国特色社会主义最本质的特征，是中国特色社会主义制度的最大优势。"当今中国，党政军民学，东西南北中，党是领导一切的，没有大于中国共产党的政治力量或其他什么力量。在改革发展稳定、内政外交国防、治党治军治国各项事业中，我们党始终处于总揽全局、协调各方的核心统领地位。"① 出版单位的人才工作，是单位改革发展稳定的一项重要工作，牵涉绝大多数员工的切身利益，需要党组织坚强领导和统筹协调。

1. 全面领导人才工作，防止用人腐败。选拔干部时，党组织要严格审批干部选拔制度，并监督制度落实。要贯彻"20 字"好干部标准，按照集体领导、民主集中、个别酝酿、会议决定的原则，由集体讨论、按少数服从多数做出决定。要推进选拔过程公开公平，做到"自由、平等、公正、法治"。坚持民主集中制，防止个人专权专断，营造风清气正的选人用人环境。要领导纪检部门，一体推进不敢腐、不能腐、不想腐，坚决破除任人唯亲、结党营私、买官卖官等弊端。

2. 担当作为，创新用人方式。要顺应时代发展潮流，发扬担当精神，突破常规，推进改革，"不拘一格降人才"。如劳务派遣性质用工，有其历

---

① 《习近平新时代中国特色社会主义思想学习问答》，学习出版社、人民出版社 2021 年版，第 427 页。

史的合理空间，进入新时代，报刊出版单位应直接与员工签订劳务合同，最好不用劳务派遣这种方式。因为劳务派遣人员无法申领记者证，影响正常采访工作；而且影响员工在出版单位的归属感，易造成员工队伍流动过大、稳定性不足的弊端；还要交给劳务派遣公司管理费，增加单位用人成本。又如数字出版、媒体融合发展，要敢于创新、敢于投入，创立新闻聚合平台，以大平台吸纳高端人才。而引进高层次人才，如单位薪酬机制不能适应，就要顺应新发展的需要，为引进人才开绿灯，设立引进高端人才薪酬一人一议制度。

3. 系统集成，营造人才成长的最优环境。如岗位与职责、工作考核与奖励、容错、培训进修等制度的相互配合、相互促进、相得益彰，可以从工作甚至精神层面，营造良好氛围。其中，岗位数要与岗位使命、职责分工、工作量等相匹配，要有制度保证公正公平，反对随意增减人数，杜绝"忙闲不均、苦乐不均"的现象。采编、经营、管理等工作突出的均要奖励，奖励权重要有群众基础、行业公认，反对奖励失衡，杜绝"会哭的孩子有奶吃"的现象。同时保有一定的工作容错机制，区分失误与渎职以保护创新。派送员工参加国内知名论坛、国际会议、国外进修等，扩大眼界，提升境界。

总之，新时代出版人才培养，要放在中华民族伟大复兴的战略全局、世界百年未有之大变局这两个大局的背景下，要放在传承弘扬中华优秀传统文化、革命文化、社会主义先进文化的出版单位企业文化中，要放在出版单位贯彻新发展理念、构建新发展格局、推动高质量发展的实践中，要从人才成长的全生命周期来系统谋划设计，要在弘扬和平、发展、公平、正义、民主、自由的全人类共同价值中培养国际视野。

新时代优秀科技编辑要具备的核心素养

南方出版传媒股份有限公司出版部 张 芳

一、引言

科技出版是科学技术成果的重要呈现形式，一定程度上反映了一个国家的综合实力。[1] 同时，科技出版肩负着提升我国科技创新竞争力与国际影响力的重大使命。[2] 总体看来，近年来我国科技创新取得了历史性的成就，具备良好的发展基础和条件，发展潜力很大、态势良好。[3] 客观来讲，我国的科技出版水平与国际知名

---

[1] 吴明华：《重点科技出版项目面临的困境及其应对策略——以浙江科学技术出版社为例》，载《出版发行研究》2019 年第 11 期，第 50 - 55 页。

[2] 张琛：《科技出版国际化的理解与思考——以浙江大学出版社为例》，载《中国编辑》2019 年第 11 期，第 49 - 54 页。

[3] 参见白春礼在十三届全国人大常委会第二十一讲专题讲座《世界科技前沿发展态势》（2020 年 12 月 26 日，北京）。

出版机构相比，在体系、布局、模式、技术、推广等方面还有较大差距。新时代，我国科技出版要发展壮大，关键是人才。要注重人才的引进，强化人才队伍的培养，构建终身学习的企业文化与氛围，带动人才队伍跟着出版单位共同学习与成长。本文着重探讨了目前我国科技编辑要实现科技出版高质量发展必备的核心素养，以国内外一流科技出版机构的实际案例为指引，对如何培养优秀科技编辑给出了思考与建议。

二、新时代优秀科技编辑必备的核心素养

科技编辑是科技图书出版的主要负责人，我国要实现科技出版高质量发展，科技编辑的素养极其重要。为适应科技出版的转型升级，科技编辑不仅要有服务国家发展大局的政治定位，还要有深厚的编辑能力，要紧跟科技前沿动态，同时兼具互联网思维，懂得用多渠道和方式来推广成果。

（一）要有服务国家发展大局的政治站位

当前，"国内创新成果不断涌现，内需体系不断完善，对高质量科技图书与期刊的需求会越来越多。因此，科技出版要有阵地意识，守土有责，秉承发展宗旨，坚持正确的政治导向、价值导向，始终把社会效益放在首位，不忘初心和使命，为国家创新发展战略服务，为各行各业创新实践服务"①。科技编辑要进一步提高站位，服务国家重大战略，促进科技成果的交流与转化，提升我国在科技领域的国际影响力与话语权。

（二）要有敏锐的科技专业嗅觉和卓越的选题策划能力

科技类图书的选题策划复杂而充满挑战，科技编辑要对当下科研的发

---

① 肖宏：《办好中文科技期刊，服务"十四五"发展新格局》，载《科技与出版》2021年第1期，第43－52页。

展趋势十分敏感和了解，在此基础上进行市场分析来发掘有出版价值和销售潜力的优质选题，通过与作者的专业交流，逐步落实组稿这一关键步骤。

随着出版市场化程度的提高，许多科技出版社都在朝着专业化、品牌化、特色化迈进。核心的业务板块和品牌影响力是出版社的核心竞争力，科技出版编辑要做好顶层设计，做好内容的长期规划，做好项目的细分领域定位，找准发展方向。①

以湖南科技出版社的《第一推动丛书》为例，该丛书出版至今已重印并畅销了 20 多年，填补了国内科普图书的空白，是国内科技出版领域的一套空前的代表作。20 世纪 90 年代，湖南科技出版社放眼国际，发掘顶尖出版资源，追寻科学固有原动力，策划出版了这套丛书，掀起了中国科普启蒙的浪潮。1992 年 2 月，丛书的第一本《时间简史》的出版标志着《第一推动丛书》的诞生。② 随后，在这本霍金著作的带动下，其他著作如《细胞生命的礼赞》《宇宙的琴弦》《终极理论之梦》等陆续出版，并重印多次，创造了不俗的销售业绩，也让世界科普经典作品资源逐渐向湖南科技出版社聚集。2006 年，湖南科技出版社将这套丛书分为宇宙系列（14 册）、物理系列（11 册）、生命系列（6 册）和综合系列（10 册）4 个系列，丛书的作者、作品知名度、传播、影响之广之大，在中国科普读物中堪称典范。③

再以亚太地区最大的科技出版公司——新加坡世界科技出版集团（以下简称"世界科技"）为例，说明其在寻找出版细分板块中的独特做法。世界科技立志在亚洲出版 *Nature*、*Science* 这一类高水准科技期刊，其能够

① 吴明华：《重点科技出版项目面临的困境及其应对策略——以浙江科学技术出版社为例》，载《出版发行研究》2019 年第 11 期，第 50 - 55 页。

② 张北：《30 年 12 本著作，他们把霍金带入中国》，载《出版人》2018 年第 4 期，第 26 - 27 页。

③ 张碧金：《〈第一推动丛书〉畅销 20 年》，载《中国新闻出版广电报》2013 年 6 月 24 日第 5 版。

在欧美科技出版强国鼎立的情况下脱颖而出，关键在于该公司的编辑们擅长跟随科技前沿的发展动态，十分善于挖掘利基领域（Niche Area）的出版资源，并借此网罗大量优质的高端作者为公司服务。在成立初期，公司编辑就关注到了诺贝尔奖获得者的生平及演讲文集并未被系统地出版这一机遇，于是在 1991 年获得瑞典诺贝尔基金会的授权，独家发行 1901 年以来的诺奖得主生平及演讲文集，内容涵盖物理、化学、生理/医学、经济、和平及文学等领域。这是世界科技发展的一个里程碑，大大提升了公司在科技出版领域的影响力。自此开始，世界科技逐渐网罗了更多诺奖得主并与其合作，还延伸了诺奖系列产品线，衍生了如《诺贝尔奖盛宴》（*The Nobel Banquets*）、《诺贝尔奖与生命科学》（*Nobel Prizes and Life Sciences*）等一批畅销图书。截至目前，世界科技已出版 100 多本与诺奖相关的图书，这些诺奖得主还有不少成为公司的编辑顾问、系列图书的主编和期刊的编委会成员，为世界科技的内容生产创造了更大的价值。[①]

整体看来，可以通过培训学习、实践锻炼、参加展会等多元化的方式提高科技编辑的综合能力，使编辑拥有对工作的创新性与主动性，形成自我提高、自我发展的积极意识，保持可持续发展的动力。科技编辑特别能通过重点出版项目的实施来增强编辑出版能力，编辑的职业技能的增长又能更好地推动项目的实施，形成良性循环，既实现编辑的个人价值又推动单位的发展。[②] 专业的科技编辑，尤其是策划编辑，最好能每年定期参加学术会议、论坛、专业书展，如美国物理年会、法兰克福书展、伦敦书展等专业展会，紧跟科研领域的前沿知识，抓住机会接触高端作者，策划高质量选题。

[①] 刘英：《亚洲科技出版集团的市场利基者战略——以新加坡世界科技出版公司为例》，载《编辑之友》2018 年第 9 期，第 109－112 页。

[②] 吴明华：《重点科技出版项目面临的困境及其应对策略——以浙江科学技术出版社为例》，载《出版发行研究》2019 年第 11 期，第 50－55 页。

（三）要有知识服务型的出版意识

目前，越来越多的科技编辑十分注重为作者提供优质的服务，已经从知识制造转型为知识服务，许多国外先进的出版公司更是如此。以科技出版巨头爱思唯尔出版集团为例，该公司拥有大型而完备的科技出版数据库，十分重视对作者的科技论文进行二次创作，如出版作者科研相关的"视频文章、数据文章、软件文章、硬件文章、方法性文章、实验资源等"。爱思唯尔推出了"研究数据开放"政策，帮助科研工作者储存、分享、发现和使用数据，让原始研究数据实现开放获取，具体的做法包括数据链接、数据获取、发表数据微文章等。这些二次创作经过同行评议，具有 DOI 号（Digital Object Identifier），可被数据库收录，也可被引用，减轻了作者的写作负担，同时为作品实现最大化增值。[①] 在二次创作增值方面，世界科技的一个做法是在优质论文发表之后，将论文以章节的形式集结成编著（Review Volume）出版，并为每一章节配备 DOI 号，进而可被数据库收录和读者引用，进一步为作者和作品增加价值。

也有国外出版商从编织学者网络、调动媒体资源等方面提升服务范围，搭建服务型平台为作品增强曝光度，同时帮助学者实现信息共享和沟通交流。[②] 以美国电气电子工程师学会（IEEE）为例，IEEE 的编辑们为学者们打造了线上交流平台 IEEE Collabratec。平台类似线上学术社区，学者们可以在上面注册专业身份，通过地区定位和科研方向与已注册的会员建立联系，分享科研动态、查找文献、探讨学术问题等，并实时了解科研会议信息。平台既搭建了学者与出版机构之间的合作桥梁，也为全世界科研工作者构建了工作网络与社群。[③]

---

① 欧梨成、刘培一：《新出版：从知识制造到知识服务》，载《科技与出版》2019 年第 11 期，第 43－50 页。

② 欧梨成、刘培一：《新出版：从知识制造到知识服务》，载《科技与出版》2019 年第 11 期，第 43－50 页。

③ 欧梨成、刘培一：《典型国际科技社团学术出版运营模式探究——以美国电气电子工程师学会为例》，载《中国科技期刊研究》2020 年第 12 期，第 1440－1446 页。

（四）要有多元宣传推广能力

新时代，科技编辑们越来越重视借助各类媒介对内容进行包装和营销，从专业媒体到大众媒体，让优质内容多元化、立体化地传播出去。

1. 借助社交媒体，使优质内容得到广泛传播。在媒介融合方面，中国出版业有了很多新的尝试，如建立微信群、开展直播、组织读者互动等宣传活动，但宣传内容大多停留在作品本身，传播范围也大多在国内学术界，应该更多借鉴国外先进出版机构的做法，创新内容呈现形式的多样性，拓宽内容传播的空间，借媒介融合的东风，让优质内容实时、便捷地传递到用户眼前。①

世界科技近年来在社交媒体脸书（Facebook）上创建了"中国研究"页面，利用社交媒体在英语国家推广中国研究和中国方案，既能让中国科研成果实现有效传播，又便于西方国家更加全面真实地了解中国。② 德国蒂墨出版集团招募专职社交媒体编辑，为出版物定制"播客"节目；美国物理学会撰写简报向媒体投稿，为出版物做足宣传。这些做法满足了"互联网＋"时代用户碎片化、视频化的阅读习惯，也增加了优质内容以及自身品牌的曝光度。③

2. 抓住时效性话题，提升内容的可见性。时效性的话题在媒介中有一定的热度，会为公司出版的产品带来一定的关注度。每年在诺贝尔奖宣布之前，世界科技的编辑们都会将可能获奖的作者著作与科技论文串联起来做成专属页面。在奖项公布以后，公司便立即将获奖者的出版内容页面放在公司网站的首页，供公众免费下载阅读，大大提升了作品的可见度与

---

① 欧梨成、刘培一：《新出版：从知识制造到知识服务》，载《科技与出版》2019年第11期，第43–50页。

② 许振威：《新加坡世界科技出版公司在社交网站上推广中国研究成果》，2018年5月2日，https://www.imsilkroad.com/news/p/94083.html。

③ 欧梨成、刘培一：《新出版：从知识制造到知识服务》，载《科技与出版》2019年第11期，第43–50页。

公司的知名度。美国物理学会为了纪念霍金，将霍金生前发表的几十篇文章重新发表在《物理评论D》（*Physical Review D*）和《物理评论快报》（*Physical Review Letters*）上，供读者们免费阅读，这些做法很好地提升了公司的品牌影响力。①

再以广东科技出版社出版发行的全国首本新冠肺炎科普图书——《新型冠状病毒感染防护》为例。在2020年1月新冠肺炎发生以后，广东科技出版社的编辑团队争分夺秒，用48小时策划出版了这本图书。图书的总发行量已经突破200万册，免费公益赠送32万册，电子版在出版社微信公众号的阅读量达2500多万次，并推出蒙古文、彝文等在少数民族地区发行，还翻译成英语、意大利语等十多种语言向海外输出。这本书的出版发行不仅有效地向公众传播了防疫知识，也为海外传播分享中国抗疫经验发挥了积极的作用，同时大力提升了广东科技出版社在国内外的知名度。

（五）要有卓越的出版国际视野

中共十九届五中全会审议通过的《中共中央关于制定国民经济和社会发展第十四个五年规划和二〇三五年愿景目标的建议》中提出，"以讲好中国故事为着力点，创新推进国际传播，加强对外文化交流和多层次文明对话"②。科技出版是科技创新的重要一环，而科技创新是服务人类命运共同体的重要环节，优秀的科技编辑必须要有一定的国际视野和心态，才能让我国的科技出版跻身世界前列，在全球科技出版的生态链中获得话语权，③才能有能力向世界介绍中国科技创新。

1. 提高认识，加强合作与交流。科技出版是最容易进入国际话语体

---

① 欧梨成、刘培一：《新出版：从知识制造到知识服务》，载《科技与出版》2019年第11期，第43－50页。

② 于殿利：《以"十四五"规划促进出版高质量发展和现代化进程》，载《科技与出版》2021年第1期，第24－28页。

③ 张琛：《科技出版国际化的理解与思考——以浙江大学出版社为例》，载《中国编辑》2019年第11期，第49－54页。

系的出版板块之一，科技编辑要担负起这份责任，既要立足本土，致力于解决国家现实而重大的问题，又要放眼全球，以积极的态度最大限度地实现知识交流，以包容的心态学习吸收国际出版业的发展经验与做法，取长补短，体现专业价值，以创造性、建设性的方式加强合作，向世界提供中国方案，分享中国智慧。①

2. 提升与国际出版机构的合作层次。科技出版的国际合作要注重引进来和走出去两条腿走路。在合作的第一个阶段，我国与国外出版机构在科技出版的合作主要从版权引进开始。近年来，我们每年从国外出版机构约引进2000多种优质科技和科普图书版权，进口1万多种原版科技图书，引进500多种科技数据库。② 优秀科技外版书的引进，既为原创本版图书作者提供了创作的视角与思路，也在合作中为国内出版机构提供了发展与突破的机会，还有助于培养与国际接轨的优秀版权工作者。③ 合作的第二个阶段是版权输出，将优质的科研内容输出到海外出版机构，这是提高我国文化软实力的重要方式。输出的目的是让世界了解中国的科技进步，同时提升中国科技出版机构在海外的影响力。在共建"一带一路"的倡议指引下，国家积极提供各种"走出去"项目资助，目前，每年我国科技图书版权输出1000多种，已进入80多个国家和地区，在海外取得了一定的影响。④

合作的第三个阶段是我国科技出版机构与国外一流科技出版机构联合策划选题，进入国际主流话语体系。以高等教育出版社（以下简称"高教社"）为例，高教社于2005年起就与多家国际知名出版机构开展合作，如

---

① 张琛：《科技出版国际化的理解与思考——以浙江大学出版社为例》，载《中国编辑》2019年第11期，第49-54页。

② 参见张泽辉在第五届科技出版国际合作研讨会上的讲话（2019年4月于杭州召开）。

③ 张琛：《科技出版国际化的理解与思考——以浙江大学出版社为例》，载《中国编辑》2019年第11期，第47-52页。

④ 张琛：《科技出版国际化的理解与思考——以浙江大学出版社为例》，载《中国编辑》2019年第11期，第47-52页。

施普林格、剑桥大学出版社、世界科技、约翰威立、美国工业与应用数学协会、爱思唯尔、泰勒弗朗西斯等，出版了大量的优秀英文版学术图书，向世界介绍有中国特色或国内优势学科的最新研究成果及反映科技前沿的国际新进展。"在项目实施过程中，高教社在确定出版方向、选择主编和作者、确定出版计划和出版形式等主要方面，始终坚持以我为主，以建设社会主义文化强国、弘扬中华文化、讲好中国故事为总体原则，稳步推动项目进展"①。科技编辑应该利用自己的专业价值提升国际选题策划能力，进一步创新话语体系，讲好中国科技发展的故事。

三、结语

面对新时代，科技编辑应主动适应新时代的新要求，提高认识与站位，明确自己肩负的责任，从提升选题策划能力、多元宣传推广能力、国际化传播能力等多个维度提升自身水平，将科技出版做到专业化、多元化、集约化经营发展，跟随国际科技出版发展潮流，推动中国科技出版蓬勃发展。

---

① 邹学英、赵天夫、李冰祥：《高教社：拓展国际合作　坚持高质量发展》，载《国际出版周报》2019 年 12 月 2 日。

新时代出版人才培养模式探究

——以《贵州文库》为例

贵州人民出版社编辑　韦天亮

优秀传统文化在增强文化自信方面发挥着巨大作用，同时也满足人们对精神文明日益增多的需求。改革开放后，特别是党的十八以来，党中央、国务院高度重视优秀传统文化的继承和发展，各地方政府也在积极推动本地文化事业发展，并且以编纂本地区地方文献丛书为主要工作内容。就目前来说，承接这些地方文献丛书出版的出版社大多数是地方出版社，而地方出版社往往缺乏相关的古籍专业编辑人才。本文拟以《贵州文库》为例，具体探讨新时代下出版人才培养模式。

一

改革开放后，我国文化事业迅猛发展，以古籍整理来说，先后出版了一系列大型丛书，如《俄藏敦煌文献》《中国地方志集成》《中华再造善本》《原国立北平图书馆藏甲库善本丛书》等，尤其以"四库系列"丛书①为核心出版一万余种历代典籍，构筑了我国文化的基本框架，同时也反映了改革开放以来取得的巨大出版成就。

随着我国改革事业进入改革深水区，特别是党的十八大以来，以习近平同志为核心的党中央高度重视对传统文化的保护和传承工作。2017年中共中央办公厅、国务院办公厅印发《关于实施中华优秀传统文化传承发展工程的意见》，全面推动传统文化的传承与发展。习近平总书记在党的十九大报告中指出："中国特色社会主义文化，源自于中华民族五千多年文明历史所孕育的中华优秀传统文化，熔铸于党领导人民在革命、建设、改革中创造的革命文化和社会主义先进文化，植根于中国特色社会主义伟大实践。"

中央倡导于前，地方各省纷纷跟进，不断清理、调查本省的文化家底，并以各省省委宣传部等机构为主导，编辑和出版省级地方文献丛书。2006年，山东省率先启动《山东文献集成》的编纂和出版，并起到了很好的示范作用，各省也及时提出编纂省级地方文献丛书，如福建省《福建文献汇编》、湖南省《湖湘文库》、浙江省《浙江文丛》等。据统计，目前已经启动省级地方文献丛书编纂、出版的省份共有20个。② 受到省级地方

---

① 　分别包括《景印文渊阁四库全书》（收书3460余种、1500册，1982—1986年台湾出版），《续修四库全书》（收书5380余种、1800册，1996—2003年上海出版），《四库全书存目丛书》（收书4500余种、1500册，1994—1997年山东出版）、《四库全书存目丛书补编》（收书210余种、100册，2000—2002年山东出版），《四库禁毁丛刊》（收书630余种、311册，1997—1999年北京出版）、《四库禁毁丛刊补编》（收书200余种、100册，2005年北京出版），《四库未收书辑刊》（收书1320余种、300册，1997—2000年），《四库提要著录丛书》（收书3460余种、1200册，2011年北京出版），《四库全书底本丛书》（收书380余种、489册，2019年北京出版）。

② 　具体有《山东文献集成》（山东）、《湖湘文库》（湖南）、《天津文献集成》（天津）、《江苏文库》（江苏）、《浙江文丛》（浙江）、《巴蜀全书》（四川）、《巴渝文库》（重庆）、《荆楚文库》（湖北）、《福建文献汇编》《八闽文库》（福建）、《陕西古代文献集成》（陕西）、《贵州文库》（贵州）、《山西文华》（山西）、《新疆文库》（新疆）、《燕赵文库》（河北）、《中原文化大典》（河南）、《琼崖文库》（海南）、《朔方文库》（宁夏）、《台湾文献丛刊》（台湾）、《云南丛书》及《续编》（云南）、《广州大典》（广东），参见刘平清、赵晓涛《全国地方文献整理出版概况及其趋势》，载《广州大典研究》2018年第2期，第14－48页。

文献丛书编纂、出版风气的影响，地方各市县亦有所行动，各大地方文献丛书也先后立项，如浙江省的《金华丛书》《无锡文库》《衢州文献集成》《宁海丛书》《绍兴丛书》，广东省的《广州大典》《东莞历史文献丛书》《中山文献》《西樵历史文化文献丛书》。值得提及的是，各省地方文献丛书的思想、工作方式和出版方法虽各有不同，但出版图书的规模和投入的资金是非常巨大的。如《山东文献集成》出版 200 册，收书一千余种，超过了历史上绝大多数省级地方文献丛书的收书数量。由于该丛书收录的图书均为稀见地方文献，加之印刷质量极高，自出版以来社会各方赞誉不断，可谓是一套具有里程碑意义的出版作品。后面跟进的各省出版规模愈来愈大，如《广州大典》520 册、《湖湘文库》702 册。尽管规模巨大，但我们要客观认识到省级地方文献丛书是难以将地方文献一网打尽的。主要存在以下两个方面的原因：其一，我国历史文化源远流长，各地保存的地方文献数量庞大，难以出版齐全，有些省份不仅将与本省有关的图书收录进编纂的省级地方文献丛书中，而且将档案文献也收录其中，其规模就不能以数百册计了；其二，有的省份不仅出版影印本，还出点校本，点校本整理时间长，编校进度亦慢，但客观上增加了地方文献出版规模。

二

我国是文明古国，历史文化资源丰富，历朝历代对我国典籍都有不同程度的整理和出版。新中国成立以来，我国的古籍整理事业得到了极大的提升，取得了举世瞩目的成绩。与此同时，地方文献的整理也在逐步开展起来，近些年来，省级地方文献丛书编纂、整理更是达到了高潮。省级地方文献整理与普通的文献整理有所不同，特别是在新时代下，呈现出新的特点。

1. 政府主导出版，地方出版社承担出版。各省省级地方文献丛书出版通常是由省内主要领导挂帅，相关机构特别是宣传部门主导推动，并由省内地方出版社承担具体的出版事宜。如《山东文献集成》由时任山东省省长任主编，山东大学党委书记、校长等任副主编，出版社是山东大学出版社。又如《湖湘文库》编辑出版委员会主任由时任湖南省委副书记、省政协副主席担任，以岳麓书社为代表的湖南省 14 家出版社承担出版任务。也有少数省份交由省外或者省内省外多家出版社出版，如参与《巴蜀全书》出版的出版社，不仅有四川省内的巴蜀书社，还有中华书局、河北人民出版社、浙江古籍出版社。云南省的《云南丛书》及《云南丛书续编》交由中华书局出版，不在该省内出版。

2. 出版内容扩大。在内容上，地方文献整理和出版的内容，不仅仅局限于正经正史、名家巨著，而是将目光投向普通文献、普通人物。地方文献以"本土"为主要因素，判断相关著述是否要收入进地方文献丛书。如《巴渝文库》收录"巴渝人写""为巴渝写""在巴渝写"三方面的著作或单篇文章。《贵州文库》收录范围为贵州籍人士的个人著述（含少数民族文献）与非贵州籍人士关乎贵州的著述。也有的省份将档案和少数民族文献收录在内，如《朔方文库》收录藏于中国第一历史档案馆，国家图书馆，故宫博物院，台北"故宫博物院"、"中央研究院历史语言研究所"等单位的有关宁夏的上谕、朱批、文书等珍贵档案。《新疆文库》拟收录 400 册（卷）民文文献，占总规划册数的 40%。在时间上，新时代地方文献整理不仅仅局限于古籍范围概念内（通常认为是辛亥革命以前出版的线装书籍）的图书，而是有所扩大，收录范围下延到民国时期著述。如《云南丛书续编》、《广州大典》（第二期）均收录了民国时期的著述。

3. 出版形式多样，纸质出版与数字化同步开展。地方文献整理成果出版的形式多种多样，以纸质出版而言，有影印出版，有点校出版。就点校本排版形式而言，有繁体竖排者，也有简体横排者。影印本亦有精装影印者，也有线装影印者。在出版的省级地方文献丛书中，有的省份已经开始注意对相应的出版物进行数字化，这与普通的古籍整理、出版有着根本性的区别。《湖湘文库》2017 年全部完成出版后，推出专门网站，读者可以免费阅读相关著作。《广州大典》数字化项目于 2014 年 8 月启动，现已推出《广州大典》数据平台。《贵州文库》纸质出版包括点校本和影印本两种，并在设计之初便将数字化项目同时启动，划拨专项资金出版。

三

《贵州文库》是一项由省委、省政府主导和组织实施的重大出版工程。由省委、省政府主要领导担任顾问，分管领导牵头并担任《贵州文库》编辑委员会主任，由省委宣传部直接领导出版工程。在编纂方面，《贵州文库》编辑委员会下设文库总览组（设在省文化厅）、专家学术组（设在省文史馆）、编辑出版组（设在贵州出版集团），分别负责贵州文献征集、论证和出版三个方面的事宜。

贵州出版集团承担出版任务，贵州人民出版社具体实施出版工作。在《贵州文库》编辑、出版工作启动之前，贵州人民出版社有关领导和《贵州文库》相关专家率队赴湖南《湖湘文库》、四川《巴蜀全书》等编辑出版机构进行实地考察，为《贵州文库》编辑、出版工作的启动提供了诸多参考方案。

2016 年 3 月 18 日，经过一段时间的准备，《贵州文库》编辑出版委员会在省委大会堂召开第一次全体会议，宣布《贵州文库》正式启动。2018 年 7 月，为了更好地适应《贵州文库》编辑、出版工作进程，贵州人民出版社成立《贵州文库》编辑室，专职负责《贵州文库》出版事宜。实际工作过程中，摸索出地方出版社适应地方大型文献编纂、培养古籍编辑人才的思路和实践途径，现略述如下。

1. 积极鼓励编辑走出去，同时也请专家进来。由于《贵州文库》是古籍整理性质的出版活动，对专业要求较高，为了适应《贵州文库》的编辑工作，在编辑初期，安排《贵州文库》编辑室全体编辑人员参加中华书局组织的"古籍整理编校研修班"等培训，通过培训促进了编辑人员的业务水平。同时，也请《贵州文库》专家和一些具有古籍编辑经历的退休老编辑定期来开展古籍整理专题培训，让编辑与专家、老编辑面对面进行沟通和学习。通过请进来的措施，不仅使编辑人员业务水平得到提升，在知识和职业素养方面都得到很好的熏陶，更为重要的是在此过程中，逐渐形成一支专业的古籍编辑队伍，逐渐改善社内编辑人才队伍结构。

2. 注重对编辑人员本土知识的培训。除了对编辑人员进行业务培训外，为了适应《贵州文库》精准编辑工作，还要鼓励和支持编辑人员参加一些具有本土性知识的培训或讲座。如参加贵州省图书馆组织的"贵图讲座"、贵州博物馆组织的"贵博讲坛"、百无一用书店组织的"书香·花溪之书香青岩"系列讲座等。这些单位或书店组织的讲座具有很强的本土性知识，如省博请著名学者杨庭硕讲贵州"百苗图"文献，此讲座不仅讲贵州独有的"百苗图"历史文献，还涉及贵州各个民族的历史。又如贵州省图书馆原古籍部主任陈琳的"漫谈古籍"讲座，不仅讲授基本的古籍知识，对贵州典籍存世情况也进行了详细的介绍。通过参与这些本土知识培训、讲座活动，编辑人员不仅增加了本土知识，而且在实际编辑工作中得以运用，有效地避免了一些不必要的差错。

3. 鼓励编辑参与版本调查、书目选择等早期工作。《贵州文库》是一个大型的省级地方文献丛书出版项目，截至2020年，第一期图书已经全部出版完毕，一共出版106种414册。从成书规模上来说，已经超过贵州历史上规模最大的《黔南丛书》。现在第二期图书编辑、出版工作已近全面启动，预计出版400册。事实上，对古籍存世情况调查，早期的工作量是很大的。比如一书存有好几个版本，就要确定哪个本子最好；点校时应该选择最好的版本作为底本；残存的版本哪些可以补配，哪些页码需要标注排版顺序；等等。有些省份编纂地方文献时，将版本鉴定、调查和古籍编目等早期工作都交由专家学者来做。这些事情看似是专家的活，其实不然。编辑人员参与早期版本鉴定、调查，不仅能够从专家那里学到很多实用的古籍知识，而且通过现场记录，大大减轻了后期编校难度，更重要的是能够及时指导排版人员对相关图书进行排版和调试，极大地促进了后期工作的有效展开。

《贵州文库》编辑室通过以上三条探索路径，初步形成了一套行之有效的地方文献编辑人员培训方法。通过这种方式培养出来的编辑人员，既能编辑专业性较强的古籍整理性质图书，又有丰富的本土知识，为编辑人员的全面成长提供了必要的条件。由于省级地方文献丛书编辑、出版周期较长，各编辑人员互相配合，逐渐形成一支专业的古籍整理编辑团队，弥补和改善了社内编辑人员的构成，对出版社发展也起到了积极作用。

论主题出版高质量发展驱动下编辑素养的提升

中国人民大学图书馆员　龙明明

主题出版是以特定主题为出版对象、出版内容和出版重点的出版宣传活动，具体来说，就是围绕党和国家重点工作和重大会议、重大活动、重大事件、重大节庆日等集中开展的重大出版活动。新时代主题出版已成为中国出版事业的灵魂，承担着全面贯彻党的基本理论、基本路线、基本方略，以及举旗帜、聚民心、育新人、兴文化、展形象的使命任务。

高质量发展是新时代国家对主题出版的深度要求，要实现主题出版高质量发展，归根到底要靠高质量的编辑人才。编辑须与时俱进提高素养，才能发掘出高质量的选题，打造出高质量的出版物。本文以"十三五"以来主题出版重点出版物为参照物，归纳出主题出版高质量发展的具体方向，进而总结主题出版高质量发展所需要重点提升的编辑素养，并探索提升路径，助力主题出版的进一步优化。

一、主题出版高质量发展的具体方向

从"十三五"以来主题出版重点出版物选题申报及通过情况看，2016年至2021年申报数量和通过率均经历了一个先下降再上升的调整过程：选题申报数量从1791种降至1545种，再回升至2232种；通过率从6.7%降至4.85%，再回涨至7.62%。以上数据切实说明国家从顶层设计对主题出版的高质量发展要求，也充分说明出版行业主体就主题出版如何高质量发展进行了有效的探索并取得了一定成效。主题出版重点出版物从不同层次、不同角度体现了主题出版高质量发展的具体方向。

（一）选题思路：紧跟顶层设计，加强策划创新

"顶层设计"原本是工程学术语，在中共中央关于"十二五"规划的建议中首次应用到经济建设的表述上，指的是要自上而下统筹谋划。党的十八大以来，国家即加大了对主题出版的指导和扶持力度。从2015年开始，中宣部和国家新闻出版广电总局（2019年起为"国家新闻出版署"）每年均发出相关通知，对当年的主题出版工作做集中部署，明确当年的选题重点方向，提出出版形式、进度、质量要求。实现高质量主题出版，离不开对顶层设计的把握，出版社必须深入了解顶层设计的内涵和思路，找到其稳中有变的规律，抓住"题眼"，及早规划，长线布局，避免突击赶活、匆忙上阵。

在深入把握顶层设计导向的基础上，高质量的主题出版还要依靠创新策划来实现。重复出版、跟风出版一直是主题出版板块的痛点，如何在"命题作文"上得到高分，需要出版单位作为"基层"积极探索，加强策划的自主性和创新性，丰富主题出版的形式和内涵，呈现多元化选题。以2021年的建党百年主题为例，各社在"推出一批高质量、标志性党史著作，充分展示我们党领导人民进行革命、建设、改革的光辉历程"的顶层

设计指导下，深度结合自身资源特色和优势，开发出多层面、多视角、立体化的题材集群：既有通史类的《中国共产党的一百年》《中国共产党建设史丛书（1921—2021）》，也有专史类的《中国共产党百年廉政建设书系》《中国共产党组织建设 100 年》《党的对外工作 100 年》《中国共产党经济思想史（1921—2021）》《为了万家灯火：中国共产党百年抗灾史》等；既有文字的呈现，也有对不同载体的挖掘，如《伟大征程　历史画卷：美术作品中的党史（1921—2021）》《邮票上的中国共产党百年历程》《红色地图　百年党史》；既有学术专著，也有大众读物、青少年教育读本，展示了真实立体全面的中国共产党成长历程。

（二）选题内容：突出专业特色，发展地方叙事

主题出版不是简单的政治宣传读物，它关注的"主题"是时代的主题。而空洞地论述时代主题得不到市场的认可，无法收到入脑入心的宣传效果，必须结合行业特点发现实际问题、解决实际问题，才能实现主题出版的高质量发展。尤其是近年来主题出版业务已不再局限于中央和各地人民社等出版单位，越来越多的专业社在上级部门的鼓励和引导下参与到主题出版活动中，发挥自己的专业优势，大大拓展了主题出版的选题深度和广度，也使主题出版反映时代问题、总结时代经验的角度和方式更具说服力。如 2021 年的主题出版重点出版物中，人民卫生出版社的《中国共产党与中医药的百年传承创新》、中国金融出版社的《中国金融开放：市场导向下的均衡选择》便体现了高质量主题出版的专业化趋势。

地方叙事也是近年来主题出版获得新动力的来源之一。从近年来的主题出版实践看，出版社将时代主题与地方特色人物、历史资源结合起来，将国家大局政策与地方发展成就联系起来进行策划更易获得优质的选题。如云南民族出版社与云南人民出版社合作出版的《独龙相册：从刀耕火种到步入小康》，从自身成长的地域寻找与国家大事、时代热点的结合点，关注国家重大战略需求在地区的体现，以百姓的视角和百姓

的故事，呈现出"既有广深镜头也有小细切口，既接天线也接地气"的策划特点。

（三）作者团队：集聚学术大家，增加学术厚度

《通知》连续几年均提出要打造精品力作，2021 年更明确对主题出版的"学理深度和学术厚度"提出要求。而高质量的主题出版仅靠出版界的努力是远远不够的，还需要学界更多力量的投入。学术出版与主题出版的结合，既是可行的也是双赢的。从理论高度解答国家、社会亟须解决的问题是当代学者肩负的使命，在国家引导下，近年来学者们的研究课题与时代主题的契合度越来越高，这与主题出版高质量发展的顶层设计趋向一致。同时，作者权威的主题出版作品往往具有更强的说服力、战斗力和生命力，能产生不俗的市场表现，"走出去"的程度更高，能够代表中国学术界发出中国声音。

近年来学术专著进入主题出版重点出版物目录的数量在不断上升，越来越多的学术类出版社利用自身强大的学术资源，主动邀请、策划相关专家学者进入主题出版领域进行创作，并实现了社会效益和经济效益的双丰收。除了思政领域的专家学者外，其他专业领域的学者也越来越多地参与到主题出版中来。例如，2021 年主题出版重点出版物选题中，科学出版社的《中国乡村振兴之路——理论、制度与政策》由多位知名农业经济学家撰写；中国人民大学出版社的《数字解读中国：中国的发展坐标与发展成就》由经济学家联合统计学家精心编纂而成。

（四）表现形式：立足传统出版形态，融合新型出版手段

纵观近年的主题出版重点出版物，纸本形态从学习读物、理论读物、研究著作，到科普读物、大众读物、长篇小说、报告文学作品，以及画册、摄影集、儿童绘本、连环画、3D 立体书，异常丰富；音像制品包括歌曲集、微纪录片、微动画、朗读音频等多种表现方式。与时俱进是主题出

版最核心的特征，主题出版物不仅要在内容上紧扣时代主题，在表现形式上更要与时代同步，要敢于尝新、勇于创新。主题出版的高质量发展要求既覆盖传统出版形式（图书、CD），还要积极拥抱新媒体，融合新媒体手段，创设跨媒体叙事空间，将文字、音频、视频、活动VR技术等各种内容产品形态统一布局。如新世纪出版社的《梦想启航：中国共产党创立的故事》、上海音乐出版社的《百年赞歌——庆祝中国共产党成立100周年优秀歌曲集》都是在兼顾纸质内容的基础上，运用融媒体数字技术，为读者营建交互式云课堂，使读者从中获得身临其境般的阅读体验。

二、主题出版高质量发展要求提升的编辑素养

编辑素养是编辑的立业之本，业界和学界对编辑应具备的素养讨论较多，但在主题出版视域下的讨论还不是很充分。从主题出版高质量发展的具体要求出发，编辑应着重提升以下职业素养，才能高效做活做强主题出版。

（一）政治素养：提高政治站位

编辑的政治素养是指从事出版活动中编辑所持有的政治信念、政治态度、政治立场等，归根结底沉淀为编辑的政治理论功底，具体外化于编辑的政治敏感性、政治鉴别力、政治洞察力等能力。政治素养是编辑从业的首要素养，不重视政治素养的编辑在出版活动中无法承担起把关人的角色，甚至出现重大疏漏，在政治问题上痛栽跟头。

从事主题出版对编辑的政治理论功底要求尤高。在政治敏感性方面，要求编辑能深刻领会党和国家的政策内涵，把握党和国家的发展大势，及时呈现时代经验。在政治鉴别力方面，要求编辑能迅速判断大是大非，在传播主流价值观时把稳方向，不被海量信息迷惑、动摇，强化阵地意识和把关意识，有针对性地打造能够解惑释疑、凝聚共识的读物。在政治洞察

力方面，要求编辑充分认识主题出版大局，能够聚焦时代关切，对中国故事的内容要素、形式要素、传播要素有创新见解。

（二）人文素养：以人民需求为中心

人文素养是编辑从业的必要素养，在出版活动中主要体现为以人为本的价值取向和价值关注。主题出版中对人文素养的需求是深层次的，因为主题出版是国家和人民赋予出版社的责任和使命，回应人民的关切、以人民的需求为中心是贯穿主题出版工作全过程的红线。

主题出版高质量发展，要求编辑以深厚的人文素养为抓手，发掘以下三种优质选题内容：一是为人民提供航向引领的选题，以优秀作品引导人民更完整、准确、全面理解把握并贯彻落实新时代理念；二是反映时代呼声、回答民生热点问题和时代之问的选题，以群众所需所想为策划动力，给予群众科学可靠、令人信服的解答，帮助群众提升对新思想、新政策的认知高度和准确度；三是为人民立言立传的作品，将普通民众中的优秀典型、感人事迹及时地以恰当的方式予以展现，注重表达真实情感，树立新时代的群众楷模，侧重反映生活实际，使作品不仅有力量而且有温度。具有深厚人文素养的编辑，在主题出版活动中更善于从读者需求的角度考虑，从阐述深度、行文方式、遣词造句、装帧设计，到阅读推广形式、宣传发行渠道，都以读者意愿为先，使读者感受到主题出版物的可亲可读可理解，进而认可和欢迎主题出版物，社会主义核心价值观由此真正入脑入心。

（三）学术素养：走向专业深耕

学术素养是编辑从业的核心素养。编辑必须既是杂家也是专家，既要广泛涉猎，也要专精一门、精耕细作。杂家和专家两种身份均要求学术素养不得缺位。学术素养深厚的编辑具有广阔的学术视野、前沿的学术眼光、扎实的学术根基，能把准学术发展脉络，对学术大家、学术新秀的研究专长、学术成果心中有数，能够适时助力学者专家将研究心得转化为人类可以共享的智慧成果，进而承担起文化传承的历史使命。

主题出版高质量发展的过程中，要求编辑以深厚的学术素养发挥更突出的创新作用：一是凭借广阔的学术视野泛化主题出版的选题专业范围，发掘主题创作新视角，开拓主题出版的内涵和容量，将学术出版、教育出版与主题出版接轨，使高质量的主题出版成为展现中国各专业发展成就的舞台和窗口；二是凭借前沿的学术眼光精化作者资源，寻找那些既有精深专业知识又有通俗易懂的文字转化能力、既有政治站位意识又熟悉读者阅读心理的专家学者，建立稳定的作者资源库，并形成作者团队品牌；三是凭借扎实的学术根基优化和深化选题，与作者进行学术化表达方式的沟通磨合，帮助作者在学术研究范围内聚焦主题出版，不做简单机械的嫁接，既保留学术创作体系严谨、说理透彻的特点，又兼顾主题出版大众化传播的叙述路径，实现双赢。

（四）技术素养：传统和拓新双管齐下

出版活动各环节涉及多方面的技术，要想出版一部精品，离不开编辑技术素养的加持。编辑需要掌握的传统出版技术有书稿编校技术、装帧设计技术、市场营销技术等，这是主题出版高质量发展的坚实基础。高水平的书稿编校技术能够保证主题出版物的内容精品化。图书的精品化不是空泛的，而是具体体现于对书稿逐字逐句的锤炼加工，体现在对一个标点错误也不放过的精益求精的态度上。内容是图书的血肉，而装帧设计是图书的皮囊，主题出版物的高质量同样离不开精美的外观，编辑必须加强审美、提升装帧技术才能给读者大众带来从内到外赏心悦目的阅读感受。主题出版离不开大众读者，离不开市场的认可，能得到市场的认可才是主题出版的高质量发展。因此，编辑在主题出版活动中要善于掌握和运用新兴的各类市场营销工具，将优秀的主题作品推向国内外两个市场，让更多的人了解并阅读，真正实现主题出版的价值。

当今社会技术发展日新月异，以大数据、5G、智能媒体等为代表的新技术使得出版、传播方式发生了巨大变化，因此，编辑还必须紧跟时代步伐，努力提升在融媒时代和信息时代生存发展的新型出版技能，对主题出版物实施大数据分析和数字化、交互化加工，从而实现互动共享、即时迅速的传播，赢得年轻市场和网络市场。

三、高质量发展驱动下的编辑素养提升路径

在主题出版高质量发展的驱动下，编辑素养的提升可围绕四个"为"展开：

（一）意识培养为先

提高编辑素养，意识先行。实现主题出版和出版人才的高质量发展，必须首先培养两大意识。

一是创新意识。习近平总书记指出，"创新是引领发展的第一动力"，"迎接挑战，最根本的是改革创新"。高质量发展的实现须把创新放在第一位。在主题出版中，编辑应重视并培养创新意识，提升对新生事物的敏感度，明晰阅读市场的动态变化和社会发展的未来走向，跳出主题出版的固有操作模式，突破对党建宣传的认知固化，重塑创编理念，在编辑内容、编辑手段、编辑方式上推陈出新，拓宽作品影响层面。

二是精品意识。强烈的精品意识是编辑内化于心的对工作精益求精的职业追求，是对质量高标准的升华，是养成和发扬工匠精神的内驱力。做好主题出版尤其应树立精品意识。精品意识应贯穿于主题出版的每个环节，从选择作者、组织稿件到审读、编校、装帧、印刷、宣传、推广，皆做到所能之极致；精品意识还应默化于编辑成长的每个阶段，无论是新编辑、老编辑、名编辑，还是初审编辑、复审编辑、终审编辑，都以生产精品为日常工作的标准，展现出几十年如一日的职业坚守与韧性。

（二）制度保障为上

提高编辑人才素养，要有相关制度做保障。首先，在国家层面，对编辑素养的规范与提升已有从职业资格准入、登记注册到继续教育、职称评定的"一条龙"制度，而且近年来在不断加强和完善。如职业资格准入方面，要求编辑人员必须在到岗 2 年内取得规定级别的职业资格；又如继续教育方面，2021 年 1 月 1 日起实施的《出版专业技术人员继续教育规定》强调"出版专业技术人员继续教育是建设高素质专业化出版专业人才队伍的基础性战略性工作"，明确"把学习贯彻习近平新时代中国特色社会主义思想作为首要任务"，并提高对编辑的继续教育学时要求；再如职称评定方面，2017 年即规定将职称与职业资格对接，并在 2021 年 1 月发布的《关于深化出版专业技术人员职称制度改革的指导意见》中强调建立"设置合理、评价科学、管理规范、服务全面"的出版专业技术人员职称制度，以激发编辑人才的创新创造创业活力。这些制度为编辑素养的提升规范了方向和途径。

其次，在出版社层面，提高编辑人才素养、造就业务过硬的出版队伍，也应设立相关的检查、考核、培育、保障制度。例如在图书质量方面，要设立年度抽检和印前普检制度，对本年度出版的图书品种予以一定比例的内容和印刷上的质量检查，在每种图书印刷之前实施全面检查，以此促进编辑的编校能力和责任意识提升；在考核方面，建立符合编辑业务特点的物质奖励和精神激励双向制度，对效益显著的选题、质量优异的图书品种予以奖励，同时要考虑提高投入时间长、社会效应大的图书项目在编辑考核中的权重，树立编辑的荣誉意识；在新员工培养方面，设立师徒传授制，不仅传授业务技巧、出版经验，更要传承出版理念、出版精神；在人才梯队培养方面，设立人才储备库制度和编辑岗位流动、晋升制度，为成熟编辑分级定岗，形成梯队模式，鼓励优秀编辑承担重大项目，支持编辑自由选择岗位交流，为编辑人才适应时代发展打造足够的成长空间。

（三）持续学习为要

出版活动是人类文明传承和传播的路径，承担出版重任的编辑是文明产品的把关者，因此，编辑人员持续提升自身的"内力"至关重要。持续学习既是国家对编辑出版从业人员接受继续教育的强制要求，同时也是编辑应对时代挑战和满足自身职业发展的需要。在主题出版高质量发展带动下，编辑为提升素养，应持续做到全面学习、跟进学习、能力学习。全面学习是就学习的广度而言，编辑既要加强自身政治理论学习，也要从专业入手，增加专业知识储备，成为专域专才，还应学习和了解出版全流程知识，适应编辑单一角色向出版复合人才的转型。跟进学习是就学习的速度而言，进入大数据时代以来，新技术、新趋势让出版业态发生了极大变化，出现了音频、视频、数据库、微课程等多种知识服务产品形态，微信公众号、APP、网络直播平台等多种营销渠道参与到书业竞争之中。编辑的知识更新如果跟不上时代的脚步，必将很快被市场淘汰。能力学习是就学习的转化度而言，编辑出版业务实操性极强，编辑学习的成果必须迅速形成能力并转化到作品上，以作品说话。编辑的学习必须持之以恒，持之以久，行之愈远。

（四）广接地气为本

当今时代，出版技术的进步日新月异，大众的阅读喜好、阅读需求也在不断发生变化。但阅读的本质并未发生变化，无论是浏览数据库、阅读电子书还是纸质书，读者最终被吸引的还是其中的内容。做好内容，使读者通过阅读达到精神、心灵上的升华，是编辑所应努力的真正方向。要做好内容，尤其是主题出版的内容，编辑必须提升调研能力，针对市场做足调研工作，倾听读者、书店、图书馆、书商的声音，真正了解读者的需求，了解阅读市场的现状和变化趋势，了解时代关注的焦点，这样的作品才能传得开、留得下，才具有勃勃生机。

三、结语

高质量发展主题出版是我国出版事业进入新时代的重要特征，对出版社迎接融媒时代的转型升级有重要意义。面对新时代主题出版发展的新形势，作为主题出版"操盘手"的编辑也必须进入高质量发展的良性轨道，提升主题出版"刚需"的特定素养，才能回答好时代提出的问题，打造出能够培根铸魂、启智增慧的出版精品。

参考文献：

[1] 周慧琳. 努力做好新形势下的主题出版工作[J]. 出版参考，2017(1)：5-8.

[2] 周蔚华. 主题出版及其在当代中国出版中的地位[J]. 编辑之友，2019(10)：23-28.

[3] 周蔚华."十三五"时期的主题出版：回顾与展望[J]. 中国出版，2020(22)：11-18.

[4] 韩建民，熊小明. 新时代主题出版的八大转变[J]. 出版广角，2018(6)：6-8.

[5] 韩建民，杜恩龙，李婷. 关于主题出版与学术出版关系的思考[J]. 科技与出版，2019(6)：43-50.

[6] 何军民. 新时代主题出版核心编辑力生成路径[J]. 中国出版，2018(23)：36-39.

[7] 蒋佩轩. 主题出版视域下编辑素养提升探析[J]. 印刷与出版，2021(1)：45-49.

[8] 苏雨恒. 编辑的基本素养与精品力作的生产[J]. 中国编辑，2019(12)：4-8.

"现代纸书"出版融合模式下编辑队伍高质量发展路径探究

国家新闻出版署　刘永坚　白立华　施其明　郭雪吟

【摘要】　本文以"现代纸书"创新服务模式为基础，结合案例分析，通过平台技术引领下的编辑素质的提升、出版流程优化下编辑地位的提升、编辑激励机制下编辑生产积极性的提升三个方面分析了"现代纸书"模式对我国编辑队伍高质量发展的重要作用。

【关键词】　编辑；高质量发展；"现代纸书"；出版融合

传统出版业正面临着转型发展的关口，编辑作为出版的核心主力军，肩负着出版业转型发展的重任。在出版融合背景下，编辑人才队伍的高质量发展，不仅在于做好传统的出版业务，更需要与时代共振，掌握新兴技术，拥有内容创新能力与读者运营能力。目前，很多出版社都在进行社内的融合转型，但绝大多数都采用自建平台或与第三方平台合作进行电商售卖、直播带货等。但自建平台的成本相对较高，回本周期慢，技术条件也有一定壁垒；与第三方平台合作，读者数据几乎流入平台，而出版社与读者仍然处于"失联"状态。最重要的是，在这样的机制下，编辑依然没有真正参与到融合业务中，依然做着传统的业务工作，没有好的渠道提高个人的能力和素质，以适应融合发展的大势。因此，探索一条适合编辑队伍高质量的发展路径变得至关重要。

一、"现代纸书"出版融合模式

"现代纸书"由国家新闻出版署出版融合发展（武汉）重点实验室提出，指在移动互联网时代产生的、拥有线上延展性付费服务并具有交互功能的纸质出版物，将纸质出版物售卖与基于出版物的线上服务售卖相结合。通过在传统出版物上印刷二维码，在二维码对应的网络平台中配置线上延展性内容和服务，引导读者在阅读书刊的过程中，通过扫码付费享用深度阅读内容或其他增值服务。"现代纸书"后端借助云平台，能够在读者扫码后快速抓取读者的行为数据，帮助出版社建立读者数据库，分析读者喜好。① 和自建平台相比，"现代纸书"模式能够帮助出版社突破技术壁垒，大幅降低建设平台的成本；与单纯的第三方平台合作相比，"现代纸书"模式并不是采用委托运营方式，所有策划生产、出版发行、读者运营等工作都由出版社和编辑来进行，读者数据也直接回流至出版社和编辑账号中，帮助出版社和编辑持续为读者提供更加有针对性的知识和服务，形成新的消费模式。

---

① 施其明、刘永坚、白立华：《现代纸书：编辑创新理念与实操》，电子工业出版社2021年版，第31页。

二、"现代纸书"出版融合模式下编辑高质量发展的路径

（一）平台技术引领下的编辑素质的提升

在出版融合发展的大趋势下，技术已是不可或缺的关键动力，它已经不仅仅是可被利用的工具与手段，更代表了一种思维的转变。互联网已经普遍开始利用大数据来分析读者行为，并针对读者的偏好进行精准推送，这不仅是技术上的革新，也是内容生产从"闭门造车"到立足于用户思维的转变。作为内容生产者的编辑，也需要积极拥抱新的技术，掌握基本的技术能力与技术思维。

"现代纸书"的后端云平台即是编辑制作"现代纸书"的"工具箱"。编辑可在平台中通过线上完成数字内容服务的策划、生产与组织等工作。平台中有多项适合作者与读者互动的作品及应用，供编辑挑选，并选择合适的匹配到相应的纸书中。这些作品及应用涵盖多种形式，例如视频、音频、课件、在线题库、热门电子书、伴读音乐、读书卡片等，并能够应用于不同的场景。例如，由湖南大学出版社出版的《湘岳假期·暑假作业》（八年级语文）是一本语文学科教辅图书，适合学生在暑假期间进行语文知识的巩固与学习。在这本书转型为"现代纸书"的过程中，编辑通过对读者类型、阅读场景等因素的分析，匹配了 PDF 文档、音视频等多元化的数字内容，以及阅读打卡和学习社群等具有交互功能的数字服务（见表1），为读者提供基于纸书内容但比之更加丰富的内容，并且突破了纸书单项传播的壁垒，实现了与读者的互动。相关数据显示，该书到达市场后 30 天内，线上读者服务扫码量已突破 36 万次。同时，与二维码关联的"湖南大学出版社"官方微信公众号一个月内新增加约 20 万用户。

表1 湖南大学出版社《湘岳假期·暑假作业》（八年级语文）"现代纸书"线上数字内容

序号	服务类型	服务详述	目的
1	PDF 文档	本书练习中的参考答案	更加方便地使用本书进行学习
2	文章	帮助家长给孩子制订暑期规划，以及暑期的活动推荐	为家长提供决策参谋，加强家长与孩子的亲子互动
3	阅读打卡	让家长和孩子每日共同进行阅读学习的打卡活动	提升孩子的学习自觉性，加强家长对孩子的学习监督
4	社群	学习交流社群	为家长和孩子创造一个和他人交流交友的空间，可针对学习问题、兴趣爱好等进行交流
5	视频	【孩子课程】初中语文专题知识讲座；九年级语文同步课（通用版）	提升孩子的学习能力
6	音频	【家长课程】解读孩子的行为，合理应对孩子青春期学习的烦恼	加强家长的育儿意识

　　在传统的生产流程中，内容的生产是没有新兴技术参与的，且传播模式是单一单向的，编辑仅需良好的选题策划能力、编校能力等即可做好现有工作。而在"现代纸书"后端平台的操作中，编辑需要具备基本的技术能力，能够准确地使用相关应用功能并进行操作；需要具备数字内容服务策划能力，能够针对不同类型的纸书，根据不同的阅读场景，选择合适的数字内容服务进行匹配；需要具备一定的数据采集、数据分析及数据处理能力，能针对通过扫描纸质出版物二维码进入线上平台，平台收集到的读者的基本信息、阅读时长、浏览记录、阅读轨迹等，分析读者的阅读偏好；需要具备一定的读者运营能力与市场判断能力，能够与读者进行双向的交流沟通，根据不同的偏好为不同的读者提供更加精准、个性化的知识内容及服务，这对编辑的整体素质是极大的提升，能够助推编辑从单一的出版人才向具有技术能力、运营能力、读者服务能力的复合型创新型人才转型。

（二）出版流程优化下编辑地位的提升

在"现代纸书"出版流程中，和传统出版不同，出版社、内容生产者（编辑及作者）、读者的角色产生了改变。传统出版流程包含选题策划、组稿、审稿、印刷、发行等环节，在这样的标准化流程中，每一个角色都各有分工且权责分明，没有以任何一个角色为中心。同时，由于出版物的单向传播机制，被投放到市场后，出版社、编辑和作者与读者的连接并没有因为出版物变得紧密，反而几乎处于失联状态。

而"现代纸书"建立了一个以编辑为内容生产核心的生态链。在平台中，编辑不仅可以充分调度社内资源与作者资源，为数字内容与服务提供更多的资源储备，还可以充分调度第三方内容生产者的资源，最终实现数字内容服务与出版物的精准匹配。同时，编辑也需要积极调动读者资源，打造纸书内容的线上交流场景，培养与关注读者社群中的意见领袖，以分享、打卡、奖励等活动，激发读者自传播的主动性，鼓励读者进行有价值的提问、讨论、互动与优质读书笔记的分享，实现 UGC 的用户协同内容生产，进一步丰富线上的数字内容资源。[①] 在这个生态链中，出版社、作者、第三方内容生产者的资源调度都是围绕编辑来运转的，同时，编辑也是连接出版社、作者与读者之间的桥梁。在整个工作流程中，编辑的工作地位更加突出，工作自主性也相应增加，有利于编辑发挥主观能动性，充分实现个人价值。

（三）编辑激励机制下编辑生产积极性的提升

员工绩效激励的主要目的在于充分挖掘员工的工作积极性与自我驱动力，达到与企业物质资源、人力资源综合利用的最佳契合，以高效地推动

---

① 贺子岳、张蒙、刘永坚、唐伶俐：《基于现代纸书的用户运营维系研究》，载《科技与出版》2018 年第 8 期，第 64 – 68 页。

公司发展。[1] 编辑工作虽然是一个具有特定流程和严格标准的工作，但本质上也是极富有创造性的精神文化生产活动，合理的员工绩效激励对激发编辑的创造潜能，推动人才的高质量发展具有重要作用。

许多出版社在数字化转型过程中，通常采取的做法是把数字业务与图书业务剥离，除特定数字部门外，大部分编辑在实际工作中没有参与融合项目。此外，编辑的绩效考核基本上仅以纸质出版物的销售利润为考核标准，计算公式一般为：（实际完成净发货实洋计算的不含税销售收入 – 全部造货的直接成本 – 直接营销费用 – 应分摊的管理费用 + 利润）×10% × ×%（×表示编辑个人所占百分比）。[2] 这样的员工绩效激励模式也让传统出版与融合出版业务处于剥离状态，编辑并没有从融合出版业务中获取实际绩效激励，很难真正有参与融合出版的动力与积极性。

"现代纸书"的生产制作在优化出版流程、树立以编辑为核心的融合出版工作的同时，做了相应的编辑激励机制设计。"现代纸书"以项目制展开，以每套图书（或单本）作为一个立项，最终成品的"现代纸书"投放到市场后，其匹配的延展性数字内容与服务产生的收益将有一部分作为编辑的项目收入，这些收益在读者对数字内容服务进行付费后，直接通过后端平台打入编辑账户，让编辑的做书成果质量与实际收益进行深度挂钩。同时，出版社领导在平台中可以对每个编辑的"现代纸书"项目的进展情况进行实时查看，包括读者点击率、付费率与相关评价等，也能对每个编辑的工作能力进行综合考评，更加有针对性地进行绩效考核、职称评定、职务升迁等工作。

除了物质激励，精神激励也是一种重要的激励方法。精神激励是依靠精神载体，例如思想、情感、荣誉等来激发启迪、塑造激励对象，实现被

---

① 蒋学玲：《战略性人力资源绩效管理与员工激励探讨》，载《全国流通经济》2021年第4期，第100–102页。

② 刘通菌、刘永坚：《基于现代纸书的编辑创新激励机制研究》，载《科技与出版》2018年第8期，第54–59页。

激励对象思想结构、精神状态等方面的转变。[1] 为此，国家新闻出版署（武汉）重点实验室自 2017 年开始，与中国出版协会、中国编辑学会、中国期刊协会联合组织开展了多次面向全国编辑的"出版融合编辑创新培训"，让学习培训成为促进编辑成长的基础性工作。培训中邀请了出版领域专家，互联网领域技术及运营方面的专家，帮助编辑更加深度地理解与掌握"现代纸书"的思维理念与制作运营方法。同时，共同发起了"出版融合技术·编辑创新大赛"，以大赛的形式鼓励与带动编辑们进行"现代纸书"的创作，让编辑觉得学有所获，精神备受鼓舞，并可以通过大赛拿到荣誉，充分感觉到个人能力有所提升，能以更好的状态再次投入生产活动中。

三、结语

融合出版的大背景下，编辑工作也面临着全面转型。"现代纸书"模式以技术赋能出版，优化出版流程，创造了以编辑为核心的工作机制。同时，通过相应的编辑激励，进一步调动编辑的主观能动性与创造性，帮助编辑从单一的采编人才向具有技术能力、运营能力、读者服务能力的复合型创新型人才转型，是实现编辑人才队伍高质量发展的一条值得探索的有效路径。

---

[1] 申来津：《精神激励的权变理论》，武汉理工大学出版社 2003 年版，第 86 页。

精品项目与人才培养的内在逻辑和实践路径研究

——以外研社丽声阅读系列和丽声团队为例

外语教学与研究出版社　党委副书记　陈媛媛

【摘要】　我国出版业已进入高质量发展阶段，对出版人才提出了新的要求，传统出版人才培养模式也正在发生转变。从现实层面来看，出版人才，尤其是高端人才和复合型人才培养面临诸多问题。打通出版高质量发展需求与出版人才培养模式之间的壁垒，成为出版人才培养的重要环节。本文以外研社丽声英语阅读系列 10 年来发展成为家喻户晓的品牌图书为例，提出了出版人才的培养应以出版高质量发展为目标，将理论与实践相融合，以精品项目打造为重要路径，并通过强有力的考核机制，在精品项目的实践中实现复合型人才的培养。

【关键词】　高质量发展；精品出版项目；人才培养

一、我国出版进入高质量发展阶段

（一）我国出版进入高质量发展阶段

2018 年的"两会"期间，习近平总书记在分组讨论时多次就高质量发展发表重要讲话，深入阐述高质量发展的重大意义、重点任务、机制保障和动力支撑等问题，进一步指明了新时代推动高质量发展的努力方向。而高质量发展也成为首次写进政府工作报告的新表述，表明中国经济由高速增长阶段转向高质量发展阶段。高质量发展不仅包括一般经济领域，它同样适用于具有文化和产业双重属性的出版行业。出版是先进文化传承和人类知识传播的主阵地，是社会主义先进文化的重要载体。习近平总书记多次对加强和改进出版工作做出重要指示，要求努力为人民群众提供更加丰富、更加优质的出版产品和服务。

2018 年 7 月底，国家新闻出版署发布的《2017 年新闻出版产业分析报告》显示，出版业的高质量发展起步不错，并呈现良好趋向。纵观近年来出版业发展的总体情况，高质量发展取得了初步的、可喜的进展，而如何持之以恒地推动出版产业和事业的高质量发展，只有认真总结经验，冷静面对问题，积极寻找对策，才能收到久久为功的效果。[①]

（二）出版高质量发展面临的诸多问题中，人才培养是关键因素之一

出版业的高质量发展需要以出版优秀作品为导向，以高素质出版人才为支撑，以高效的运营机制为保障，以先进的出版技术为基础，以国内外知名品牌为核心竞争力。在诸多要素中，高素质出版人才是支撑出版企业实现高质量发展的重要因素。推动新时代出版业高质量发展，必须建设一

[①] 范军：《持之以恒地推动出版业的高质量发展》，载《出版科学》2018 年第 5 期，第 1、12 页。

支熟悉出版业务、具有互联网思维、了解市场需求的复合型高素质出版人才队伍。习近平同志一直高度重视人才工作，强调"要树立强烈的人才意识，寻觅人才求贤若渴，发现人才如获至宝，举荐人才不拘一格，使用人才各尽其能"①。科技部、中宣部等六部委联合发布的《关于促进文化和科技深度融合的指导意见》明确指出，要加快建设文化和科技融合创新领军人才和高技能人才队伍，加快复合型、创新型、外向型文化科技跨界人才的培养。② 高质量发展模式下，新型人才队伍的培养与建设被提升到新的高度。广大出版企业也必须主动顺应时代变革、紧跟时代要求，努力培养出新时代发展的高素质、专业化的出版人才队伍。

毋庸讳言，传统出版企业在收入分配、职称评定、考核激励、岗位调整、编制管理等方面还有待进一步健全制度，编制职数、行政级别、工资总额等仍然束缚着专业人才发展，不唯学历、不唯资历、不唯年龄、不拘一格的人才选拔机制尚未完全建立。传统出版企业在人才选用上，大多注重员工的专业素养和语言文字能力，存在重使用、轻培养、战略性人才储备偏少、高水平研发人才不足、高层次出版人才断层等状况。传统出版业从业人员往往偏重自身专业知识的学习研究，知识结构较为单一，工作思维不够开阔，技术水平相对落后。

总体上，我国出版业存在高端人才不够用、实用人才不好用、特殊人才不会用的问题。"十四五"是我国全面深化改革的攻坚时期，也是全面推动我国出版高质量发展的关键时期。传统出版社在内部深化改革与外部大环境复杂多变的情况下，如何顺应时代发展，培养出高素质复合型出版队伍，引领和支撑出版业的高质量发展，已经成为出版业亟待解决的课题。

---

① 《习近平出席全国组织工作会议并发表重要讲话》，2013 年 6 月 28 日，https：//baijia-hao. baidu. com/s？id＝1608320186968242086&wfr＝spider&for＝pc。

② 《科技部等六部门印发〈关于促进文化和科技深度融合的指导意见〉的通知》，2019 年8 月 27 日，http：//www. gov. cn/xinwen/2019－08/27/content_5424912. htm。

二、外研社丽声英语阅读项目的探索与实践

外研社 2011 年从英国牛津大学出版社引进出版"外研社丽声拼读故事会"，丽声这一品牌正式诞生。随后，外研社又陆续推出了"丽声北极星分级绘本""丽声指南针英语名著分级读物"等更多分级阅读系列。根据中国孩子学习英语的规律，外研社还提出了中国儿童英语学习路线图，将孩子的英语学习划分为三个阶段：启蒙阶段（2～5 岁）、自然拼读阶段（5～12 岁）、分级阅读阶段（5～18 岁），其中，后两个阶段有所交叉。对应地，丽声阅读系列也确立了丽声英语启蒙阅读、丽声英语自然拼读、丽声英语分级阅读 3 条大产品线，建立了丽声的完整产品体系。其中，"丽声北极星"系列面世第一年便取得了净销售码洋 1800 万元的成绩。"丽声指南针英语名著分级读物（小学版）"自面世 3 个月来，销售总册数达 5 万余册，净销售码洋达 400 余万元。这些图书都获得了非常好的市场反响，实现了社会效益和经济效益的统一。长期以来，英语阅读图书都是以引进为主，存在版权条件水涨船高、引进内容水土不服、数字权利难获得、再授权困难等诸多问题，原创选题的布局、规划、开发便迫在眉睫。外研社借助国际领先的教育理念和世界上优秀的专家、作者等资源推出"丽声指南针英语名著分级读物"，打破了长时间以来版权受控的局面，实现了从内容"拿来"到原创开发的突破，实现了版权从单纯引进向自主原创、合作编写等的转化，也为后续版权输出"走出去"、数字产品研发等提供了内容上的保障。

在市场推广上，丽声项目组认为，通过教师影响学生是切实有效的路径。因此，丽声项目组邀请专家，连续多年在全国组织大规模教师培训，大力推动全国中小学和培训机构开展英语自然拼读和分级阅读教学。从 2016 年创办第一届"全国英语自然拼读与分级阅读教学研讨会"开始，截至 2021 年，丽声一共举办了 11 届全国英语自然拼读与分级阅读

教学研讨会。丽声还深入全国各地，广泛开展以地市或者区县为单位的英语阅读教学培训。截至 2021 年，外研社丽声项目组每年组织 120 多场英语教师培训，培训教师超过 4.5 万名。此外，丽声项目组还开发了大量示范课、课件、双师课程等系列学习资源，提供给老师们使用，仅英语阅读示范课就有 200 多节。

在 C 端上，一方面，丽声邀请高校名师、知名教育专家等开展面向家长的阅读讲座，引导家长关注英语阅读，并向家长大力推荐英语科学阅读的理念；另一方面，每年寒暑假通过组织阅读打卡活动，培养孩子持续阅读的良好习惯。

为了补充线下教师培训和家长培训，丽声还在喜马拉雅、千聊、小鹅通、抖音等数字化多媒体平台上开设了专门账号，通过自媒体宣传矩阵，大力开展线上培训，其中，微信公众号"外研童书"和"小外研"合计粉丝 90 多万人，千聊上的外研童书直播间有粉丝 10 多万人，而微信群则多达 220 个。

丽声阅读系列从诞生到发展，经过了整整 10 年历程，这也是英语分级阅读在我国从无到蓬勃发展的过程。在丽声项目组的不懈努力下，不少地市的教育局将丽声培训学时作为对教师年度考核并记录其学分。寒暑假期间，几百所学校把"丽声英语"打卡作为寒暑假作业，获得了良好的社会效益。截至 2021 年，丽声阅读系列一共拥有 20 多套图书，近 2000 册读物，销量超过 8000 万册，码洋达到 1.5 亿元。未来，丽声阅读系列仍将以三大产品线为主导，重点加强启蒙阶段支柱产品、亲子阅读产品品类的布局和投入。同时，积极响应国家有关弘扬中国优秀传统文化的号召，把增长点放在用英语讲好中国传统文化和数字平台自主研发上，不断补充、丰富和完善更多优质产品，服务广大教师、家长和孩子。

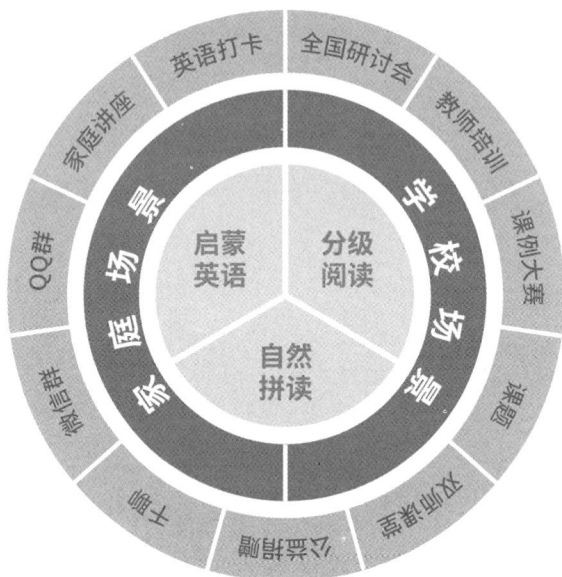

图1　丽声阅读系列

三、精品项目打造与人才培养的同频共振

（一）丽声项目引领的能力体系要素

丽声项目在 10 年的实践中，不断创新，在品牌和市场占有率不断攀升的同时，团队的积极性和创造力也在不断增强，成长为一支业务水平精湛的优秀出版队伍，形成了工作业绩与人才培养共促进、双提升的良好局面。具体说来，丽声团队的主要能力如下：

1. 职业素养。职业素养是指出版工作者在敬业精神的指导下，通过长期的职业实践，再经过有意识的学习和自觉的锤炼后而具备的胜任职业的综合素质，包括出版情怀、政治素养、职业道德等。打造高水平复合型人才团队，首先需要的是职业素养。我国出版史上每一个出版大家都有着精湛的职业素养。少儿读者与成人读者相比有其特殊性，其成长规律、学习规律、学习习惯、认知能力等都有其年龄特点。对于少儿出版工作者来讲，职业素养更加重要。

2. 项目管理。优秀选题的产生，只是精品项目的第一步。选题的落地和推广涉及重要的统筹规划问题。科学的项目管理能够保证精品项目的顺利推进和效益最大化。外研社丽声团队改变了传统图书出版活动的组织方式，积极合理地应用项目管理的方法来推进工作的开展，整体提升了工作效率和工作质量。在项目管理的方法理念下，丽声团队科学组织和开展出版项目和活动项目，为提高图书出版的质量和图书的销售量打下坚实基础。丽声团队还设计了动态的组织形式，保证资源之间的对接，能够灵活地完成工作任务与所需资源之间的匹配。

3. 知识技能。打造精品项目的目标下，丽声团队的角色不仅是内容生产者，还是平台建设者，更是基于数字资源的聚合连接者。丽声团队不仅要对英语教育教学、分级阅读以及外语学习规律有深刻的理解，更要具备市场营销、品牌传播、社群运营和数字平台打造等涉及内容、平台、受众、技术等多维度的知识结构与操作能力。这些知识技能突破传统职业属性的划分，直接推动团队不断迭代升级，发展成为复合型出版人才。

4. 终身学习。终身学习是指社会每个成员为适应社会发展和实现个体发展的需要，贯穿于人一生的、持续的学习过程。国际21世纪教育委员会在向联合国教科文组织提交的报告中指出："终身学习是21世纪人的通行证。"① 近年来，随着新技术的发展，出版的媒介和应用场景更新迭代，出版在内涵和外延上都发生了很大变化。丽声团队主动顺应信息化快速发展趋势，不断加宽知识储备口径，大大提升了融合出版的创新力、策划力和市场观察能力，锤炼出较强的内容发掘力、数字应用力和资源整合能力。

---

① 高志敏：《关于终身教育、终身学习与学习化社会理念的思考》，载《教育研究》2003年第1期，第79-85页。

（二）在精品项目打造中实现复合型出版团队培养的具体路径

在丽声项目的发展过程中，外研社也将丽声团队培养成为一支既精通传统出版，又熟悉数字出版的复合型人才队伍。分析其中的培养路径，具体如下：

首先，要以出版高质量发展的战略思维贯通复合型人才培养全过程。出版高质量发展必然要求出版人才培养体系从国家战略高度进行整体架构。因此，外研社一开始就是从服务国家出版高质量发展的高度去规划和推进丽声项目的，同时也把对丽声团队的培养作为打造复合型人才队伍的有益尝试。

其次，外研社聚焦人才选、用、育、留等关键环节，以精品出版项目的打造为重要路径，建立人才和业务协同发展的良好生态，加快推进复合型人才团队的培养。

对任何一个项目来讲，项目负责人都至关重要。因此，外研社首先把项目负责人的选拔、培养和使用作为项目打造和团队培养的重点和难点。丽声项目的负责人由少儿分社社长许海峰担任。许海峰先后在中小学英语工作室、研发中心、学术与辞书部、综合英语分社等多个部门工作，有丰富的策划和出版经验，敬业实干，学习能力强。其间多次获优秀干部、社长特别奖等荣誉称号。在他的带领下，丽声团队从几个人发展到20多人，从单一的编辑部发展成编辑部、策划部、美编部、市场部和数字开发部等多个部门。

在项目实施过程中，外研社对大项目进行有机分解，通过一个个子项目培养和锻炼丽声团队的复合能力，帮助每个人成为多面手。仅从一场大型研讨会的顺利召开来看，2~3个人员要在较短的时间里，完成主题策划、场地沟通、招生宣传、专家邀请、示范课学生接送、网络直播、设备租赁、突发事件处理、媒体专访、微信微博发布等多个环节，还要保证研讨会顺利组织，受众满意。在团队的共同努力下，丽声的研讨会多年来一直保持理论高度，同时又能满足教师实际的教学需求，每次参会人数都在千人以上，甚至有时候一座难求。受疫情影响，线上举办的"自然拼读与分级阅读教学云端研讨会"，则需要解决直播平台、公众号平台、RAYS平台、问卷系统、微信群裂变系统、智能客服、证书快递查询等多平台融合，克服长达24小时的视频无缝编导、剪辑等业务和技术困难，完成会议线上展示、多形式缴费、会议互动等多个环节的工作。市场部的同事转换身份成为线上客服、群主和技术支持，展现了专业的职业素养。在这些小项目、子项目中，丽声团队注重过程管理，鼓励创新，干部与员工、员工与员工之间以老带新、深层互动，团队成员能力得到了快速增长，涌现出一批品质过硬、能力全面、素质综合的干部和员工，部分青年员工逐步挑起大梁。

（三）创新考核激励，保障人才培养

科学的考评激励机制是出版企业实现人才培养的重要保障。因此，外研社紧密围绕人才培养目标和培养过程，设立考核与评价体系。

1. 建立对项目负责人放权和问责机制。外研社赋予项目负责人财务支配权、用人权、产品建议权、业务决策权和奖金分配权等，但是项目负责人必须对出版项目进行统筹规划、过程督导、结果验收等全流程管理工作，同时做好团队建设，提升团队核心竞争力。

2. 加大绩效考核力度、优化创新绩效考核激励制度。外研社关注除财务指标之外能够反映教育产品效果的指标，即外研社不以生产什么图书而是以图书和服务对用户产生的影响来评价绩效。同时，外研社在对丽声团队的考核中，将经营目标、业绩考核与激励措施有效结合，将定量考核与定性考核有效结合，将年度经营目标层层分解，要求团队逐级签订目标任务书，作为年底考核的基础。

3. 重视效果评价，积极扩大正向激励范围，增强激励的仪式感，增强考核奖惩信息的透明度，为优秀的员工提供管理通道与技术通道双向晋

升晋级的通路。通过营造融合发展的良好氛围，不断激发团队向复合型人才转型的自我驱动力。

4. 建立对出版项目的约束机制。外研社从监督视角促进项目实施程序公开、实体公正以及成果及时转化。约束机制一方面保障了出版项目的顺利进行，另一方面也保护了出版团队的健康发展。

四、结语

人作为生产关系中的核心要素，是提升生产力水平和激发体制机制创新的关键。① 复合型人才培养是构建出版高质量发展新格局的重要组成部分。外研社将精品出版项目打造与人才培养相结合，在精品出版项目的打造中勇于创新，不断探索，培养了一支适应出版高质量发展、促进产业优化升级的人才队伍。这一做法为我国出版业培养高层次、复合型出版人才提供了新的思路与经验。

---

① 戚聿东、刘欢欢：《数字经济下数据的生产要素属性及其市场化配置机制研究》，载《经济纵横》2020 年第 11 期，第 2、63 – 76 页。

知识流动视角下专业出版单位编辑人才培养体系搭建刍议

电子工业出版社有限公司人力资源部　潘　娅（主任）　赵丽波（主管）

【摘要】　本文从知识流动的视角出发，结合专业出版单位人才培养实践，提出通过合理控制知识流动授体和受体质量，构建编辑知识流动的基础设施，营造有利于编辑知识流动的具体情境，探索构建编辑人员从入社之初到成长成才的全过程培养的体系，从而提高组织内部编辑知识共享的水平和知识转化为生产能力的效率，促成编辑人才知识增长和能力提升。

【关键词】　知识流动；编辑人员；人才培养

人才培养的本质是知识在组织、群体和个人之间的流动。① 编辑人才培养本质上是出版单位为编辑人员创

---

① 曹明倩：《知识流动视域下的编辑人才培养》，载《出版发行研究》2019 年第 10 期，第 44 - 46 页。

造知识学习、内化和转化为生产能力的条件，促进编辑人员从幼稚走向成熟的过程。本文从知识流动的视角出发，结合电子工业出版社（以下简称"电子社"）人才培养工作实践，以复合型成熟编辑人才培养为目标，通过合理控制知识流动双方质量，营造有利于编辑知识流动的宏观环境和具体情境，促进组织内外部知识存量高的人员无意识、无方向的编辑知识溢出转化为有意识、有方向的知识流动，提高组织内部编辑知识共享的水平，促成编辑人才知识增长和能力提升，构建编辑人员从入社之初到成长成才的全过程培养的体系。

一、概念解析

1. 编辑人员

本文中，编辑人员是指在出版单位统筹出版产品选题、编辑、生产、运营、销售等整个生命周期各环节的出版专业技术人员。编辑人员处于整个出版工作的核心，是新时代出版单位核心竞争力的集中体现。专业出版单位编辑人员的培养目标应当是培养视野开阔、眼光独到、业务功底扎实、精通出版规律、精准把握发展趋势和读者需求、善于运用媒体融合和新技术手段的复合型成熟编辑人才。

2. 编辑知识

本文中，编辑知识是编辑人员开展工作所需要的信息、技能、素养和思维等素质的统称，可分为显性编辑知识和隐性编辑知识。显性编辑知识是可以通过媒介直接传播的知识，包括出版工作的理论政策、法律法规、专业领域知识、出版业务知识、职业规范、工作流程、方式方法等；隐性编辑知识是无法用语言确切描述或无法通过语言文字直接习得的知识，包括编辑个人工作经验、思维方式、沟通风格、价值观念、工作直觉和技能等。

3. 编辑知识流动

知识流动指在特定环境中，知识在有一定需求的主体之间，从知识存量高者流向知识存量低者的过程，授体、受体、势差和情境构成了知识流动的基本理论要素。[1] 编辑知识流动是指知识在编辑之间扩散、转移、共享，通过外显和内化使知识呈现螺旋上升以及由此促成的编辑知识增长、创新的过程。[2]

二、路径分析

（一）提高知识流动双方质量，合理控制知识势差

知识流动是知识由知识存量高的授体流向知识存量低的受体的过程。编辑知识流动要保持一定的层级，但是授体和受体之间知识层级的势差应相匹配。因此，把控知识流动双方质量成为做好组织知识流动的前提和基础。

1. 关口前移，从源头上把控知识流动受体质量

引进基本素质良好、有培养潜力、具有较强学习倾向性和目的性的知识流动受体是实现知识流动的前提，因此，专业出版单位应在人才引进的制度性设计中强化对知识流动受体已经具备的知识，如政治素质、基本素养、个性条件、专业知识和认识能力等方面的把关，从而有效降低因知识受体质量低下导致的知识势差，进而降低出版单位人才培养的失败风险和对知识受体已有隐性知识改造的难度。近年来，电子社围绕专业出版特色，在人才引进时着重加强对制造强国、网络强国等相关专业的应届生引进，打通引进通道的最后一公里，直接与出版细分领域对口的重点院校专业院系对接，挖掘政治意识端正、具有符合出版方向的专业背景知识、具

---

[1] 华连连、张悟移：《知识流动及其相关概念辨析》，载《情报杂志》2010 年第 10 期，第 112－116 页。

[2] 曹明倩：《知识流动视域下的编辑人才培养》，载《出版发行研究》2019 年第 10 期，第 44－46 页。

备出版专业技术人员培养潜力、有意愿进入知识服务和出版行业的高潜人才，并在顶层设计上配套待遇、福利方面的保护性措施，从源头确保了知识受体的总体质量。

2. 重心下沉，从工作一线发掘知识流动授体人选

发掘知识存量高、处于知识势差的高位、有知识扩散意愿的导师人选是促进知识流动的重要因素。专业出版单位经过多年的发展，在组织外部集聚了一支优质的、专业的作者和专家队伍，在组织内部沉淀了一批优秀的资深编辑人员，从而为知识流动授体的选择提供了很好的资源。出版单位可以充分整合出版专业技术人员继续教育资源、本单位优质作者资源，以及相关领域的专家资源等，作为高水平的知识流动授体；而更重要的是要优化完善员工导师制培养机制，在出版单位内部沉淀和汇聚一批有意愿、有能力进行知识分享的内部导师团队，从而更好地延续"以老带新"实时培养模式，近距离、经常性地对新人进行指导和交流，提高培养的针对性和有效性。近年来，电子社在人才培养方面加大对导师制的推进力度，在组织内部逐步形成知识共享和人才培养的共识，如发布了《关于建立导师制的实施办法》，遴选了一批资深编辑人员建立导师库，并对其进行赋能培训；在副总编辑、编辑序列高级岗位的职责描述和年度岗位责任书中明确了对人才培养和传帮带的要求，并搭建平台，为其进行交流分享提供机会；设置考核指标，对好的导师予以褒奖和肯定等，丰富导师出版职业成就感的内涵和外延。

（二）搭台挖渠，构建编辑知识流动的基础设施

知识存量高的授体无意识、无方向的知识溢出转化为有意识、有方向的知识流动需要具体的平台和渠道。根据编辑人员出版业务工作实际需要，编辑知识还可以分为共性知识和个性知识。针对编辑人员两种不同性质的知识需要，出版单位可以采用搭建平台交流和提供渠道自主学习两种方式予以满足。

1. 搭建平台，促进编辑人员共性知识交流

共性编辑知识主要由基础知识和业务知识两方面构成。对于出版基础知识需要，出版单位可以通过提供国家标准、单位编制的编校知识手册、案例集、全国宣传干部学院和编辑学会等行业组织的网络基础课程和前沿课程等公共平台的方式予以满足。对于业务发展中出现的难点和痛点，人力资源部门可以通过访谈、问卷调查等方式，从业务难点、知识存量、知识盲区等方面分别对出版管理和支撑部门、编辑人员进行需求调查和需求对比，确定出版业务发展需要与编辑人员知识需要的交集，进而搭建平台予以解决。如电子社每年开展培训需求调研，对于调研中发现的关于"选题、编辑、印制、营销、出版融合"等各环节最新的共性问题，组织出版管理部门和编辑人员进行交流，并邀请社内在某一问题上知识存量较高的员工进行专题分享，最大化促进教育培训与业务的同频共振，目前已形成"出版业务大讲堂"培训品牌，问题导向开展相关培训活动，得到广大编辑人员的认可。

2. 挖掘渠道，满足编辑人员个性知识需要

受出版领域、发展阶段等因素的影响，编辑人员对编辑知识的需要程度和侧重不同。因此，人力资源部门还应根据业务发展需要和出版领域门类细分编辑人员的"小群体"，与出版业务部门协同，制订针对不同群体、不同主题、不同类别的年度培训计划，有针对性地为某类人员提供"小课程"。如可以挖掘利用专业特色领域出版资源，为该领域编辑人员提供系列沙龙活动、参加学术交流或参观学习机会；设置员工外出教育培训制度性通道，发挥员工主观能动性，充分利用外部教育培训资源进行知识赋能；协助编辑人员参加相关行业协会和学会组织，拓展出版资源，满足编辑人员对某一细分领域发展了解的个性化需要。

（三）田间管理，营造编辑知识流动的具体情境

在势差控制合理的前提下，知识只有在合适的情境中才能实现有效流

动。合适的情境可以激发和提高知识流动双方的积极性和知识转化为生产能力的有效性。因此，针对不同发展阶段的编辑人员，应当制订具有针对性的具体培养方案，营造合适的微观情境，做好编辑人员从入社之始到成长成才的全过程管理，促进知识的流动和编辑人员的成长。

1. 管好第一印象，提高知识流动受体探索兴趣

专业出版单位引进的出版新人一般为相关专业领域的应届毕业生，对出版行业和出版单位缺乏了解。不同于学校教育，出版单位的培养主要针对的是出版专业的职业化训练、出版知识赋能和专业领域的知识更新。出版单位在出版新人成为编辑人员的最初阶段，应当围绕有利于增强出版新人行业荣誉感、组织归属感和职业认同感来营造知识流动情境，给还未职业化的出版新人留下良好的印象，激发出版新人对出版职业探索和出版专业知识的学习兴趣。出版单位可以在入社培训中设置各自独立但又一脉相承的课程体系，以打包的方式交付给新员工学习和使用，并结合参加书展、印刷博物馆、印刷单位等实践，正向引导出版工作和出版业的社会价值，生动展示出版行业和出版单位的发展历史、业务情况、企业文化、精神面貌，在此基础上，个性化定制出版新人在出版管理、市场营销等相关部门的轮岗实践锻炼，熟悉出版工作中的相关节点，帮助新员工从认知上尽快转变角色，形成对出版单位和出版工作良好的第一印象，为出版职业生涯系好第一颗纽扣。

2. 延展导师制，创造有利于隐性知识流动的情境

隐性知识是编辑人员和出版单位核心竞争能力之所在，但由于出版工作会面临不同场景，促进编辑知识流动不能一概而论；出版产品生产创造过程又没法简单记录，最有价值的隐性知识流动常常是偶然发生、非结构化的；隐性知识流动建立在授体和受体之间信任的基础上[①]，并且对环境

---

① 单伟、张庆普：《企业内隐性知识流动的社会交换机制》，载《科学与科学技术管理》2009 年第 5 期，第 90－94 页。

的依赖性较强①。因此，建立能够营造良好的隐性知识流动情境的工作机制成为人才培养的关键。以电子社编辑人员全过程培养体系为例，按照编辑人员专业成长和职业发展的逻辑，电子社将对编辑人员的培养划分为基础期、培育期、成熟期和提升期等几个环环相扣的培养阶段，具体如图1所示。

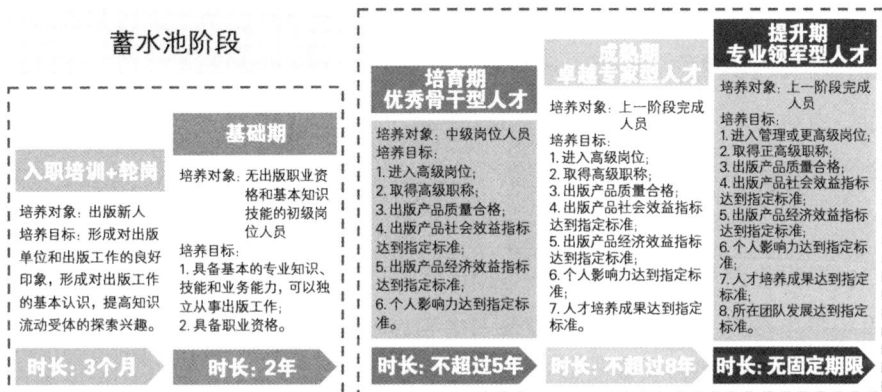

图1　编辑人员从入社之始到成长成才的全过程培养体系

在设置培养方案时把握好以下三点：

（1）针对每个阶段确定相应的遴选指标、支持政策、培养目标和考核指标。指标主要从岗位等级、职称等级、社会效益和经济效益的业绩表现（如图书销量、评选获奖、品种效益）、行业影响力（如社会兼职、论文发表、社会活动参与情况）等方面设置，确保培养方案与业务工作深度融合并协同共振，切实调动知识流动双方知识输出和学习的意愿。

（2）根据培养对象业务范围和双向沟通情况，为培养对象配备"业务＋成长"双导师，且高阶方案的培养对象可以担任低阶培养方案导师，

---

① 曹明倩：《知识流动视域下的编辑人才培养》，载《出版发行研究》2019年第10期，第44－47页。

实现知识流动授体和受体的灵活转变。

（3）针对每一位培养对象建立培养档案，并定期沟通反馈，确保各培养阶段传帮带工作在落实中有内容支撑、有实现方式、有考核依据、有实施效果，方便培养工作及时总结经验、解决问题、优化调整。

如此，通过导师与学员建立团队的强关系和培养方案进阶升级的竞争性两个因素，出版单位可以营造"岗位生产任务驱动＋专业导师把关引领"的知识流动小环境，促进隐性编辑知识的共享和流动，实现编辑人员业务开展、职业发展和个人成长协同促进的人才培养目标。

三、总结

出版单位要提供社会效益和经济效益俱佳的知识产品和服务，完成好出版工作举旗帜、聚民心、育新人、兴文化、展形象的使命任务，离不开具备良好脚力、眼力、脑力、笔力的复合型成熟编辑人才。立足新发展阶段，出版单位对复合型成熟编辑人才的需求更为强烈。当下，市场上复合型成熟编辑人才相对稀缺，此类人才供给当下只能以内部培养为主、外部引进为辅。因此，探索以符合单位实际情况的编辑人员培养模式，为推动出版业持续繁荣发展提供可靠的人才保证和智力支持，成为出版单位人才培养的当务之急。编辑人才培养不是一朝之功，出版单位须在搭建好人才培养四梁八柱的基础上，结合出版业态转型升级和知识服务业务变化，进行有针对性的复合型编辑人才培养。本文从知识流动的视角出发，结合出版单位人才队伍建设实务，提供一种专业出版单位编辑人才培养的新思路以供参考。未来，知识流动视角下对促进编辑人员隐性知识流动的具体手段和实务操作方法的探索可以作为出版业人力资源工作者努力的方向。

为编辑减负与出版的高质量发展

福建人民出版社综合编辑二室主任　何　欣

【摘要】　出版的高质量发展是新时代的要求，也是产业发展的必然趋势。迫于尚有改善空间的经济考核指标等原因导致的出版产能过剩，表现为品种过多，客观上产生了海量文字，这很大程度上超出了编辑的承受力，严重影响了编辑综合素质的提高。编辑工作是出版的中心环节。为编辑减负，才有提高编辑综合素质的可能，才能实现出版的高质量发展。

【关键词】　新时代的大趋势；多品种与大文字量；考核的科学化；编辑素质与出版的高质量发展

一、出版需要高质量的发展

各行各业都有一个从粗犷式发展到高质量发展的过

程。粉碎"四人帮"以后，我们国家百业待兴，出版面对的是文化沙漠，是举国上下的书荒。当时，随便推出什么书，都会被抢购一空，单本书印5万、10万册是司空见惯的事。在这样的历史背景下，为了满足广大人民群众如饥似渴的阅读要求，出版界的出书品种逐年攀升。与国家社会发展同步，出版也经历了从复苏到全面发展的过程。从出版机构数量看，1980年全国有出版社192家，[①] 2010年增至581家；[②] 从出书品种看，1980年出书2.1621万种，[③] 2016年增至49.9884万种。[④] 在相当一段时间，全国出书总量维持在50万种左右。现状是，重复出版、跟风出版、同质化出版的现象比较严重，有数量、缺质量，有高原、缺高峰，没有生命力的"翻过即扔"的图书比比皆是，图书总量严重过剩。

党的十九大报告明确提出："我国经济已由高速增长阶段转向高质量发展阶段，正处在转变发展方式、优化经济结构、转换增长动力的攻关期……必须坚持质量第一、效益优先，以供给侧结构性改革为主线，推动经济发展质量变革、效率变革、动力变革，提高全要素生产率。"[⑤] 原国家新闻出版署署长于友先指出："我们号称出版大国，有世界上规模最大的出版业，近些年每年出版图书产品50万种……但是能够成为经典的作品相对较少。中国在为国际社会提供智慧、思想和精神产品这方面还远远不够，每年影响世界的100本图书或25本图书，至今没有中国出版的图书……中国出版在国际上的真正影响力是远远不够的。在这样的背景下，

---

① 《1980年全国图书、杂志、报纸出版统计概述》，载《中国出版年鉴1981》，商务印书馆1981年版。

② 《2010年全国新闻出版业基本情况》，载《中国出版年鉴2011》，中国出版年鉴杂志社2011年版。

③ 《1976—1980年全国图书出版、发行增长情况》，载《中国出版年鉴1981》，商务印书馆1981年版。

④ 《2016年全国新闻出版业基本情况》，载《中国出版年鉴2017》，中国出版年鉴杂志社2017年版。

⑤ 习近平：《决胜全面建成小康社会　夺取新时代中国特色社会主义伟大胜利——在中国共产党第十九次全国代表大会上的报告》，人民出版社2017年版。

我们必须以全新的意识对出版发展谋篇布局，使之成为高质量发展中的重要支撑点和发力点，为人民群众提供丰富的精神食粮。"① 一切事物发展到一定阶段，都会寻求对自身的突破，寻求超越自我的路径，就像学生读书，一年级要上升到二年级，小学要上升到中学一样，就像手机从 3G、4G 到 5G 不断升级一样，这是大趋势。一般说来，每一次升级就是一次程度不同的进步。

显而易见，与其他各个行业一样，出版也有一个升级的问题，出版需要从粗放式发展转型为高质量发展，这是出版行业自身发展的需要，更是新时代人民群众对出版的要求。没有出版的高质量发展，就没有出版的未来。

二、目前出版相对的低质量状态及后果

出版的低质量状态，表现在方方面面，这里略举几例：

有的地方出版社对教材教辅依赖度较高，教材教辅甚至占总收入的百分之六七十，离开了教材教辅，立刻面临生存危机。

有的出版社做太多合作出版的书。或与单位合作，或与个人合作。因为出书者同时又是投资方，在不少情况下，出版社不得不有意无意地降低出版标准，迁就合作方的要求。这样的图书，有的是行业用书，有的读者面非常窄小，根本没有市场潜力，没有销售空间。很多图书出版之日，就是消亡之时。

有的出版社广种薄收，以品种谋优势。所谓走市场图书的品种太多，但大多品种读者认可度偏低，有的书出了头版就是绝版，重印率不高。

教材教辅、合作出版、一般图书的广种薄收，造成的直接后果是，具

---

① 于友先：《高质量发展是新时代出版的必由之路》，载《中国出版》2018 年第 17 期，第 14－18 页。

体出版社图书品种与文字总量，大大超过了编辑的承受力。有的出版社，从助编到编审，20个人左右，一年要出书五六百本；有的编辑，一个人一年担任责编的图书达六七百万字。

出版的海量文字，极大地消耗了编辑的精力。编辑们把太多精力用在这些低质量甚至可以说是垃圾图书上，客观上就没有时间和精力打磨精品。此外，更没有时间学习、充电，以致不少编辑除了做教辅和合作出版的图书，不会策划选题、不会审稿、不会把关……做优质、精品图书更是找不着北。

三、编辑超负荷劳动，成了编稿机器

最近，国家采取强有力的措施为中小学生减负。我认为，为了实现出版的高质量发展，也有一个为作为出版主体的编辑减负的问题。

编辑本应是精神产品的工程师，在海量低级文字的压迫下，变成了只对文字做技术处理的一般技工。编辑只是、只能做"技工"的工作，出版物的质量可想而知；只有"技工"，是支撑不起高质量的出版大厦的。

如上所述，一家20多个编辑的出版社要出五六百种图书，一个编辑看稿量高达六七百万字，这超出了编辑的承受力，违反了人的常态。哪怕只讲文字处理这样的技术工作，为了完成海量文字的编辑任务，许多编辑加班加点是常态。据我在出版界的横向交流，这种现象不是个别的。私下聊天，编辑们都说，现在的工作量多到让编辑喘不过气来，质检又严格到爆，加班加点是家常便饭，上班看稿，下班看稿，常常要忙到夜里十一二点，累得头昏眼花，只想赶快睡觉，因为第二天又是奋战的一天，真正是"白加黑、五加二"。

偶尔加班加点是可以也是应该的，但如果加班加点成了常态，有些单位的编辑甚至长年累月地加班加点，那么编辑的身心健康就遭到严重影响。在编辑岗位上的同志，十之七八都有程度不同的颈椎病。对编辑人力资源的过度使用，使得编辑因过度劳累而降低了工作质量，或是转岗，或是提早退出职业队伍，这些都是很常见的情况，这是对编辑生产力的损害。

如此繁忙，有时还是完不成接踵而至的工作。其结果，只能省略出版环节、省略出版程序，造成诸多后患。2019 年，国家新闻出版署组织开展了图书"质量管理 2019"专项工作……共抽查 100 家图书出版单位的 300 种图书，有 29 家图书出版单位的 35 种图书编校质量不合格，总体不合格率为 11.7%。① 这种状态下，不仅文字质量无法保障，内容质量更无从谈起。

四、需要对经济考核指标再审视

编辑本应该是图书生产的工程师，在海量文字的压迫下，成了图书生产流水线上的小技工。原因是多方面的。我认为，最主要的原因之一，是逐年增长的经济考核指标造成的层层施压。

给编辑减负，要从源头上解决问题，应该是真正的经济指标上的减负。既然社会效益高于经济效益，那么对编辑的经济考核要在出版社和编辑可以承受的范围。在对出版单位下达经济指标时，是不是要考虑图书市场总体萎缩的状况？是不是要考虑数字阅读客观上对传统出版业的冲击？总之，是不是要根据不断变化的出版大环境或增或减不断调整考核指标？在要求出版高质量发展的前提下，又要求出版利润的逐年增长，有的甚至要求两位数增长，这是不是科学的和可行的？所有这一切，都应该重新审视。

出版是赚不了大钱的，外国的老出版家早就说了，要赚大钱就不要搞出版。现在，有的出版单位，为了强调社会效益，在考核指标上增加社会

① 周玉波：《在新时代，出版业如何实现高质量发展》，2020 年 9 月 18 日，人民网－理论频道。

效益所占的百分比。这当然有一定的积极意义。但是，对经济效益的总收入、利润要求不变，甚至依然逐年增加。这样的所谓增加社会效益的百分比的调整，事实上只是半斤八两、朝三暮四，看上去有了重视社会效益的好名声，却并没有带来实质性的变化，经济压力没有减轻。

考核指标是指挥棒。哪一个编辑不想做好书，不想做能对文化积累有所贡献的书？编辑为什么要做那些烂教辅、垃圾书？从根本上讲，都是为了完成经济指标。我不是说可以不要经济指标，而是要强调指标的科学性和可行性。

如果对出版社和编辑的考核是建立在编辑总量之生产能力的可承受范围，不能说每一个具体的出版单位和编辑都能做到，但是图书品种的总量一定可以调整到合理的区位，编辑的文字量也一定可以相应地减少到可承受的范围。如此，各级出版管理部门对出书品种与文字量的科学掌控，将成为可能；编辑的解放，也有了基本前提，从而有了提升综合素质的空间与可能性。

最近，从中央到普通百姓，都在反思教育产业化问题。我们不能说出版产业化是错误的，但是，出版行业生产的是精神产品，承载着意识形态，我们是不是在推行出版产业化的过程中，要更大程度地关注它的非产业的精神属性？是不是也要适当地反思出版产业化，矫正出版的过分产业化倾向？

五、为编辑减负才能培养高素质编辑，从而实现出版的高质量发展

出版的高质量发展是一个系统工程，需要政策层面的引导，需要顶层设计以及出版单位的总体规划，等等。但是，出版的核心工作是编辑工作，编辑是出版工作的主体，人的因素是第一要素，要实现出版的高质量发展，首先要有高素质的编辑。

我们从图书出版的基本程序可以看出提高编辑综合素质的重要性。选

题的发现、挖掘、创新、完善，对书稿内容的把握与提升，编校水平的不断提高，新技术运用能力、营销推广能力、内容资源的全面开发、多平台传送等等，均高度依赖不断学习、与时俱进的优秀的编辑人才队伍，从而保障出版物的内容与编校质量。

互联网时代，大数据时代，是信息爆炸时代，这要求编辑每时每刻都要处在自我充电的状态。要学习新思想，了解新观点，掌握新信息，知晓新趋势，运用新技术。这一切，都要通过阅读、学习和思考才能获得。古人云，三日不读书，面目可憎。一个编辑，三日不学习，将面临被淘汰的境地。试想，一家出版社如果都是将被淘汰的编辑，那这家出版社不是离被淘汰也不太远了吗？

编辑工作自然要务实，但也要有务虚的时间。如上所述，目前的情况是，很多编辑不加班加点，就完不成文字工作，编辑很多时候成了编稿机器，根本没有时间做提高综合素质所必需的方方面面的工作。

我们知道，要做好编辑工作，第一，编辑要有时间思考。没有思考，怎么会有好的选题？第二，编辑需要调研。现在工作排得满满的，甚至没有出差的机会，怎么接触作者？编辑如果都没有时间出去与作者务务虚、聊聊天，探讨一些问题，实实在在的选题会从天上掉下来？除了作者，编辑还要市场调研。我们做的产品往哪里去？没有准确的市场信息，我们做什么与往哪里去都成了问题。第三，编辑需要阅读。编辑不读书或是没有时间读书，就好比运动员没有时间训练。编辑的阅读要求是全方位、多领域的，既要政治学习，又要业务充电；既要研究固有与潜在作者的著述情况，更要了解出版界的最新动态；既要不断地提高人文素养，还要掌握大数据、人工智能等日新月异、不断更新的技能与技术……总而言之，与出版社要升级、要高质量发展一样，编辑的知识也需要不断升级，要不断地接受新思想、新观念，要有新思维、新思路，掌握新技能，学习新方法。

编辑工作与作者著书立说有共同之处，都是复杂的精神活动。不能把编辑的时间排得满满的、任务压得实实的，编辑不是编稿机器，而是精神产品的设计师和工程师。我们固然要讲经济效益，但对于编辑这种生产精神产品的劳动者来说，经济效益真的不是最重要的；我们出的书要少一点，但要好一点。与其出版一堆只印一版的没有生命力的书，不如精心打磨几本能不断重印的有长远生命力的书。

只有为编辑减负了，编辑有了相对闲暇的时间，才能激活头脑，才有思想的灵光，也才有可能与作者互动，了解图书市场的真实情况，从而开发出优质选题，出版优质图书。

我们所说的出版的高质量发展，不就是多出好书、多出无愧于新时代的精品图书吗？没有编辑的全面发展，没有编辑综合素质的提升，就不可能有出版的高质量发展。出版单位只有树立"人才引领发展"理念，才能不断提升在精神产品市场的核心竞争力。

探究融媒体时代的出版人才画像和人才培育机制

重庆出版集团农家科技杂志社　李文萍

出版行业是文化领域的中流砥柱，可以说，中华民族灿若星河的文化跟出版行业的传承与创新密不可分。但在融媒体时代，出版行业正遭受新旧媒体交替的转型阵痛，曾经苦心经营的疆界和核心领域被不断侵入，业绩下滑、人才流失等问题接踵而至。要想真正破解出版行业发展关键期的难点、痛点，培育适合新时代的新型人才是必然趋势。本文研究融媒体时代出版行业发展的转变，总结新时代新型人才画像，提出新型人才培养的理论和模式，希望能抛砖引玉，引发行业人士的思考，在第二个百年奋斗目标新征程再交圆满的时代答卷。

一、新时代新特征："融"的精神贯穿始终

随着互联网技术的不断发展，融媒体成为时代产物。所谓融媒体，主要是指充分利用媒介载体，把广

播、电视、报纸、期刊书籍、互联网等进行人力、内容、宣传等方面的整合，实现"资源通融、内容兼融、宣传互融、利益共融"的新型媒体。目前，很多出版单位正尝试突破图书单一产品，满足读者不同层次的需求。比如有的出版单位利用微信公众号、抖音、微博等发布新书信息、折扣活动等，有的利用喜马拉雅、得到 APP 等开设音视频课程，但效果往往不尽如人意。究其原因，它们仅仅只是"触网"，实现内容和技术的简单叠加，而没有真正推动内容的"融合"。"融"的含义到底是什么？要想回答这个问题，我们先从三个维度来观察行业发展的转变。

维度一：读者深度参与出版，出版链条从线性到重叠

零售业"人货场"的概念在出版行业同样适用，作者创作作品，编辑将作品整理成书籍或者说货品，最终到书店、网络等场景进行销售。在传统出版行业，"人货场"的发生是线性的，只有前面环节完成才能推动后面环节，作者、编辑跟读者的沟通基本上也是单向输出，但进入互联网时代，这种"人货场"正在被重构。比如，作者在网络上连载小说，粉丝会跟作者互动留言，不断影响作者创作作品的走向。又比如，网络小说即将印刷出版，提前在网络上进行众筹、预售，产品还没出来就销售长虹。整个制作、销售流程从过去的线性变得有交叉、有重叠。

维度二：大数据反馈偏好，出版决策从经验到精准

跟传统出版脱离读者群体，囿于一室"闭门造车"不同，大数据的收集和应用能精准勾勒读者画像，分析书籍市场前景，帮助编辑从过去的"经验式"出版转变为"精准"出版。比如，通过数据的收集和加工，出版单位能清楚了解某类书的市场受欢迎程度、作者受欢迎程度、同类书籍销售库存情况，从而制订出版方向和首印数量。更甚者，可以分析读者的喜好和地址位置，有针对性地销售某类图书，提升销售效率，等等。

维度三：衍生品同步开发，出版业务从单一到全产业链

IP 成为互联网世界的新概念。各互联网公司都在打造 IP，并围绕 IP 开发衍生品。目前一些出版单位也在尝试整合单位的内容资源，围绕图书 IP，涉足影视剧、动漫、游戏、音视频移动产品等领域，形成全版权运作、全产业链开发的主题出版，既满足读者对内容和产品的多层次体验，又实现出版单位品牌影响力、综合效益的显著提升。

从上面的观察，我们可以发现互联网的世界，"融"的思想、"融"的运作无处不在。媒体融合并不是简单地将纸质的内容信息搬到网络上，而是思想、观念、机制、管理和运营的系统性转型，是在横向上跟各类技术的深度融合，也是在纵向上打通全产业链的深入布局。

二、新融合新思维："三层逻辑"成优秀出版人画像

融媒体时代的万物互融，对出版人提出了更高要求。出版人不再停留在简单的编辑、印刷和发行，彼此各司其职、单一封闭，而应该是擅长运用各种技术，打造畅销产品的"产品经理"，应该是具有全局观、思考产业链建设的"项目牵头人"。那么，一个优秀出版人的时代画像究竟是怎样的？

（一）底层逻辑之用户思维

如今，各行各业都流行"用户思维"的提法，"用户是谁""用户在哪儿""如何链接用户"的哲学三问成为时代之问，出版编辑也实现了从编辑到产品经理的身份转变。倾力打造时代爆品，需求分析是第一位。它不是闭门造车，自己说好，而是基于用户画像和标签，站在用户的角度，思考他们想看的内容、可能运用的场景，提出精准的问题解决方案，设计出有趣味性、有深度、能引发共鸣的优质作品。同时在产品设计的过程中，

编辑要兼顾产品定位、原型设计、技术运用、产品发布等各个环节，扮演设计者、创意者、管理者和运营者等多重角色，才能将高标准一以贯之。

（二）中层支撑之服务思维

从产品到服务的转变，是出版人能力的又一次升华。产品只是基于用户需求的解决方案，而服务则是解决方案的附加价值。编辑人员不仅需要关注读者需求，制订精准的产品解决方案，而且要深入思考如何进一步提升产品带给读者的价值，围绕读者的多元化需求开发增值服务。比如开发考试类、教材类、实务操作类图书，在扎实做好纸质图书的同时，考虑增加作者讲座、虚拟课堂、模拟题库、考试训练等内容，增强读者枯燥阅读外的生动性、实用性体验。而在数字出版领域，随时关注"客户的反馈"，根据客户的反馈进行内容的快速迭代、持续优化，也是基于对读者的服务思维。

（三）顶层能力之无边界思维

无边界，是指不将思维局限在某个范围内，没有产业、技术、产品和服务的边界，正如人们所说"就怕想不到，没有做不到"。大数据、云计算、物联网、人工智能、VR 等技术的应用，使得出版产品的呈现形态、传播渠道和接受方式更加多元，其原有的边界正在消失。优秀的出版人早已用开放的姿态去拥抱技术，用广阔的视野去延长产业链，一方面加大对新技术的学习和应用，如利用数字技术、二维码技术、H5 等，对图书进行数字化加工；另一方面基于全版权运作、全产业链开发的模式，尝试跨界整合，挖掘图书深层次的文化价值与精神内涵，打造"图书＋"产品矩阵。

三、新人才新模式："4321"炼成高素质人才集群

通过对行业的观察和总结，一个优秀出版人的画像已然非常清晰。但

现实情况是，很多出版单位并没能适应融媒体大趋势，思维方式和工作方式还停留在传统阶段。人才引进依然以文科生为主，缺乏对融媒体技术的应用，欠缺对市场的认识和快速反应，人才培养局限于大学课堂和在岗培训，重理论轻实践，重内容轻技术，导致出版行业严重匮乏技术性人才、复合型人才。基于此，我们提出"4321"人才培养策略，希望通过人才链的高质量发展，推动产业链的高质量发展。

（一）"4"是指打造编辑领域的"会""展""赛""论"

每年8月，中国国际智能产业博览会在重庆举办，重点围绕"会""展""赛""论"，集中展示全球智能产业的最新成果。多维度的视角让人们领略智能化魅力的同时，也激发了各行各业尖端人才的创新意识。这种模式适合丰富当前单一的人才培养体系。定期举办优秀编辑、优秀期刊交流会，举办优秀编辑作品巡回展，展开专业类的竞技比赛，举行编辑行业巅峰论坛，抑或是打造四者集于一身的行业峰会，围绕学科前沿、热点话题、重点项目等展开讨论和交流，全方位激活编辑人才对行业发展的热情和信心，强化其对专业能力的提升。各出版单位也应积极鼓励编辑参与，并形成绩效和薪酬上的奖励，甚至晋升的优先考虑。

（二）"3"是指长期培育出版编辑的政治观、价值观、职业观

出版编辑的政治观、价值观和职业观应该贯穿整个职业生涯。无论是大学通识课程的培养，还是编辑在岗培训，都应该将这"三观"融入其中。政治观是指强化出版人的政治导向功能，坚持马克思主义新闻观，坚持贯彻习近平总书记的新思想新理念，唱响中华民族伟大复兴主旋律。价值观是指培育出版人"社会效益第一"的公益精神，不能片面追求经济效益，忽视打造具有社会效益的精品、优品。而职业观则是指通过四力（脚力、眼力、脑力、笔力）培养出版人的选题策划、编辑校对能力。毕竟无论技术如何蝶变，内容和选题依然是最核心的竞争力。作为出版人，不能

怕苦怕累、粗制滥造，应该积极传承老一辈优秀编辑的四力实践，养成吃苦耐劳、勤勉耕耘的专业精神。

（三）"2"是指培育专科编辑和全科编辑

专科编辑和全科编辑的概念主要借用医疗行业的"专科医生"和"全科医生"。专业化是编辑发展的趋势之一，跟职业素养不同，主要是指编辑擅长和偏重的方向，比如教育出版方向、农业科技方向、文化理论方向等。这要求编辑在做好基础编辑工作的同时，积极提升专业方向的理论研究和实践经验，能以专业的策划赋予产品内涵。全科编辑则是融媒体时代下对高级编辑人才的要求，要求编辑既是通晓各个文化领域的"百晓生"，又是了解技术、擅长运用技术的"全能手"，更是有着统筹思维、顶层设计的"规划师"，简单说来就是能够整合一切资源、领域和技术，提供最优解的产品方案。

其培训体系大致如下：大学初期普及编辑通识课，完成编校、发行等基础知识。在通识课的基础上，鼓励学校和专业间联合授课，鼓励学生辅修第二专业，针对融媒体技术、各学科分支进行专业化学习，全方位培育"专家"。同时在通识教育和专业教育后深化全科教育，成立全科编辑教研室、全科编辑系或全科编辑学院，定向培养全科编辑，并鼓励已经踏上编辑岗位的出版人通过"规培"方式朝全科编辑方向进一步发展。值得注意的是，专科编辑和全科编辑在薪资待遇、社会认可等方面并没有孰优孰劣，只是职责分工不同，都开通各自的职级上升通道。

（四）"1"是指构建人才培训营

人才训练营起到的主要目的是招募优秀学员，针对学员的不同阶段提供培训，实现人才的能力进阶。这种想法来源于湖南广电的人才培养体系。其人才培养根据新人、成熟人才和高端人才的不同阶段，提供有针对性的培训。新人通过"芒果训练营"集训、跟班实习1~3个月等方式熟悉行业；成熟人才通过多项目集训、工作轮岗、职业规划等调试成长路径，转型制作人；高端人才则通过业务特训、创新项目等完成蜕变。在出版行业，鲜少有湖南广电这么完善的人才训练营和多阶段、多层次的培养体系。如果有，很可能是个人和单位的双赢，也是出版行业的幸事。实践人才训练营的出版单位极大可能会成为整个行业的"黄埔军校"。

四、结语

当前，出版行业正处于转型升级关键期，作为传播信息和文化的编辑，必须适应媒介融合的新趋势，融合新技能，融合新产业，推动产业的高质量发展。这就要求出版行业从机制体制、创新模式上着力，培养新型人才。然而"十年树木，百年树人"，人才培养是一个系统工程、长期工程，希望各出版单位抱着"久久为功"的决心和"功成不必在我，功成必定有我"的担当，打造出版人才集群。

新时代编辑力提升探究

江苏凤凰少年儿童出版社社长　王泳波

【摘要】　新时代下，我国出版业迈向高质量发展阶段，各出版机构注重精品生产体系建设，提升原创生产能力，履行企业文化责任。文章分析认为，在此过程中，众多出版人、名编辑多维度提升编辑力，通过明确自身的出版使命和文化担当，加强精品策划的力度和重点书系的生产，在图书编辑环节提高加工能力和服务水平等，锻造了一系列阅读精品，彰显了一定的社会效益。

【关键词】　编辑力；精品策划；编辑宗旨

进入新时代，我国出版业经历了高质量发展的一系列变革，出版机构进一步注重精品生产体系建设，提升原创生产能力，在各出版领域取得了丰硕的成果。党的十九届五中全会明确提出，把建成文化强国作为我国到

2035 年基本实现社会主义现代化的远景目标之一。这一宏大的时代课题，无疑将成为我国出版业最重大的历史使命。

在此背景下，提升编辑力业已成为诸多出版人、名编辑的一项重大而紧迫的出版任务。具体表现为进一步明确新时代出版工作的价值和意义，强化精品策划能力，提高对作品的加工能力和对作家的服务水平，从而锻造时代好书，彰显社会效益。

一、明确出版使命是编辑力提升的前提

现代文明视野下的出版，是一种价值观、文化观、文明观的表达和传递。不同国家和民族的地域环境、历史进程及文化视角各不相同，往往会形成各具形态的历史观、文化观、文明观。因而，人文社科出版传递的最重要的内容是社会和时代所秉承的思想观念和文化价值。时值"两个一百年"的交汇点和"百年未有之大变局"，在当下看出版，尤其需要我们出版人、名编辑不断思考、探究、发掘我们所从事的出版工作的根本价值。

因此，提高编辑力，首先需要我们出版人、名编辑充分认识到自身的文化使命和担当，认识到出版工作所追求和秉承的原创价值之所在，尤其要认识、理解当下出版所蕴含的思想价值、文化价值、时代价值，并能在纷繁复杂的时代变化中坚定出版的大方向。业界曾有编辑是"杂家"一说，就是指我们的编辑工作者尤其是人文社科出版人应能对文史哲领域广泛涉猎，在某些领域甚至有所专长，做专家中的"杂家"。否则，我们难以从历史、从现实出发，去全面、正确理解和应对立于时代之"大变局"，难以做一名合格的思想、文化的引领者，更难以在迈向出版强国的进程中成为一名优秀的文化传承者和创造者。

同样，少儿出版事业关乎民族未来一代的思想道德培养以及他们的身心健康成长，受到全社会的关切。长期以来，党和政府对少儿出版工作的重要性多有阐述，尤其是十八大以来，习近平总书记明确要求我们的少儿

出版工作"要教育引导广大少年儿童树立远大志向、培育美好心灵"①。"培养担当民族复兴大任的时代新人"成为少儿出版事业的根本目标，也成为少儿出版工作的根本宗旨。

如国家"十三五"出版规划期间，江苏凤凰少年儿童出版社（以下简称"苏少社"）通过深入学习习近平总书记系列讲话精神，充分认识到，时代呼唤优秀的少儿类主题出版读物，做好少儿主题出版是培育祖国接班人的一项重要出版工作。少儿出版界的出版人、名编辑要承担起时代赋予的使命和职责，唱响主旋律，壮大正能量，抓住青少年价值观形成和确定的关键时期，引导青少年扣好人生第一粒扣子。基于这一认识，苏少社经过出版实践，形成了新时代少儿类主题出版的宗旨，具体为：讴歌新时代，唱响主旋律，壮大正能量，为"培育时代新人"打造时代性、思想性、艺术性俱佳的精品力作。在这一宗旨的引领下，苏少社出版了《因为爸爸》等一系列优秀主题出版物，赢得了孩子们的喜爱，给予他们思想的启迪和心灵的滋养。

可见，在新时代下提升编辑力，出版人、名编辑必须认识和领悟到出版事业的价值所在，认识到党和政府赋予我们编辑工作者的使命和职责，更须在出版探索中不断明确我们所从事的各个出版门类的编辑宗旨，从而引导我们不断锻造精品，立德树人。这是我们出版事业迈向高质量发展的一个前提和保障，否则难免会堕入"只见树木，不见森林""盲人摸象"的偏狭状态，甚至南辕北辙，背离出版的初衷。

二、加强精品策划是编辑力突破的关键

现代出版越来越复合、融通，具有多维视野，蕴含多元价值，也愈加

---

① 习近平：《从小积极培育和践行社会主义核心价值观》，载《人民日报》2014年5月31日第2版。

注重文学审美的现代性表达和呈现。同样，新时代下的出版也越来越趋于成熟，体系庞杂，具有更为缜密的系统性。基于此，精品策划能力，成为当下出版人、名编辑在出版创新过程中最重要的一种编辑力。

从内容资源端看，各出版机构越来越注重内容资源的体系建设，逐步形成新的时空环境下的精品生产体系，这一体系是一个立足于作者资源、专家资源、编辑队伍、媒介推广、海外输出以及数字化、IP 开发等各种生产要素，不断进行资源统筹、优化、组合的整体性建设。出版人、名编辑是这一体系的第一推动者，更是这一体系从始至终的建设者、驾驭者。他们通过带领内容生产各环节的力量，促使体系中各生产要素形成互动、联动、融合，从而实现创意、创作、编辑、推广一体化的良性状态。

从精品生产端看，出版人、名编辑始终处于出版信息源的前端，能从更宏大的角度，敏捷、精准地去捕捉人文领域的各种前沿思想、研究趋势、社会热点等，因而能带动编辑队伍更专业、更有效地开发优质选题，打造精品好书、书系。尤其是在高质量发展的背景下，出版人、名编辑深耕各自的专业领域，能创造性地研发选题，锻造时代阅读精品。如苏少社名编辑陈文瑛及时了解到警营作家韩青辰准备撰写关于警察家庭留守儿童的成长故事，就与她保持沟通，一起完善了《因为爸爸》的创作思路，并为其创作提供了很多专业性支持。作品最终得以完美呈现，出版后深受孩子们的喜爱，于 2019 年荣获中宣部第十五届精神文明建设"五个一工程"奖。

名编辑在对生产结构具有建设性、拉动性图书大系的研发过程中，发挥着越来越重要的作用，承担着越来越重要的"戏份"。如苏少社名编辑陈艳梅负责承担"童心向党·百年辉煌"书系项目，她与团队提前两年谋划，统筹党史专家资源和创作资源，对书系的体例结构不断打磨、调整与优化，最终将这一书系打造为迎接建党 100 周年、适合儿童阅读的党史学习教育图书。该书系的成功运作，也提升了苏少社低幼板块的影响力。

可见，新时代下，出版人、名编辑须具备强大的精品策划力，而这种策划力是在动态活跃的出版思考和专业实践中培育形成的。这种策划力显然与某一出版机构的整体编辑力息息相关，它直接影响着出版机构的精品生产能力，也是出版机构编辑力实现突破的关键所在。

三、突显编辑价值是编辑力升华的必然

一部好作品的诞生，离不开名编辑的修改加工。古今中外的图书出版行为，最后都是通过编辑去落定的。编辑的文学素养、文字功底、思维眼界等，也就或多或少影响着其所编辑的图书的品质，甚至决定了这本书的命运。这样的书籍编辑案例比比皆是。

名编辑，首先要具备强大的文本处理能力。做编辑要随时准备做作者的"一字师"。[①] 著名儿童文学作家曹文轩教授说过，好作品是一遍遍改出来的。同理，一本好书，也是在编辑过程中，通过编辑的手，认真细致地加工润色出来的。编辑必须是"语言大师"，他们似乎有火眼金睛，能一眼看出文本中的那些文字错误、文史错误、常识错误，及时加以改正；他们也能妙笔生花，使得文本中疙里疙瘩的表述变得通畅；他们同样能大刀阔斧，毫不留情地对文本中多余的、冗长的表述加以删减。

如二十一世纪出版社的名编辑谈炜萍约到作家杨学军的书稿《巴颜喀拉山的孩子》后，研读作品，将有待商榷的地方细挑出来，对书稿的儿童视角、细节尺度、故事基调等方面提出有价值的修改建议。经过四度易稿，才成就了今日这部《巴颜喀拉山的孩子》。[②] 这样的名编辑，在编辑工作中游刃有余，看似毫不费力，其实是十年如一日，深耕文本，持之以恒地锤炼自身的文学功力，从而成为文字处理上的行家里手。

---

① 聂震宁：《出版业高质量发展离不开扎实基本功》，载《中国新闻出版广电报》2020年11月17日第6版。

② 谈炜萍：《初出茅庐的编辑如何做出政府奖图书奖作品？》，载《中国出版传媒商报》2021年7月2日第20版。

名编辑，还须以编辑家、出版家的姿态面对作家和文本。学养丰厚的编辑，与诸多作家、理论家、艺术家等都保持着亦师亦友的关系，他们在交流沟通中，相互激发、相互指正，共同为独特的创意诞生、精品的顺利出版而不懈努力。名编辑同样是一位"思想家"，其理应具备与文明、与文化对话的能力，无论遇到什么样的"大咖"权威，都能侃侃而谈，应对自如。这样的素养和能力，使得他们能在纷繁复杂的时代下，保证作品的思想导向，驾驭图书的文学品质，增强书籍的艺术气息，最终锻造出能给予读者思想启迪和审美享受，令他们爱不释手的精品好书。

在高质量发展的维度下，守株待兔、等稿上门的时代一去不复返了。名编辑又像是"魔法师"，围绕着一个选题的诞生，他们要做大量策划创意、市场调研、选择作者等工作，可谓费尽心机；物色好作者，在书稿的创作思路形成、体例结构搭建甚或故事情节设置、人物性格刻画等环节中，名编辑要为作者提供大量的"创作前置"服务。这样的服务，业已成为诸多优秀作品诞生过程中不可或缺的一种保障。如著名作家黄蓓佳在创作抗战题材儿童小说《野蜂飞舞》时，苏少社名编辑钟小羽不仅与作家一起远赴重庆华西坝采风，还帮助她搜集了大量20世纪三四十年代的史料，甚至包括当时的日用品价格和运动衣款式。这部小说主题重大，但故事细节非常细腻、生动，名编辑的"创作前置"服务功不可没。

同样，进入新媒体营销时代，名编辑需要围绕作者、作品，做数不胜数的宣传推广工作。新书的创作主旨、文学价值、艺术创新以及生动的情节、鲜活的人物形象……他们都要以简练的文字加以概括，不乏幽默风趣的表述，再加上绘声绘色的图片、视频展示，然后通过专业媒体、微信公众号、自媒体、销售平台及其他媒介加以传播。名编辑经常直接走到第一线，在各种展会、宣传活动、直播带货中成为"主力队员"，为图书的宣传、营销摇旗呐喊。因为在移动互联主宰着的市场环境下，好的"吆喝"往往能一锤定音，促使一本好书被一次次"下单"，走进千万个读者家中。这些宣传推广工作，都是以吸引读者、带动购买力为目的，其中饱含着编辑们对书籍的呵护，寄托着编辑们对书籍能够畅销的渴望，个中滋味只有编辑自己才能体会。

四、结语

新时代下，实现"人民精神文化生活日益丰富，中华文化影响力进一步提升，中华民族凝聚力进一步增强"① 已成为每位出版人、名编辑的远大目标。作为出版人、名编辑，始终要去寻找那"一个人"、打造那"一本书"，也就是始终要去寻找、发现、培养、打造最称意的作家、作者，始终追求做一本能立于时代的好书、大书——这应是每一位出版人、名编辑的初心和使命。"伟大的时代呼唤伟大的文学作品。"② 同样，新时代呼唤能传承中华文明、反映时代进步、讴歌时代精神的优秀出版物，我们出版人、名编辑应继续为这个伟大的时代锻造精品好书，不负时代，不负读者。

---

① 《中国共产党第十九届中央委员会第五次全体会议公报》，人民出版社 2020 年版，第 11 页。

② 铁凝：《伟大的时代呼唤伟大的文学作品》，载《光明日报》2017 年 11 月 16 日第 6 版。

融合发展　守正创新：
新时代出版行业与人才培养

中国传媒大学　郑志亮　田胜立　李忆箫

【摘要】　媒体深度融合背景下的融合出版是强调内容生产模式、运作整合流程、传播载体终端、学习讲化形态等多位一体的数字化新型出版。从出版与人才的辩证关系来看，只有在人才培养上提速增效，才能确保高质量发展战略在出版领域充分落实。从价值理性与工具理性的关系来看，出版人才培养既要在"道"的思想层面坚持价值理性引领，守正创新，又要在"术"的实践层面遵循工具理性规律，技术赋能。从执行主体来看，高校的编辑出版教育、业界的从业人员培训，都应把握"道"与"术"的辩证统一，全面提升编辑出版人才质量，为新时代新征程提供队伍保障。

【关键词】　融合出版；人才培养；高质量发展；高校教育

党的十九大报告指出，中国特色社会主义进入新时代，强调发展的质量和效益。新时代的融合出版是数字化新型出版，强调内容生产模式、运作整合流程、传播载体终端、学习进化形态等多位一体、有机统一。传播、出版、教育的关系被重构，传统出版人才面临技术与思维的双重挑战。此前人社部公布"直播销售员"这一新职业，在编辑出版领域，多数出版社却尚未拥有自己的直播销售员，只好由未经培训的编辑充任。这些编辑虽然熟悉图书内容，却不了解直播这一新型传播样态的特点和规律，缺乏面对受众的亲和力与销售技巧，难以在直播中吸粉。再加上选品不当和仓促上阵，约95%的直播场均人数不足千人，传播效果不佳。如果编辑出版人才能够掌握以直播为代表的新兴行业特点以及互联网思维下用户心理的底层逻辑，就能够借助新形式和新技术为出版内容添砖加瓦。因此，一切调整与改革的关键都离不开人的因素，编辑出版人才的转型创新刻不容缓。

从出版与人才的辩证关系来看，出版行业是外部性、硬性的保障，人才培养是内部性、软性的变革。只有在出版人才培养上提速增效，才能确保高质量发展战略在出版领域充分落实，真正发挥编辑出版、融合出版的内在驱动力。一方面，在"道"的思想上坚持价值理性引领，发挥马克思主义新闻观和习近平新时代中国特色社会主义思想对新时代出版行业与编辑人才的指导作用；另一方面，在"术"的实践上遵循工具理性的应用导向，在媒体融合背景下深耕融合出版，强化新技术为出版产品和业态赋能，提升出版人才的技术应用力与社会责任感。从执行主体来看，业界的从业人员培训、高校的编辑出版教育，都应当从"道"的价值理性和"术"的工具理性两个层面着手，全面提升编辑出版人才质量，充分释放人才活力，为新征程提供队伍保障，占据舆论引导、思想引领、文化传承、服务人民的传播制高点。

一、人才之"道"：价值理性守正创新

从社会环境来看，全球后疫情时期和国内全面小康的现实背景，亟须思想文化领域的高质量编辑出版来推动社会健康稳定发展；从媒体环境来看，媒体融合纵深发展带来万众皆媒、融合出版新格局，单一的纸质出版和传统从业者受到挑战。作为上层建筑意识形态领域重要组成部分的编辑出版行业，需在马克思主义和习近平新时代中国特色社会主义的指导下发挥治国理政、定国安邦的作用。

因此，新时代的编辑出版人才既要紧跟变化大胆创新，更要坚定立场做好守正，从国家站位高度找准自身坐标，以价值理性引领工具理性发展，围绕举旗帜、聚民心、育新人、兴文化、展形象的使命任务推进社会主义文化强国建设。

（一）守正：政治方向引领出版导向

新时代的编辑出版人才首先是政治素质过硬、理想信念坚定的人才。习近平总书记指出："宣传思想工作就是要巩固马克思主义在意识形态领域的指导地位，巩固全党全国人民团结奋斗的共同思想基础。"培养新时代的编辑出版人才需要专业性与政治性有机统一，不仅要提升其编辑出版专业能力，更要把"在危机和挑战中深入传播党的声音，反映人民心声，承担社会责任和维护公共利益"[1] 这一出版价值观放在首位。在发声渠道技术不断下沉的新时代，比提升出版技能更迫切的，是从党性与人民性相统一的高度重塑编辑出版工作者的理想情怀，以社会主义核心价值观引领编辑出版事业。

坚持正确的政治方向和出版导向，服务国家战略大局。出版行业是重要的宣传阵地，严把政治关是新时代出版的生命线。出版人才要不断强化政治意识，坚定正确的政治立场不动摇，坚持正确的舆论导向不动摇，坚守主流意识形态地位不动摇，传递社会主义核心价值观和时代正能量。国

---

[1] 王君：《浅谈全媒体人才的能力结构及培养途径》，载《求贤》2020 年第 11 期，第 52－54 页。

家广播电视总局组织开展的"理想照耀中国——庆祝中国共产党成立100周年主题作品创作展播活动"，在建党百年华诞之际推出《山海情》《觉醒年代》《光荣与梦想》等优质电视剧作品和《山河岁月》等优秀纪录片，还原英雄图谱，谱写红色赞歌，突破圈层壁垒，引发思考共鸣。新时代的编辑出版需在纷繁复杂的舆论场中始终坚持政治意识、大局意识、核心意识、看齐意识，以正确的政治方向引领出版导向和出版实践，主动适应和满足国家发展战略目标需求，让出版作品与时代脉搏同频共振。

坚持以人民为中心的出版工作导向，满足人民精神需要。编辑出版家叶圣陶先生认为，"编辑工作是教育工作，编辑也是教育工作者"①。出版物是文化积累、传承、传播、交流的重要载体，为全社会提供文化服务与精神满足，履行文化使命。广东科技出版社、湖北科技出版社、人民卫生出版社在疫情暴发后率先推出新冠肺炎防护图书，而后多家出版单位高效策划出版实用类、纪实类、少儿类等抗疫图书，及时满足了特殊时期全社会的信息获取与阅读需求。五洲传播出版社还联合人民卫生出版社推出英语、意大利语、日语、韩语、法语、西班牙语、波斯语共7种语言文字的《新型冠状病毒肺炎公众防护手册》，为海外民众抗击疫情提供及时有效的经验参考，体现出我国在编辑出版领域的负责任大国形象，与世界人民同心同行，守望相助。

（二）创新：融合思维重塑出版流程

新时代，媒体融合纵深发展，人类信息交互呈现全程、全息、全员、全效的特点，出版生态发生颠覆性转变。加快融入数字出版，抢占新的传播制高点，成为新时代出版界共识。出版人才需在融合出版思维的指导下，不断创新和优化出版产品，既在内容上保证读者迅速获取有效信息，

---

① 卢旖旎：《新时代编辑的使命担当及人才培养体系建设》，载《出版广角》2021年第2期，第24-26页。

又在形式上通过视觉化呈现、交互式设计等方式提高用户参与感和体验感，使融合出版流程更具整合性。2020年4月23日（世界读书日）举行的数字阅读云大会首次采用虚拟会场的方式，以H5作为官方互动平台，总访问量超过3000万人次，微博、微信、抖音、快手等MCN矩阵账号总阅读量达3.84亿次。借助云平台与网络技术提升编辑出版行业的传播力、影响力，是融合出版创新在中观组织层面和微观生产流程的重要发力点。

中观层面，融合出版需解决拥有技术一方在优势地位、拥有内容和出版权一方在弱势地位的问题，打造出版资源数据库。基于移动互联网技术的融合出版不仅能够整合传统出版的内容资源和排版方式，为读者提供全方位、个性化的知识信息服务，还能够为用户与用户、用户与作者、用户与编辑之间的交流互动提供有效平台，从而平衡技术优势与内容优势。中国传媒大学联合人民网、党建网等权威平台，打造集党建、教育、文化服务、红色旅游等功能于一体的红色资源数字化平台，用户扫描二维码就能够身临其境地了解各地红色革命纪念馆中的红色文物故事和英雄人物事迹，在沉浸式参与中强化全社会对红色精神与百年党史的认同感。这样的创新出版方式还打破了传统纸质出版的困局，将全国的红色资源整合联动汇集在云端，形成动态发展的红色文化资源数据库，发挥出版资源数据库的资源性基础地位。

微观层面，融合出版需贯彻出版工作各环节，实现从策划、制作到传播、运营的全流程覆盖。随着传统出版业的边界拓展，以单一纸质内容生产为中心的出版体系不复存在。融合出版人才需要利用大数据、传感器、VR等新技术制作和管理出版产品，根据不同媒介特性改造内容呈现形式，真正做到出版内容的一体化生产、多样化发布、多渠道传播，扩大出版产品的覆盖范围与社会影响力。既通过大数据、云计算、二维码识别、AR、VR等技术，助推传统出版与新兴出版有机融合，也借助微信、微博、移动端APP等平台，实现出版分发模式的推陈出新，适配不同终端受众的个性化需求。美丽科学作为国际化的科学教育和科学文化品牌，针对小学科学、中学实验、科学科普等领域不断推出融合出版作品，其中，"嗨！元素"系列科学漫画以拟人化的二次元形象和生动有趣的视频故事讲述化学元素知识，符合学生群体的接受方式，让用户在沉浸式参与中学以致用，寓教于乐。

二、人才之"术"：工具理性贯通赋能

党的十九届五中全会提出，坚持创新在我国现代化建设全局中的核心地位，深入实施科教兴国战略、人才强国战略、创新驱动发展战略，激发人才创新活力。对编辑出版行业而言，除了在"道"的思想层面坚持价值理性引领，还要在"术"的实践层面推动工具理性应用，提升技术创新对融合出版的促进作用。通过自身培养、外部引进、合作交流、外聘借智等方式，不断提升专业人才队伍素质，充分释放人才活力。从执行主体来看，业界的从业人员培训、高校的编辑出版教育，都应当从"道"与"术"的辩证统一中把握价值理性和工具理性的关系，全面提升编辑出版人才队伍质量，在新时代把握出版传播制高点。

（一）在职培训优化行业中坚力量

新时代的出版人才需要掌握新技术，驾驭新业态。随着网络传播技术与智能媒体技术的跨界应用，大数据抓取、无人机采集、VR制作、交互式传播等技术越来越多地应用于编辑出版领域，成为融合出版新方向。推动传统编辑出版人员转型，使其尽快掌握新时代融合出版的新理念、新技能，是出版人才队伍建设的当务之急。如果大部分出版从业者能够在自己熟悉的专业领域，把传统出版物的主打产品融进新兴技术，取得综合效益，就实现了人才与业态的融合发展。新华社、人民日报等主流媒体将对编辑出版从业人员的智能技术培训提上日程，无人机、VR等成为一线业务人员的常规配备。地方媒体同样致力于以新技术提高出版产品的趣味性

和可读性，凝聚社会共识。2020 年 3 月，为感谢 31 支援鄂医疗队凯旋，《湖北日报》依托融媒体矩阵，结合图片、视频和 H5 等多种融媒体形态，打造抗击疫情融媒体产品《致敬仁心　感恩大爱》《"琼"尽全力　情暖千湖》《"荆"生今世　　"粤"来越好》《"晋"心尽力　驰援四市》等 31 篇报道，并发起微博话题 "32 封情书致敬英雄"，阅读量达 867 万。

新时代的出版人才还需具备媒体进化和自我进化能力。在人机协作的智能媒体时代，新技术是表象，其背后是不断学习进化的底层逻辑：如何在技术日新月异的变革中找准自身定位，实现人与技术协作共赢，并始终保持人对技术的驾驭控制能力？从技术发展史来看，新技术的出现是为解放人类而非取代人类。出版从业者需要与智能技术相互配合，用技术的优势辅佐人力的不足，以人类不可替代的特性弥补机器的短板。从技术的现实应用来看，两会报道和出版产品经历了 2019 年 "小彭 vlog" 和 AR 眼镜直播，2020 年 AI 主播和远程云端，2021 年 5G 沉浸式多地跨屏访谈……日益具有现场感和沉浸式的视听互动体验开启了两会报道与编辑出版的新时代，也是技术日新月异变革中始终保证人对技术驾驭权的生动体现。

（二）薪资待遇保证优质新鲜血液

习近平总书记在党的新闻舆论工作座谈会上的重要讲话中强调："要深化新闻单位干部人事制度改革，对新闻舆论工作者在政治上充分信任、工作上大胆使用、生活上真诚关心、待遇上及时保障。"长期以来，我国编辑出版领域在 "事业化单位，企业化管理" 的运营体制下，面临用人僵化、人才流失等问题，在分配考核机制和人才引进模式上都亟须通过优化薪资待遇进行革新。

在分配考核机制上，企业化运作的出版单位需要制订公平合理的分配考核方案，对接市场薪酬标准，考虑以岗定薪、量化考核、多劳多得。济南广播电视台推行 "频道＋公司" 和工作室、事业部模式，通过项目化管理、市场化运作、全成本核算，激发从业人员的积极性与创造性，真正做到"用薪酬留人""用待遇留人"。深圳广播电影电视集团规定新媒体考核占比要达到传统媒体部门考核分数的一定比例，同时制定各类项目奖励和个人盈收分成，鼓励优秀人才流向新媒体端，用人才优势提高媒体自身的核心竞争力。

在人才引进模式上，实行更加积极、开放、有效的人才引进政策，把更多熟悉新媒体新技术的中青年优秀人才充实到关键岗位，提高编辑出版行业竞争力。既可以通过校园招聘引入高校"新鲜血液"，培育本单位的人才梯队，也可以对标头部互联网企业，通过社会招聘形成多元化、专业化的人才队伍，还可以建立项目制、工作室等制度，充分给予编辑出版部全体人员成长发展的平台和空间。人民日报的工作室制度允许员工根据自身兴趣、能力、资源，跨部门进行自愿结组，成立相应领域和选题报道的融媒体工作室，充分释放人才活力，创作出诸如"你好明天""麻辣财经"等用户喜闻乐见的优质融媒体产品和融合出版栏目。

（三）高校教育培养优质后备人才

党的十九大报告强调指出，落实立德树人根本任务。教育的终极目的是发现人的价值，激活人的潜能，发展人的个性。无论技术和时代发生了怎样的变化，推动编辑出版行业高质量发展进而服务国家建设大局，都要以人才队伍为根本保障。对新时代的编辑出版人才而言，技能上的"全"只是培养目标之一，全媒体意识下的社会责任感、全媒体视野下的内容生产力，都需要在高校教育阶段有意识地培养和训练。

新时代的编辑出版人才应当具备全媒体意识下的社会责任感。对编辑出版人才的教育在遵循教育普遍规律的同时，还应当注意到出版与传媒教育的特殊性，即其作为上层建筑意识形态领域的组成部分，对社会现实具有重构、塑造作用。这种塑造力量不仅在于精神层面的价值观涵化，也在于实体层面出版产品对社会现实的影响。2017 年以来，中国传媒大学推出师生共同参与的"光明影院"项目，针对我国 1732 万多视障人士制作无障碍电影，每年稳定推出 104 部优质影片的无障碍版本，保证中国的视障人士每周有欣赏 2 部电影的机会，使超过 200 万盲人受益。"光明影院"项目通过为残障人士铺设一条彰显人文关怀、传播文化成果的"文化盲道"，在实践中引导学生将专业技能与社会责任结合起来，生产制作出符合新时代国家战略需求和人民文化需要的高质量出版产品，推动社会公平，促进发展成果共享。

新时代的编辑出版人才应当具备全媒体视野下的内容生产力与社会连接能力，即把内容传播与社会公共议程相结合的能力。这需要新闻传播与编辑出版学子具备敏锐的思维和明辨是非的判断力，把关乎具体事件、话题的融媒体出版产品与当下社会的公共议程相结合。2020 年立春和元宵佳节之际，中国传媒大学师生团队设计、制作了"我想对医护人员说""我想对祖国说"电子贺卡，将问候佳节与防疫抗疫结合，通过社交媒体的广泛转发，号召网友传递大爱、祝福平安，营造了众志成城的舆论氛围。电子贺卡与社交媒体这类云上空间具有异地同在性，身在防疫一线的编辑记者得以突破地域所限，与新闻学子"隔空对话"，与社会公共议程同频共振。

在高校教育阶段，新时代的编辑出版人才既要掌握专业知识技能，更要培养时代使命感与社会责任感。高校作为科研学术与实践教学的统一体，还可以充分依托自身优势，发挥学界力量，联合业界前沿，打造融合发展重点实验室，使编辑出版专业教育与服务党和国家发展大局、满足全社会精神文化需求紧密联系。

三、结语：价值引领技术超越

随着高速移动互联网络时代的到来，人工智能技术与媒体产业深度融合，媒介与社会一体同构的智能媒介化社会日益成为现实。自成一体、单向传播的出版行业不复存在，整个世界都处在向高度互联与线上关联的转型过渡中，社会由此变得更具流动性、更加不可预测。正如尼尔·波兹曼所言："每一种技术都既是包袱又是恩赐，不是非此即彼的结果，而是利弊同在的产物。"

面对新时代给编辑出版行业带来的变革与挑战，对出版人才的培养要秉持辩证的观点，一方面顺应传媒业态的变迁，积极转型变革拥抱新技术，另一方面坚守正确政治站位的立场，在人文价值理性的指导下为出版产品把关，在学校教育和在职培训两个主场推进出版人才创新教育。编辑出版工作要深入贯彻新发展理念，实现高质量发展，服务于国家的发展大局，满足社会文化需求。这既是社会主义新时代出版行业的历史使命，也是编辑从业者的责任担当。

新时代，融合出版与人才培养之间的辩证联系不断深化，后者为前者提供动力源泉和生产力，前者为后者提供政策指导与环境保障。只有将融合出版人才培养与融合出版业态发展趋势进行准确对接、有机融合，才能确保二者在节奏步调上的一致性，从根本上打造一支政治过硬、业务精湛、作风优良、党和人民放心的宣传思想工作队伍，让编辑出版工作者更好地成为大政方针的传播者、时代风云的记录者、社会进步的推动者、公平正义的守望者。

我国出版专业教育新形势与人才培养路径探究

北京印刷学院　陈怡颖　张文红

【摘要】　本文通过分析当下出版专业教育的新形势，探究出版专业人才培养新路径。出版专业教育要深耕新文科建设土壤，探索出版专业人才培养新思路；要结合疫情常态化背景，构建出版专业人才教育新形式；要面向智媒时代，打造出版专业人才技能培养新实践。

【关键词】　出版专业；出版教育；出版人才培养

我国的出版教育自新中国成立伊始，度过了一段缓慢发展期。改革开放以后，随着出版业大发展大繁荣，我国的出版教育开始取得较大发展，截至目前已基本覆盖高等教育的各阶段，初步构建了从高等职业教育（专科）、本科生教育、硕士研究生教育到博士研究生教育的多层次人才培养体系。2020 年，在双一流高校和高精尖学科的建设推动下，在出版学设为一级学科的呼声中，在疫情常态化的后疫情时代里，在智能媒体的技术进步浪潮中，面对不断变化的出版市场人才需求，我国出版专业教育形势发生了一些变化。

一、2020 年出版教育新形势

（一）疫情倒逼出版产业结构升级，在线教育提供出版教育新形式

2020 年初，新型冠状病毒疫情暴发，给整个社会带来巨大冲击，对全国各行各业人民的生产、生活、工作和学习都产生了巨大的影响。出版界也不例外，疫情按下的暂停键使得传统的出版企业陷入巨大的困境，倒逼其加快出版融合创新发展的步伐。推动传统出版数字化转型升级，政策层面早已构建积极引导的长效机制，但不少传统出版企业并未充分响应国家号召，将数字出版布局局限在"表面功夫"，直至疫情期间，学校停课、工厂停工、书店停业，全社会的生产生活活动陷入停滞，数字出版业务的全线上操作流程的高效优势充分凸显，各出版企业才真正认识到实现产业结构优化，推进传统出版与数字出版融合发展的必要性，纷纷搭建优化专属的数字平台，丰富数字资源，提供融合性的服务与产品，力求构建完整的数字出版产业链。而其中，在线教育是各出版企业数字出版部门最为看重的板块。

新冠肺炎疫情不仅倒逼出版企业做出变革，纷纷试水在线教育，也迫使全国各类学校探索新型教学形式，网络授课在线教育因而成为他们的首要选择。其中当然也包括不同类型的高校出版专业教育，随着整个社会进入疫情常态化的"后疫情阶段"，各高校仍面临着线下课程向线上课程转变的需要，出版专业教育也应时刻保持危机意识，对教学管理体系、内容实施、考评体系等做出相应的调整，制订适时的预备方案，对教学模式、

教学平台、教学设计进行更新和优化，以此提升专业人才的培养水平，推动专业人才培养转型。

（二）新文科建设背景下，出版专业人才培养目标亟待更新

"新文科"这一概念最早是由美国希拉姆学院于 2017 年率先提出来的，其主要思想是对传统文科进行学科重组与文理交叉，也就是把新技术融入哲学、文学、语言学等诸如此类的课程中。2018 年 8 月，中共中央在全国教育大会召开之前发文指出，我国高等教育必须创新发展，不仅要发展新工科，还要发展新医科、新农科、新文科。2019 年 4 月 29 日，教育部等 13 个部门联合召开"六卓越一拔尖"计划 2.0 启动大会，为发展新工科、新文科、新医科、新农科，打赢全面振兴本科教育攻坚战谋篇布局。① 2020 年 11 月，由教育部新文科建设工作组主办的新文科建设工作会议发布了《新文科建设宣言》，这是我国各高校文科专业改革的风向标，出版专业作为其中的一分子，无论是本科阶段传统的编辑出版与新兴的数字出版教育，还是出版硕士教育与出版职业教育，都要深耕新文科建设土壤，优化专业结构，推进专业与技术融合。

新文科目前还只是相对于传统文科而言的一个概念，目前学界并未对其内涵有一个明确的界定，但综合学界各位专家对其的讨论意见，可以达成共识的是新文科是对新时代发展的回应，是在新技术革命影响下所形成的高度融合、多元交叉的具有新时代显著特征的哲学社会科学。它不是对传统文科知识体系的全盘否定，而是在其优秀成果的基础上进行创新与发展，以应对新时代背景下出现的新情况与新问题。

当今世界由两个重要的关键词构成：技术革命与全球化。未来已来，"云大物移智区加"（云计算、大数据、物联网、移动互联网、人工智能、

---

① 张文晋：《新文科建设背景下编辑出版学专业人才的培养》，载《山西财经大学学报》2019 年第 41 卷第 S2 期，第 88 - 90 页。

区块链、互联网＋）等新兴智能技术集群，使出版产业遭遇前所未有的转型与变局，对人才的需求也更加多元化。① 而单一知识体系的人才培养模式逐渐显露出木桶效应，培养出来的人才难以适应社会发展需求，复合型人才越来越受到社会青睐。在"新文科建设"视域下，要进一步培养出适应行业发展、交叉融合的应用型出版专业人才。

（三）智媒时代，人才需求新变化呼唤出版专业教育新变革

伴随着移动互联网终端的发展，智能媒体技术演进，促使媒介形态从"融媒"向"智媒"转变，推动了传统出版业的数字化、智能化转型变革。万物皆媒，智慧互联，智媒从虚拟场景中拓宽了真实场景空间，对人类的感知力、认知力、行动力、创造力进行了无限延伸，出版内容的生产与传播过程也日趋智能化和场景化。

智媒时代，人工智能、5G 直播、虚拟现实等技术为传统出版业注入转型的创新活力，数字出版、融合出版、互联网＋出版等新兴出版模式催生了多元的职能岗位。有学者曾做过调研，发现新兴出版业对人才的需求主要集中在新媒体编辑、新媒体策划、新媒体运营和产品经理等业务岗位。在岗位能力要求上，业界更看重从业人员对新技术、新思想、新工作模式在出版业中的运用能力，更强调传统编辑、营销人员具有互联网思维、新媒体运营能力以及用户习惯分析能力。② 与此同时，出版专业所培养的人才，已不再单单局限在传统出版业寻求工作，智媒时代背景下，各类互联网公司的涌现提供了更多的职业选择，熟悉新媒体传播规律、掌握新型传播技术的复合型出版专业人才成为大势所需。

为了更好地适应新业态、新模式对人才技能的新需求，越来越多的高

---

① 张书玉、王雪梅：《"新文科建设"中应用型传媒人才培养的再定位》，载《传媒》2021 年第 3 期，第 82－85 页。

② 李雅筝、周荣庭：《智媒时代编辑出版人才培养的理念革新与技能重构》，载《出版广角》2020 年第 2 期，第 25－29 页。

校出版教育开始向数字出版、智媒传播、新媒体运营等人才培养方向转型探索。然而，由于新兴培养方向师资欠缺和相关课程体系不成熟，传统编辑出版学科面向智媒时代的人才培养转型并不理想，难以顺应智媒背景下行业转型的新需求。

二、新时代出版专业人才培养新路径

（一）深耕新文科建设土壤，探索出版专业人才培养新思路

1. 参照"大教育观"，明确出版专业人才培养新定位。

新文科建设究其根本，是要把新技术融入传统的文科教育中。当前，伴随着新兴科技的不断涌现，不断迭代升级，媒介生态环境也发生了很大的变化，媒介传播方式日益多元化，人人皆媒，万物互联。这些变化也在思维和技术层面对出版专业人才提出了更高的要求，尤其是在人人皆媒、万物互联的智媒时代，各类技术媒介的融合发展需求要求出版人才不仅要掌握传统的单一的出版专业理论知识，更要具备跨学科、跨专业的丰富的多领域知识、多样的技术操作技能以及能吸收海量信息并融会贯通为我所用的思维能力。

为顺应这些变化对人才能力提出的新需求，出版专业教育要培养能够胜任新型出版产业链条各生产环节的应用型复合型现代出版人才。这一点也与新文科教育对人才的定位观念形成共识，新文科教育不仅要求学生掌握传统文科视域下的本专业相关知识，更要求学生博采众长，主动学习和吸收邻近学科及相关专业的知识或技能，跨越单一学科和专业局限。

在新文科教育的背景下，要结合"大教育观"的理念，树立全新的人才培养观念，重新定位出版专业人才的培养目标，即从单一专业能力的出版人才培养，转向多元实践能力的智媒传播人才培养。让学生在学习的宽

度上，不能囿于出版专业这个基本学科，要进行学科交叉学习，从其他学科汲取成长养分，提升通识学习素养，尤其要注重对现代数字传播技术的学习应用；在学习的长度上，倡导学生要具有"终身学习"的理念，无论是在课堂内外，还是将来步入工作岗位，都要不断学习现代新型媒介技术，提升跨媒体从业技能，与时俱进才能不被时代淘汰。

2. 突破专业壁垒，合理构建出版专业课程体系。

新文科建设不仅要在人文社会科学领域进行学科交叉与融合，还要突破人文社会科学的限制，在文理与文工学科领域进行更大跨度的融合与重组，更多强调学生素质与思维能力各方面的全面提升。① 目前，我国设置出版专业的高校，不论是高职教育，还是硕士生教育，每一个学段的出版专业教育理念都偏向传统，将出版课程体系设置囿于一方之地，缺乏与经管、营销以及信息技术学科的交叉融合，导致培养出来的出版专业学生一方面缺乏多元的知识体系和思维角度，另一方面缺乏现代信息技术操作技能，不能适应当下出版业的复合型应用型人才需求。

如果说人才培养目标只是对未来出版专业人才提出了理想预期，那么课程体系的设置是否合理、是否与时俱进则真正关乎出版专业学生的知识能力和素质结构，决定了理想预期是否能成为现实。因此，高校要重视出版专业课程设置，结合时代发展背景，依托新文科教育理念，打破学科间的壁垒，拆除专业之间的围墙，重视交叉学科课程的开设，同时根据学校主体学科侧重的特点，集合自身的师资和资源优势，设置围绕优势学科领域的出版专业课程结构。出版作为"宽口径"的专业，与许多学科都有着极其紧密的联系，与经济学和管理学结合，可以加大出版经营管理、出版物市场营销等课程比重；与信息技术学、情报学交叉融合进行课程设计，则可以增加数字传播技术、信息检索等类似课程比重。

---

① 张文晋：《新文科建设背景下编辑出版学专业人才的培养》，载《山西财经大学学报》2019 年第 41 卷第 S2 期，第 88 - 90 页。

（二）结合疫情常态化背景，构建出版专业人才教育新形式

1. 创新教学平台，打造新媒体教学资源库。

从疫情暴发到如今全社会进入疫情常态化阶段，线上教学已成为目前各高校教学的重要形式之一，当教学活动脱离了实景的依托，师生的互动减少，学生的参与感也会降低，极大地影响了学生的知识接受度与听课效率。但是后疫情时代，我们要逐步适应这类教学模式，不要一味抨击它的不足之处，要看到其在特殊时期发挥的关键作用。一方面，线上教学突破了时空、载体、资源等的限制，可以极大地节约教育成本；另一方面，线上教学平台的实用，推动了高校之间优质教学资源的共享，通过相互借鉴可以提高自身的课堂教学效果。我们要基于实践获得的反馈对在校教学平台进行优化建设，通过可视化效果等手段增强学生的听课体验，从而提升学生的听课效率，实现教学效果的最优化。

目前，各教育出版机构与在线教育平台已经联合推出许多优质的教学资源，出版专业教师应发挥专业优势，对这些资源和信息进行归纳整理，并根据教学内容、课程性质等条目将相应的教学资源进行整合分类，存储在课程资源库，并在日常的教学实践活动中，不断地丰富资源库中的教学内容。不同高校的出版专业教学侧重点也不同，相应地，其教学资源库的内容也有很多可以相互借鉴的内容，因此，高校之间也要尽可能地实现资源库的开放共享，以满足教师在进行跨学科跨专业教学时，对不同教学资源的组合和调用，提升教学效果。综上，创新在线教学平台，打造出版专业教学资源库并实现资源共享，是后疫情时代出版专业教学路径优化的必然选择。

2. 技术赋能，应用技术优化教学设计。

技术赋能，是指在出版专业的学习研究以及行业实践中，通过选择准确的技术工具并应用创新的技术手段，为传统的实践或研究工作赋予技术基因的能力。技术赋能是在接纳学习技术的基础上，进一步让技术为我所

用，真正实现应用技术并令其辅助各项实践研究工作。① 目前，出版产业或内容生产领域最核心的能力，一类是传统的内容创作、编印发等基本能力，另一类就是在互联网信息技术发展前提下训练的技术辅助能力。新时代出版专业人才，上述两种能力缺一不可，让学生学习掌握技术工具并能熟练应用至各类场景中，如理论分析、调查研究、实习实践等，是如今出版专业教育要着力培养的核心竞争力。这就需要让技术赋能教育本身，让高校出版专业教育的过程成为新技术应用于行业实践的试验田，在教育过程中形成探索、融合的新模式。

智媒时代，多数高校出版专业教师虽然已经认识到技术发展、媒介融合为教育带来的积极影响，但是在实际的日常教学活动中，仅有小部分教师在教学中能够经常性使用翻转课堂、双师课堂等新型教学设计模式，大部分教师仍然使用传统的课堂讲解方式，不能运用信息化技术创新教学手段。后疫情时代，高校出版专业教师要转变思维，不仅要认识到技术的重要性，更要知行合一，在实际的教学活动中，利用移动互联技术和现代信息技术，以培养具备多元实践能力的复合型创新人才为目标，深入改革传统的教学内容，围绕策划运营等多维度开展教学设计，结合线上线下教学，与学生积极互动，在将新媒体技术融入教学推动学生学习的同时，强化对学生信息技术能力的培养，构建个性化协作式的学习环境，拓展信息技术学习的优势，以寻求良好的教学效果。

（三）面向智媒时代，打造出版专业人才技能培养新实践

1. 组建"双师双能"型出版专业师资队伍。

智媒时代，融合出版行业站在了时代的风口，也向出版人才培养工作提出新的要求。高素质人才的培养需要高素质的师资队伍的支撑，当下，

---

① 强月新、孔钰钦：《新文科视野下的新闻传播人才培养》，载《中国编辑》2020年第10期，第58－64页。

高校须重构结构合理的专业的师资队伍，一方面要建设一支具备"专业知识＋专业技术"过硬的"双师"队伍；另一方面要建设一支"教学能力＋实践能力"过强的"双能"队伍。[①] 目前，由于开设出版专业本硕博一体式培养的高校极其稀缺，出版专业教师大多是"半路出家"，或擅长理论研究，或擅长技术操作，但能将技术与理论结合运用自如的少之又少。一方面，高校要鼓励出版专业教师深入行业实践，向业界专家学习新技术的应用，提升其在行业领域的技术实践能力。教师只有具备了扎实的理论知识和过硬的实践技能，才能根据实际培养出适应行业发展需求的优秀人才；另一方面，高校要积极引进出版业界的专家人士，通过聘任其为专职教授、邀请其开展讲座等方式对学界教师的知识传授做补充；积极引进数据分析、软件设计等技术相关专业的优秀人才，为智媒时代出版专业教育转型提供技术指导。

2. 深化产教融合，打造产学研共同体。

智媒时代，出版工作强调人才的应用与创新能力，各高校要积聚社会各界力量，整合优势资源，深化产教融合，构建产学研共同体，多方共同参与出版人才的培养过程，引导学生树立职业思维观念。一方面，教师在课堂上要多采用案例教学法，基于案例来组织基本的教学内容，强化课堂中的师生互动，逐步引出理论知识的技能要领，并使技能训练贯穿整个讲授过程。在开设与出版业生产环节紧密联系的课程时，教师可以尝试与业界人士联系，将企业的真实项目引入教学活动中，让学生从目标理解、思考策划到数据搜集、分析总结都尽量独立完成，并由业界人士进行点评指导，如此贴合实际的动脑思考与动手操作将极大地锻炼学生的应用能力。

另一方面，要打造出版专业学生的实践实训基地，形成常态化的实习实践机制，让学生的实习实践有地可去，有事可做。实习实训基地也能集

---

① 李建伟、董彦君：《"新文科"框架下编辑出版学专业发展指向》，载《出版广角》2020 年第 16 期，第 28－30 页。

百家之长，整合高校、出版社、出版研究所、出版企业等方的优势资源，将课堂的理论教学与业界实践、科研实践等紧密结合，形成教学、实践、科研三方动态交互的良性循环，最终达到多方共赢，极大地促进智媒时代复合型应用出版人才培养。

为人作嫁诗星亮　闻道未迟天地宽

——沈鹏先生诗书出版文化赏析

中国书籍出版社副编审　吴化强

2021 年是建党 100 周年，也是"十四五"开局之年。我国全面开启了建设社会主义现代化国家新征程，向第二个百年奋斗目标进军。习近平总书记指出，立足新发展阶段、贯彻新发展理念、构建新发展格局，推动高质量发展，是当前和今后一个时期全党全国必须抓紧抓好的工作。充满哲理的精辟论述，高屋建瓴，润泽华夏，为新时代新征程指明了方向，给我国出版文化高质量发展带来无限生机。

奋进新时代，开启新征程。诗词和书法传统文化有力地促进了编辑出版文化的繁荣兴盛。一大批德高望重的优秀传统文化名家辛勤耕耘，为新时代培养具备创新创造复合型出版人才，推动出版业高质量全面发展提供了非常宝贵的经验指导。今年喜获"光荣在党 50 年"纪念章、已逾 90 高龄的沈鹏先生，作为诗坛寿星、编辑出版名家、中国书协名誉主席，近两年来编辑出版了

《三馀再吟》《三馀长吟》两部诗词专著；《书内书外：沈鹏书法十九讲》教学名著，印装精美，低调奢华。沈鹏先生杰出的文化艺术成就，得到社会公认和推崇，其诗书出版文化品位属于国家一流，堪当典范，广受好评。为人作嫁诗星亮，闻道未迟天地宽。"闻道未迟"，是沈鹏先生2021年4月26日在中国美术馆举办诗书作品捐赠展的主题展标。先生谦逊而又超然，意为问道求真还需努力的人生高境。

本人是《三馀再吟》和《三馀长吟》两部诗词集的责任编辑，通过近距离并十分入心地拜读学习沈鹏先生的诗词与部分书法名作，受益良多。希望从编辑名家的作品中汲取精神营养以及文化艺术力量，为促进培养新型高水平出版人才，推动出版高质量发展提供有益启示。下面试做四点概述赏析，其后为点滴的认知浅见。

1. 简述编辑名家沈鹏先生的人生奋斗历程和卓越艺术成就。

沈鹏先生，别署介居主，著名诗人、书法家、美术评论家、编辑出版家，首批国务院有突出贡献专家。1931年生于江苏江阴一个教师家庭，先后就读于澄南小学、南菁中学。15岁时发起创办文学刊物《曙光》并任主编。17岁入大学攻读文学，投身爱国学生运动，后转学新闻（北京新闻学校）。19岁开始，长期从事美术编辑出版工作，同时撰写评论。40岁以后投入诗词、书法创作。历任人民美术出版社编辑、副总编、编审、编审委员会主任，中国书法家协会副主席、代主席、主席，中国文联副主席。现为全国政协委员、中央文史研究馆馆员、中国书法家协会名誉主席、中华诗词学会名誉会长、中国国家画院书法篆刻院院长、中国美术出版总社顾问。

先生书法精行草，善隶楷，老年致力于书法高研人才培养，提出教学十六字方针——"宏扬原创，尊重个性，书内书外，艺道并进"，提出中国书法可持续发展的理念。古典诗词创作发表逾千首，撰写评论文章约200篇。先后出版诗词选集《三馀吟草》《三馀续吟》《三馀笺韵》《三馀再吟》《三馀长吟》，评论文集《书画论评》《沈鹏书画谈》《沈鹏书画续谈》《书法本体与多元》及各类书法作品集《古诗十九首》《徐霞客歌》等凡40余种。主编或责编的书刊500种以上。主持编辑出版大型画册《故宫博物观》（日本同朋舍出版，33册）、大型摄影集《苏联》《北京》及全国小学《写字》课本（12册）等。曾担任北京大学、中央美院、首都师大等校博士生论文答辩委员、主席。论文《传统与"一画"》获"第四届中国文联文艺评论奖"一等奖，主编《中国美术全集·宋金元书法》获"中国图书奖"荣誉奖，荣获"造型艺术成就奖"、"中国书法兰亭奖"终身成就奖、"全国第三届华夏诗词奖"荣誉奖、"中华艺文奖"终身成就奖、联合国AcaDemy"世界和平艺术大奖"，获得"编辑名家""爱心大使""卓有成就的美术史论家""十大感动诗网人物""中国十大慈善家""中国十大魅力英才"等荣誉称号。热心公益事业，设立三处基金会。长期大量捐款，向五处捐赠个人优秀作品以及名人字画、文物等。

2019年8月，中华诗词学会与中国书籍出版社合作出版"中华诗词存稿"系列图书80卷。审稿陆续展开后，我先后承担了其中较多的"名家专辑"复审工作，同时兼顾少量重点初审。机缘巧合，我有幸成为沈鹏先生《三馀再吟》《三馀长吟》两部诗词集的责任编辑。《三馀再吟》于2012年6月曾经出版过，当时我在中华诗词学会学术部就已领略此书展现的大家风采。高山仰止，深爱有加，遂将一册留在身旁，以备学习研究之需。这次再版重新编排，装帧设计已按系列图书的整体面貌统一呈现。除总序更换外，主体文字内容没有改变。新书出版后，与诗词存稿系列图书印制相同，分为平装、精装两种发行，更能体现传统诗词文化的古雅情怀，集中表现书籍本身在新时代新理念下的高端审美与文化涵养。其中，沈鹏先生的诗词新著，如星光灿烂，照耀诗坛。

2. 通过《三馀再吟》的举例浅析，引发对编辑出版的文化思考。

《三馀再吟》近500首诗词作品，是沈鹏先生21世纪以来留下的雪鸿泥爪。只见锦绣诗行，深情满怀，有对历史文化人物的总结、崇敬与歌颂。七律《重游傅山碑林》，标题下有"时值公诞辰400年"字样，便知诗人在傅山诞辰的遥远岁月后来赏佳境。着一"公"字，敬慕万分，却又拉近十分。诗曰："贞石成林八面开，今朝再拜傅山来。淋漓元气驱奴气，侠义灵台藐馆台。丑拙自如存大美，矫揉造作便庸才。'天倪'一语通天理，二月春风任剪裁。"正文下面两个注释：一是"馆台"，指书法中的馆阁体与台阁体；二是"天倪"，庄子有"天倪"之说，郭象注："天倪者，自然之分也。"傅山有"此中天倪，造作不得矣"之论。作品结句，化用古人而出新的手法十分明显。这里是"二月春风任剪裁"，自然想起"二月春风似剪刀"的千古名句。莫非唐代贺知章《咏柳》的"春风大剪"，已被现代沈鹏妙合无垠的"神力摘取"了。由此给人们带来了跨越千年的文化思考。创新名作，需要名作传承。标题开头说"重游"，表明诗人已不止一次前来傅山碑林游览。作品的颈联与颔联，笔法高度凝练，可谓集中概括了傅山的侠义品性、开创精神和思想主张。谈到思想主张和开创精神，应为时代之需，为培养出版文化创新型人才提供经验指导。

这首七律前后，还有描绘傅山的两首作品，前面是《辨丑歌》，篇幅较长。其中有"大丑之中有大美""兀者王骀比孔子""德重于山高仰止""四宁四毋发奥旨"等句。后面是七绝《傅山书画展揭幕》："元气淋漓墨未干，毛锥所向决波澜。襟怀壁垒千家史，风骨嶙峋独此山。"这个"风骨嶙峋"，可不就是先生自己瘦削突兀的形象写照嘛！大山的形貌与风骨，如果方便，善于想象，看看沈鹏先生就知道了。"独此山"，独特无双。然而，辨丑结论应该是大丑大美，大俗大雅。更何况"兀者孔子"，高山仰止，景行行止矣。可见沈鹏先生对古代名人傅山的仰慕之情由来已久，至高无上，乃至顶礼膜拜。兴许是傅山文化灵魂的因子，被"仰慕之情"深深感动，于是穿越历史助化先生翰墨，遂能笔力扛鼎而名扬天下。这只是想象力的自由发挥，但是信仰确实给人力量。联想今天，编辑出版的人力资源并不缺乏，高学历相关专业人才日见增多，可能缺乏的就是对行业中具有开创性、独创性和引领性意义的"精神偶像"崇拜。像出版界前贤张元济、陆费逵、邹韬奋这样的行业领袖人物，他们的奉献精神、思想主张和文化因子，在经济全球化市场背景下，不知道还有多少人能够真正传承？因此，继承和弘扬韬奋精神，探讨我国出版人才培养之路，助力出版高质量发展，是编辑使命的思想化育、创新出版的时代呼唤、人才培养的复合探索。恰逢盛世，意义重大。

追随文化人物，充实思想力量。诚然，沈鹏先生笔下的这位"精神偶像"傅山，实在非同寻常，当时人称"学海"。观照时下，其独特品性与多才多艺，同样对培养高水平复合型编辑出版人才的创造精神有所裨益，从而推动出版业高质量多元化发展，实现文化高原向文化高峰迈进。"既是为山平不得，我来添尔一峰青。"这是傅山名字的诗意阐释。飞来案上一山峰，愿与诸君共赏。傅山（1607—1684），山西太原人。初名鼎臣，字青主，书学颜真卿。明清之际道家、思想家、书法家、医学家。他是一位中国古代传奇人物，傲骨凛然，特立独行。博学多才，声名遐迩，彪炳于后。工诗文、书法、绘画、金石，兼精岐黄术，求医者盈门。著有《傅青主女科》《傅青主男科》《傅氏幼科》等，当时人称"医圣"。其著《霜红龛集》，历经后世200多年整理刊刻而成，足见后人对其著作进行编辑出版的历史沉淀与文化厚度。然而这样的历史跨越，堪称是一种文化现象引发思考。我国四大名著，为什么会成为名著？其中少不了花费时间的精心打磨。典型如《红楼梦》，作者批阅10载，增删5次。外国名著《战争与和平》，据说列夫·托尔斯泰改写了90多次，说明付出了砥砺打磨的耐力，久久为功，才可出现精品巨著。新时代新征程的大背景下，创新人才培养模式，引领推动出版高质量发展，落脚点在图书质量本身，其中的历史沉淀和文化厚度当为重要内容。但是，像其他经典图书一样，必须通过读者和历史检验，方为出版圭臬。

傅山继承道家学派的思想文化，对老子"道法自然""无为而治""隐而不隐"等哲学命题都进行深入研究与阐发，为道家思想做了发展。思想学术方面，傅山与顾炎武、黄宗羲、王夫之齐名，还与李颙、颜元一起，被梁启超称为"清初六大师"。其思想具有战斗精神和独创境界。当朝评价："学究天人，道兼仙释"（徐昆《柳崖外编》），"博极群书，时称学海"（郭撰《傅山传》）。书法艺术方面，傅山篆隶楷草无不精工，豪迈不羁，独辟蹊径，名满天下。时评"在王铎之上"，尊为"清初第一写家"。傅山著名书法理论"四宁四毋"，即"宁拙毋巧，宁丑毋媚，宁支离毋轻滑，宁直率毋安排"，影响至今，惠及天下书坛。如此古代高贤，难怪乎沈鹏先生仰慕已久了。其实，描写傅山的侠义品性，就是诗人自己内在的心灵映照；概括傅山的书学主张，就是诗人自己外在的审美表达。这里的"书学主张"与"审美表达"，都是充满诗意的。如果我们把图书作品做得富有诗意，那肯定会受到广大读者喜爱。

诗词集中，沈鹏先生与友人之间的唱和酬答之作同样精妙，彰显胸怀阔大、慧眼独具的过人之处，也对今天培育编辑出版高端人才、丰富和提高诗词文化的阅读欣赏水平，具有不可多得的借鉴作用。先生笔下时见傅山一样的批判精神，如对"盛宴""铁门"之类的冷嘲热讽，颇具伟力。请看七律《答友人》："老去羡君诗酒茶，我与茶酒憾全赊。过河摸石河床异，迎日当头日角斜。盛宴扯谈豪气旺，铁门设限拙咿哑。逢场有戏大欢喜，子曰诗云无可邪。"首先说明，诗中押韵的"赊""斜""邪"，汉语拼音的韵母要读 a，这样方便我们阅读吟诵时的音韵谐美，与"远上寒山石径斜"的"斜"读法相同。作品如同浮世绘画展现眼前，生活情调，透视乾坤。颔联的"摸石"意趣与"日角"影射，诗意隽永，匠心独运，非沈鹏先生不可得之。尾联充满戏剧性，豪放犹如李白"仰天大笑出门去，我辈岂是蓬蒿人"之慨！这位友人"逢场有戏"，然而，沈鹏先生以"诗无邪"作答，形象表达了先生洁身自好、不肯同流合污的高尚品格。这里，作为一名老共产党员和编辑出版人的沈鹏先生，为大家树立了一个行为典范。纵览全篇，此作亦庄亦谐，淋漓痛快，轻松道出诗人的自然天性与"狂狷"神态，亦如傅山豪迈不羁，大匠运斤。子曰："不得中行而与之，必也狂狷乎！狂者进取，狷者有所不为也。"孔子是说："如果找不到行为合乎中庸的人交往，一定要和勇于向前及洁身自好的人交往！因为勇于向前的人努力进取，洁身自好的人不会去做坏事。"狷：性情耿介，不肯同流合污。由此来看，洁身自好，勇于进取，耿介忠诚，应是高层次复合型编辑出版人才所具备的优良品质。

3. 通过《三馀长吟》的举例学习，生发对编辑出版的教化力量。

《三馀长吟》收录沈鹏先生新近之作250余首，时间跨度为2012年至2019年。先生解释"三馀"："冬者，岁之馀；夜者，日之馀；阴雨者，晴之馀。"并说所谓"长吟"，是与前面出版冠以"三馀"二字的"吟草""续吟""再吟"呼应，撷取杜甫"新诗改罢自长吟"的意境。沈鹏先生在《自序》中说："本书积七年驽力，于诗歌海洋中芹献一粟，就教于同好暨广大读者。"可见先生虽然取得了人所共知的辉煌成就，但他依然保持着谦恭自省的学术态度。任何时候都能保持谦虚学习的精神，也是一个人至关重要的优秀品德。作为新时代编辑出版人，应当向以沈鹏先生这样的编辑前辈看齐。需要提醒的是，先生上面的这句话中，"驽"不要错认为"努"，"粟"不要错认为"束"。我在初审时，一时怀疑打印错了，但不能轻易改动。经核查不但正确无误，而且用字相当考究，十分谦虚，在内心暗自对沈鹏先生谦虚好学积累的人品修养深表敬意。这就是艺术大家、编辑名家谦虚给人带来的教化力量。在此感谢沈先生，给我这个诗书编辑末学上了一回文字涵养之课。先生文中前两句这样的字词非常精美，还有古典来历，都是谦虚之义，超出普通读者的想象。伟人说过"谦虚使人进步"，诚哉是言。

七绝《尚古书房〈沈鹏诗钞〉杀青》："不付蠹鱼烦枣梨，勤耕能促水流西。偶来拾贝夕阳下，大浪千淘始足奇。"这首七言绝句，我看句句称绝，是用古雅词汇正面抒发编辑出版者的大家情怀，实为凤毛麟角之经典作品。阅读赏析之后，不但会让读者感受到勤奋耕耘的人生乐趣，而且还能在诗歌意境造就的广阔画面中令人心旷神怡。包含其中的，还有奋斗改变命运的生活真理，先生在编辑出版的长期耕耘中悟得，因此也是难能可贵的经验指导。作品起承转合的意境，可谓妙合无垠（王夫之语），天衣无缝。大意是说，我的诗作没被书虫吃掉是烦请雕版印制的，辛勤耕耘能够促使河水向西流淌。偶然来到夕阳下拾得贝珠，只因大浪淘沙后始足珍奇。令我格外称奇的是"水流西"，按常规逻辑，水向东流才对。先生偏偏说"不"，这就是打破惯性思维而具有独创性了。再一想思路立刻通顺，那便是"三十年河东，三十年河西"风水轮回的谚语化用，人民群众都熟悉，当然具有普遍意义。如此恍然大悟，沈鹏先生诗书中扭转乾坤之大笔，谁能料得？超乎想象，确有神思。刘勰《文心雕龙·神思》："古人云：'身在江海之上，心存魏阙之下。'神思之谓也。"而如何将打破惯性思维体现出的"神思"独创，运用到探索高层次出版人才的培育上，值得研究。

这首作品正文下数行小字的注释，也有一番风景，仿佛注释的"绿页"捧拥正文的"红花"。一是标题作解，二是"蠹鱼""枣梨"的诠释。尚古书房《沈鹏诗钞》以传统雕版印刷技术进行印制出版。枣梨：古代雕版印书多用梨木或枣木，故以"枣梨"为书版的代称。蠹鱼：虫名，又称书虫或衣鱼，蛀蚀书籍、衣服。宋代陆游《箨篓谣二首寄季长少卿》之一："卷书置篓中，宁使饱蠹鱼。"后世又以之借指书籍。傅山使用"蠹鱼"时说过："只在注脚中讨分晓，此之谓钻故纸，此之谓蠹鱼。"以此表达他反对宋、明人注经的态度和方法。《傅山联集》评介他："在哲学上公开以'异端'自命。其用佛学解释《庄子》，用训诂诠注《墨子》和《公孙龙子》等，时有新义阐发。目的在于把诸子和六经列于平等地位，提倡'经子不分'，打破儒家正统之见，实开清代子学研究的风气。"再读傅山的《秉烛》诗："秉烛起长叹，奇人想断肠。赵厮真足异，管卑亦非常。醉起酒犹酒，老来狂更狂。斫轮于一笔，何处发文章。"诗中说到赵孟頫，都是艺术上开宗立派式的人物。作品体现出独创性的春秋笔法，洋溢着惊世骇俗的宏伟魄力，而与沈鹏先生之作有异曲同工之妙，犹可视为打破门阀之见、引领和影响一代社会风气的文化贤者。当然，诗人生活的时代不同，环境迥异，也存在创作风格的不同和多样化。严羽《沧浪诗话·诗评》云："子美不能为太白之飘逸，太白不能为子美之沉郁。……论诗以李杜为准，挟天子以令诸侯也。"指出诗词文化人物作品的多样性和权威性，并有教化人伦的巨大力量。肩负文化责任，才能做出文化贡献。聂震宁先生说："文化责任和文化贡献是必备的，是我们出版活动的中心，任何时代都是这样，我们今天纪念张元济、邹韬奋等人，主要还是承认他们在文化上的重要贡献。"

子曰："《诗》，可以兴，可以观，可以群，可以怨。"兴，欣赏作品，抒发情志；观，阅读内容，观察社会；群，教育群众，团结友爱；怨，提出意见，针砭时弊。就是说，诗可以帮助人们沟通感情，互相砥砺，增进文化修养，促进社会进步。结合沈鹏先生的诗词作品，以及傅山和他诗中的人物，他们的思想品性、创造精神和艺术修养注入笔端，供人们阅读时，就会产生孔子所说"兴观群怨"的社会功能。主要是他们丰富多彩的作品本身，能在意趣连贯中体现生活的真理和社会现象。《共产党宣言》中文翻译第一人陈望道先生，在其《修辞学发凡》中说："只要能够体现生活的真理，反映生活的趋向，便是现实界所不曾经见的现象也可以出现，逻辑律所未能推定的意境也可以存在。其轨道是意趣的连贯。"这番话品读之后，特别让人感到真理的力量。习近平总书记说："真理的味道非常甜。"入心入脑，滋润肺腑！因此，优秀传统诗词文化具有的教化功能，对于打造高水平出版人才队伍，推动出版高质量发展具有重要意义。

4. 通过学习欣赏沈鹏先生的诗书经典名著，试做一次点滴认知。

《书内书外：沈鹏书法十九讲》，北京大学出版社 2020 年 4 月出版。此书工艺精良，版式科学，风格淡雅，色调冲和，可谓传统文化与现代科技在图书出版编排与印制方面的一次高端展示。翻开书本，清香暗送，清爽袭人，如梦佳期，似有"曾是惊鸿照影来"之感。裸背书脊，锁线精装，无论翻到哪一页，自始至终平展如初，给人一种清雅绝伦的人文关怀和艺术享受。

阅读欣赏之际，领略到沈鹏先生的思想观念与艺术境界非同寻常，似有以下三个方面体现在书内书外。一是封面设计的朴素雅洁，坚贞大气；二是书籍开本的放低尺寸，却在大象无形之中更显文化高度；三是书中的若干插图，无论古今作品都为彩印，偶见沈鹏先生讲课的两张图片是黑白的。从而看出作者独具匠心而又虚怀若谷的长者胸怀。这是一位编辑贤长的精心之作，让广大读者体会到出版科学与出版艺术的深度融合，从而感受到新时代有温度有高度的人文关怀。出版科学—出版艺术—人文关怀，三者相互砥砺，携手融合，可能给新时代出版高质量发展提供有益启示。我称沈鹏先生为"贤长"，就是表达敬慕之意。先生畅谈书法，与诗词关系密切，与国画意境相融，传统诗书画艺术，但以诗的审美为统领，这也是其他书法专家不能具备的综合素养。

编辑贤长、诗坛寿星、书坛巨擘沈鹏先生已逾鲐背之年。先生编辑出版的上述三部新著，给广大读者带来了新时代的文化盛宴。我把参与编辑出版先生著作的一次点滴认知，特别是拜读先生诗词书法作品后的肤浅感受呈现出来，以便向出版界和各位读者请教。新时代新征程，为推动出版高质量多元化发展，大力培养高层次复合型出版人才是关键。沈鹏先生谦虚谨慎的治学态度、无私奉献社会的广阔胸襟和创造艺术的崇高境界，应为大家学习楷模。不久前，《中国艺术报》报道：中国文联荣誉委员、中国书协名誉主席、著名书法家沈鹏、殷秀珍夫妇自愿交纳 100 万元党费，中共中央组织部为此专门开具了收据，并把党费收据作为重要展品在中直机关建党 100 周年成就展中展出，表现出先生对中国共产党的无限忠诚与一生追随。

"自信人生二百年，会当水击三千里。"伟人后一句化用《庄子·逍遥游》中"鹏之徙于南冥也，水击三千里。"赏析解读，偶然的祥瑞出现了。庄子所言鲲鹏，好像沈鹏先生的化身，其家乡在南方江海之阴，正是迁徙于南海，一路"水击三千里"而至崇高境界也。由此前推，"自信人生二百年"的光辉思想就更加明亮了。衷心祝愿沈鹏先生期茶臻康，诗鸣万籁，艺术长青！

为人作嫁诗星亮，闻道未迟天地宽。

深挖传统出版业务的效率潜力

国家开放大学出版社　石明贵　许　进　任　岩

【摘要】　本文采取分析、例证、对比研究、实验研究等方法，论证了采用现代管理理念和先进信息技术，沿着数字化编辑、智能处理、智能编校、智能排版的线索，深挖传统山版业效率潜力的可行性；在稳步提升质量的基础上，大幅度缩短编辑加工周期，同步践行高质量发展战略和新编辑人才培养新模式。

【关键词】　出版；效率；潜力；数字化编辑；智能处理；智能编校；智能排版

"慢工出细活"，三五个月出版一本图书很正常，甚至时间越长，成就精品的可能性越大，这种观点颇有市场；因此，不少人打着确保质量的幌子，心安理得地沿用传统的方法慢条斯理地做出版。尤其是，大多数出版社都有行业背景，或多或少带有垄断性，有一定的效益保障，因此更不愿意在效率上创新与突破，并质疑"2 个月，甚至 1 个月出书"的必要性，认为这是"片面追求速度"。其实，这种说法是在偷换概念：从策划角度看，慢工多半出细活，这是合理的；但就策划且撰写完成的书稿的编辑加工而言，再追求慢就完全没有必要了，甚至严重影响社会效益和经济效益。

再者，如果这种逻辑成立的话，那岂不意味着：为了安全（质量），我们应该死守绿皮车，不要发展高铁？每小时 80 公里，那多安全啊！时速两三百公里，甚至还考虑时速一两千公里，这不是草菅人命吗？显然，事实并非如此：正是因为采用了新技术，让列车跑得更快，不仅安全得到更充分的保障，乘车体验也得到本质提高。同理，在出版业，要追求高质量发展，效率问题同等重要，在质量发展遭遇瓶颈的新时代甚至更加重要，采用新技术，让编辑工作更加合理、高效，编辑和作者的沟通可以在更高层面展开，这不仅能稳步提高图书质量，还能更好地满足读者的阅读需求，这符合出版高质量发展战略。

传统纸稿编辑工作模式下，编辑加工周期（从作者交稿到签付印的时间间隔）通常在 4 个月以上（以一本书 300 页为例）。采用现代管理理念和先进信息技术，可望在确保质量的前提下稳步提高效率。简单地理解，这一效率提升过程可以分为 4 个阶段：实现全流程数字化编辑，可以将编辑加工周期缩短到 4 个月以内；实行严格的智能处理程序，可以将编辑加工周期缩短到 3 个月以内；熟练应用智能编校工具，可以将编辑加工周期缩短到 2 个月左右；如果能够和技术公司联动，实现智能排版技术，有望将编辑加工周期进一步向 1 个月无限靠拢。

（一）数字化编辑

无论从哪个角度看，数字化编辑工作模式都要比传统纸稿模式效率高：键盘录入比手写要快得多；不需要熟悉和使用编辑符号；不需要辨别手写体；没有书写后再誊抄的过程；文件传递零延迟；电子文件更适合移动办公；无缝接轨互联网＋；档案保存零损失；通查、统改既精准又高效；发排清样文件可直接灌版，因而排版效率更高；电子版作者样使编辑与作者的互动更加高效；电子版发排样、付印样使改版、再版走上快车道……除了一点：阅读习惯——常年审阅纸稿的习惯使大家以为在屏幕上审稿不能保证质量。我们需要面临的最大挑战是改变这一习惯与观念。

首先，不要低估，越来越多人（尤其是年轻人）已经习惯了电脑工作、手机阅读，大家将这一习惯迁移到编辑出版行业的难度远远小于预期，唯一欠缺的是契机和助力——复合出版、融合出版、知识服务、数字出版、新冠疫情都可以成为催化剂；其次，不要指望靠语言说服所有人同步改变观念，采取务实的态度从局部做起就行——培养或扶持一两个人从给原稿做预处理①开始（高效集中解决书稿中适合以信息化手段批量处理的问题，如版权、文件规范、排版、公式、图、表、正斜体、上下标、引文、参考文献、敏感词）；再次，以试点的方法（如课题研究、工作量加成）吸引信息素养较高的年轻编辑在明确的操作规范下接手预处理过的书稿做责编，此时的责编工作几乎只剩下文字和学科问题，且对计算机水平的要求极低，积极响应者通常不在少数；最后，逐步扩大试点，以点带面，通常不到一年，试点图书数量上百时（更多编辑从二审、三审环节开始介入），所有编辑就都悄无声息加入其中了（这时再逐步取消工作量加成政策）。不到 3 年，将不再有人（包括老编辑）愿意回到纸稿工作方式。

以预处理工作中敏感词的处理为例，② 可以直观了解这种效率的提升。

第一步，将编辑工作规范与质量要求具体化为敏感词库，如图 1 所示。

---

① 石明贵、任岩、李冬：《稳步推进数字化编辑改革，探索一个月出版的可能性》，载《中国传媒科技》2020 年第 1 期，第 36 – 38、125 页。

② 石明贵、李冬：《编辑知识库的建设方法与应用策略》，载《科技与出版》2021 年第 1 期，第 100 – 104 页。

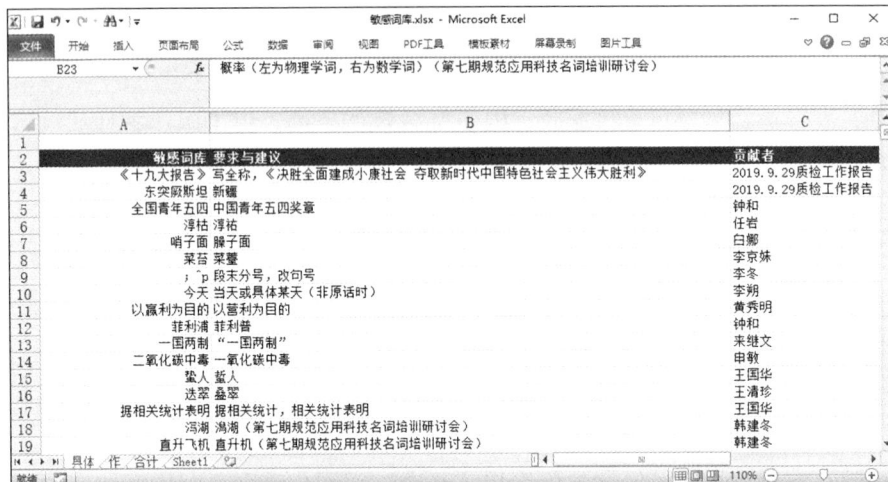

图1 敏感词库

第二步，用校对软件（如黑马软件）扫描这些敏感词，将之在书稿中一个不漏标注出来；编辑以此为线索，根据敏感词库的要求与指引，配合使用通查统改等软件功能，可以实现：不用肉眼识别，不用理解记忆，各种已知错误无所遁形；一次性将所有同类问题处理干净。例如，用黑马软件扫描敏感词库后，形成如图2所示带颜色文字效果，以它为线索，可以一次性将所有段首的序号做规范化处理〔如将"1、"改为"1."或

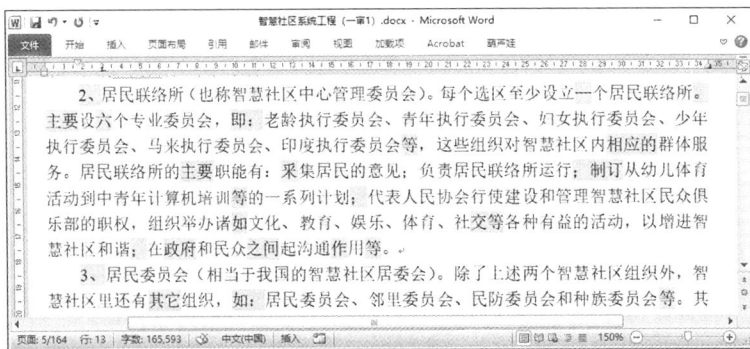

图2 用黑马软件扫描敏感词库后

"（1）"，将"2，"改为"2."或"（2）"，将"3，"改为"3."或"（3）"……]，改错别字（如"－→—""釆→采"），解决典型的主语缺失问题（如排查"。主要"结构），将"三"以上的统计性数字改为阿拉伯数字，将"即：……、……"改为"即……、……"，将"制订""其它"改为"制定""其他"，将"如：……等"改为"如……"……

第三步，继续研究与丰富敏感词库内容，将其覆盖范围向千分位、中阿数、机构名称、英文简称、禁忌用语、标准与规范、政治、民族、宗教、法律、港澳台、推荐词形、常见字词句错误等方向无限拓展。

以上是笔者于 2011 年起在国家开放大学出版社采用的方法，转型一次成功，至今没有反弹。即便 2016 年因故取消预处理环节（原稿直接进入一审，且没有任何工作量加成政策），也没有人提议再回到纸稿工作方式。其实，到此为止，编辑们的习惯与观念已经改变。

（二）智能处理

2018 年初，新闻出版署"国家数字复合出版系统工程应用示范"项目中有智能编校和智能排版模块。作为复合出版生产流程创新联盟的核心成员单位，国家开放大学出版社和方正公司在研究申报该项目时发现，智能编校和智能排版工作之所以推进艰难，多半是因为数字化编辑工作模式普及率太低（不到 5%），复合出版因而成为无米之炊、无本之木，而国家开放大学出版社以预处理为抓手实施数字化编辑改革的成功可以是复合出版解决方案的支点和抓手。正是因为有了预处理技术和相应的管理方法，才能高效推进数字化编辑的改革，才谈得上智能编校和智能排版。

因此我们顺势将预处理改名为智能处理。[①] 之所以这样命名，是因为：它正好可以与智能编校、智能排版合称复合出版三部曲；在我们和方正公司的共同研究中，发现存在将预处理工作（敏感词的处理除外）设计成自

---

① 石明贵、丁贵广、任岩、李冬：《数字出版实务》，清华大学出版社 2020 年版。

动软件模块的可能性——一键下去完成所有常规预处理工作。

因为智能处理工作内容比较繁杂，暂时不要过分指望成熟的软件模块到位。再加上智能处理是一种工作机制，随着研究与实践的推进，其工作范围可以不断拓展，理论上最终可能覆盖所有编辑工作，指望及时将智能处理工作成果转化为软件功能，难度较大，意义可能也不大；智能处理工作可以熟能生巧，即便工作范围包括版权、文件规范等 20 多项内容，由熟练的编辑来做的话，通常只需要 1~1.5 天，即便是新手，一般也不会超过 3 天；部分个性化较强的工作内容可能无法用软件功能自动实现。

坚决贯彻并推进智能处理工作机制，并持续丰富其内涵（将越来越多规律性、规范化、适用于信息技术处理的工作包括进去），从而提高效率，并使编辑工作极大简化，让三审工作从一个更高的水平起步。两三年如此这般操作下来，将编辑加工周期缩短到 3 个月以内可以预期。

（三）智能编校

智能编校的本质就是借助软件来自动实现编校。Word 本身就有一堆智能编校功能，黑马软件实现的也是智能编校任务。鉴于编校工作的复杂性，短期内指望更加智能的编校工具多半不太现实。基于 Word 软件研发智能编校功能模块的公司也不多，它们的研发可能正在走向某种误区。

2019 年，某软件公司在其"Word 智能编辑器"插件中试图实现给数字加千分位的功能——一键下去，所有该加千分位的都加，但准确率不高，漏加、错加的不少。例如，数字 2000 是否该加千分位，它就判断不了；后来，算法修改为"将'2000 年'处理为不加千分位"，但"已经过了 2000 年"显然又应该加千分位，更何况还有网址中含 2000 的情况……只要存在误差，编辑就无法接受，从而不愿意使用智能编校软件。

因此我们的阶段性研究成果是：研发智能编校模块时，不要将精力过多聚焦在形成全智能的编校功能，而应该先推出半自动的通用编辑工具。仍然以千分位为例，如图 3 所示，借助该工具：一键下去，将文中所有可能要加千分位的语境全部找出来（要求一个都不遗漏）；之后由操作者手动更改标注；确认无误后，再一键下去，达到预期目的（所有该加的加，不该加的不加）。

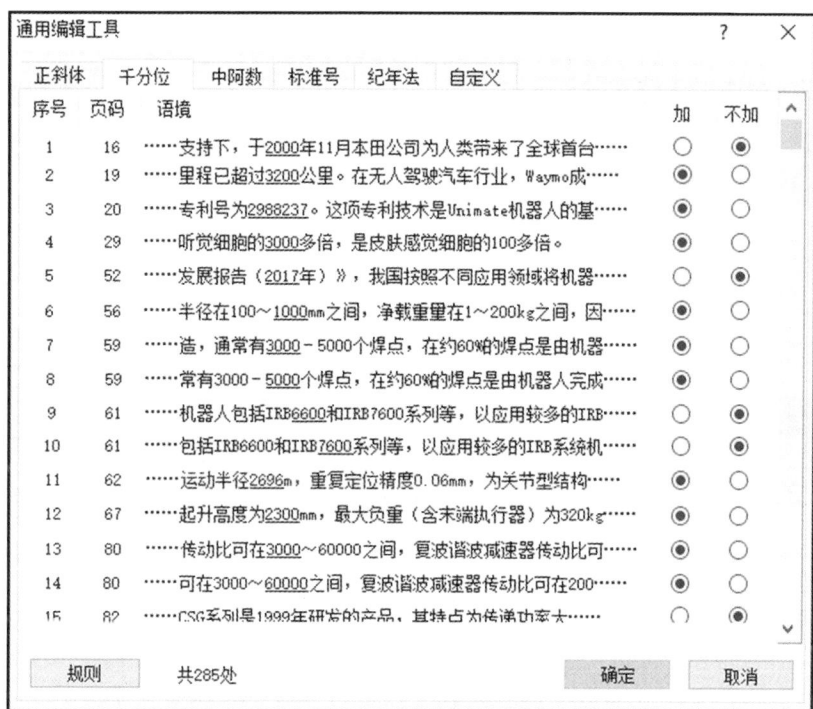

图3 通用编辑工具

这种通用编辑工具，多半是现在和可以预见的将来编辑们最需要的工具：将某类编校问题涉及的语言环境全部集中展示出来，供编辑一次性处理。这种集中展示和统一处理功能对效率的提升就已经是十倍、百倍了；更重要的是，在该工具的帮助下，随着审稿工作的推进，各种问题被逐类歼灭，编辑工作将不再需要始终面面俱到而高度紧张，因而可以越来越轻松，这对改善编辑职业环境意义重大。

因此，在智能编校层面，至少有4项工作可以做：第一，稳步推进数字化编辑改革，让更多人习惯这种工作方式，越来越熟练掌握基本的智能编校技术（熟练使用 Word、黑马等软件），全方位提高工作效率；第二，持续、系统地推进智能处理工作，争取使其工作内容覆盖范围日渐宽广（让少数信息技术水平高的编辑熟练处理更多问题——为参差不齐的大部队减负，这又能反过来促进这批人的信息技术素养进一步提升，并因此促进相应智能编校软件的诞生）；第三，当条件成熟时，将智能处理工作定义为一审（因为可做定量要求，也称量化一审），让二审担任责编，使三审和作者样可以同步；第四，促进软件公司研发通用编辑工具（这比研发智能编校模块容易得多）。

其实，用好 Word 软件，通常就能极大提高编辑工作效率。仅以"活用'^c'复制功能"为例就可以体会到这一点：在待编辑文字中，选中"Windows"文字串，选择菜单命令"开始→（字体）→字符底纹"（将其底纹变为灰色），按 Ctrl + C 组合键（复制选中的灰底字符串），按 Ctrl + F 组合键（打开"查找和替换"对话框），按如图 4 所示设置其"查找内容"和"替换为"文本框（确保在"更多"中选上"区分大小写"复选框），单击"全部替换"按钮（将文中所有"Windows"文字串都变成剪贴板上的内容——带灰色底纹的效果）。这样处理的好处是：能够轻易识别"windows""Window""Widnow"之类的错误（它们都不带灰色底纹）；编辑工作可以跳过带灰色底纹的文字。将术语、变量、专有名词等都做这

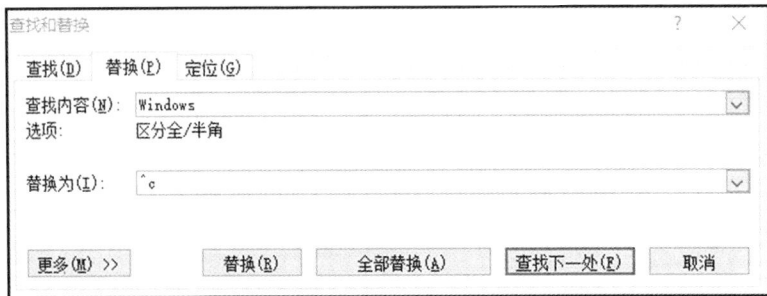

图 4　"^c"复制

种处理，可以轻易识别的错误、直接跳过的内容将更多，质量和效率的提高将更加可观。

以上多策并举的终极目标是将编辑加工周期缩短到 2 个月以内。鉴于更多智能编校功能的研发是个永无止境的过程，不能一蹴而就，即便只是指望软件公司研发通用编辑工具也多半不可预期，目前的实践中多半只能将编辑加工周期缩短到 2.5 个月左右。

智能编校和智能处理既有区别又关系密切：智能处理通常与内容无关，由专门的技术人员或新编辑在预处理或量化一审阶段集中完成，而智能编校由责编分头实现；智能处理的实质是一小部分编辑熟练掌握数字化编辑技术，智能编校是所有编辑比较熟练地掌握数字化编辑技术。

（四）智能排版

按"国家数字复合出版系统工程应用示范"项目的规划目标，智能排版可以做到一键下去直接形成付印文件。果真如此的话，排版和校对时间将接近于零，编辑加工周期可望无限逼近 1 个月。

但理智地说，这个目标短期内实现的可能性不大：过去这么多年来方正、飞腾等专业排版软件都没有实现的目标，现在指望通过一个国家资助项目就能轻松实现？95% 的单位没有全流程数字化编辑，因此无法形成编辑后的清样文件（发排文件），智能排版就是无源之水（对着原稿做智能排版，之后打印出来编辑加工，结果必然是动版重排，意义不大）。

当然，国家的这个政策导向也有启发意义。当我们实施全流程数字化编辑和智能处理、Word 作者样，因而得到高质量的发排文件时，再来做智能排版，可行性就大大提高了：这时，对图书的编辑加工任务基本完成，后期动版的可能性极大降低，因而可以定版；该发排文件无限接近排版质量（格式简单规范、结构清晰），对智能排版软件的要求将极大降低（输入书稿只需考虑标准格式、特定版式），因而更可能做到一键排版。

也就是说，要想享受智能排版技术成果，最应该做的准备工作可能是：以智能处理为抓手，实施全流程数字化编辑改革，实现 Word 作者样，准备高质量的发排文件。

短期来看，在这个方向上，我们多半只能实现：对版式要求不高的图书（如大学教材），在数字化编辑后接 Word 排版（那只是多走一小步的问题，如处理页眉、图文混排、表格分页等细节），或者就预处理后的发排文件做智能排版，因此可望将编辑加工周期进一步缩短 0.5 个月左右。

（五）更多提高效率的措施

1. 新编辑可以快速胜任责编工作。经过智能处理且有 Word 作者样托底的书稿，系统解决了版权、文件规范、参考文献、敏感词等问题，责编主要关注文字和学科问题（这种情况下，作者将有机会、有积极性认真重读一遍，因此学科问题多半也不大），这对绝大多数新编辑而言，都不是难事，因此可以直接勇挑重担。传统模式下，责编需要无所不能，因此通常要锤炼至少三五年才能独当一面。

2. 新编辑可以快速成长并大有用武之地。即便担心新编辑不能直接做责编，也可以安排其去智能处理岗位轮岗。该岗位工作有具体的量化要求和操作规范指引，多是熟能生巧的内容，新编辑普遍信息技术素养较高，既能轻易上手，又能在相关指引下快速成长。一般情况下，智能处理岗位可以同时安排 3 人，挂牌上岗（由责编选择），形成竞争机制；条件许可的情况下，建议每个编辑都经历这种轮岗（轮岗后，信息技术水平和编辑业务素质将得到大幅度、全面提升）；每次轮岗周期在 3 个月左右，一年轮岗 12 人，4 年轮岗 50 人，可望因此得到一支编辑、信息技术等综合素质高的编辑团队。

3. 老编辑的经验可以高效传承。引导老编辑分头研究出版规范与编辑技术，丰富敏感词库内容，从而轻松将其经验直接应用到智能处理、智能编校中并有效传承下去。

结束语

鉴于智能处理还需手动操作，智能编校是个逐步实现的过程，智能排版短期内多半只是美好的愿望，因此暂时不能指望直接实现编辑加工周期从 4 个月以上缩短到 1 个月以内。通过使用全员数字化编辑①、智能处理、智能编校、Word 作者样、Word 排版等方法，将编辑加工周期缩短到 2.5 个月左右是目前可行的努力方向，这是笔者基于国家开放大学出版社 10 多年上千本图书的实践反复验证过的技术路线与工作方法。

上述效率方案其实也是质量方案——它的任何细节同时也是提高质量的举措；② 实施上述效率方案的过程，同时还是新编辑人才的培养过程、新编辑团队的建设过程。

---

① 李朔、石明贵、张暾：《数字化编辑——数字出版时代编辑工作新模式》，清华大学出版社 2013 年版。

② 石明贵、许进：《深挖传统出版业务的质量潜力》，"第九届韬奋出版人才高端论坛"优秀奖，2020.

科研助力数字教材出版高质量发展

——复合型编辑团队研发高质量数字教材的案例与思考

人民教育电子音像出版社电子编辑部原主任 邓文虹

【摘要】 2021 年是"十四五"开局之年，1 月 20 日教育部等五部委联合发出《关于大力加强中小学线上教育教学资源建设与应用的意见》，提出要建设"覆盖各类专题教育和各教材版本的学科课程资源体系"。毋庸置疑，数字教材出版高质量发展是学科课程资源体系的重要组成部分。高质量数字教材的研发需要以持续不断的科研为基础，以课程标准、教育技术学为指导，以优秀教师团队和优质科技公司协作为质量保证，以良好的社会效益和经济效益为支持。随着教育信息化进程的发展，持续不断地开展科研工作，建设复合型编辑团队，是数字教材高质量出版的必由之路。

【关键词】 科研；数字出版；数字教材高质量数字教材；复合型编辑团队

2021 年是"十四五"开局之年，1 月 20 日教育部等五部委联合发出《关于大力加强中小学线上教育教学资源建设与应用的意见》，在"主要目标"中提出：到 2025 年，基本形成定位清晰、互联互通、共建共享的线上教育平台体系，覆盖各类专题教育和各教材版本的学科课程资源体系。7 月 1 日，教育部等六部门又联合发出《关于推进教育新型基础设施建设构建高质量教育支撑体系的指导意见》，强调建设教育专网和"互联网 + 教育"大平台，为教育高质量发展提供数字底座。它提出，要"利用新一代信息技术开发数字教育资源，引导研发支持教师备授课、网络教研、在线教学的学科教学软件和满足特殊教育学生学习需求的个性化资源、设备、工具"。

无论是建设"覆盖各类专题教育和各教材版本的学科课程资源体系"还是"利用新一代信息技术开发数字教育资源"，数字教材研发都是建设数字化教学资源的核心工作，更是信息技术和"互联网 + 教育"形势下教育出版的重点工作之一，数字教材出版高质量发展是我们面临的新挑战。

一、高质量数字教材

（一）数字出版和数字教材

数字出版，是指以数字技术将作品编辑加工后，经过复制进行传播的新型出版。[①] 数字出版继承了出版的本性，只是编辑加工、复制、发行等出版的本质性要素在数字技术环境下进行，数字出版是出版的创新和拓展，数字出版物可以通过有形的介质如光盘、U 盘、硬盘、移动终端、云空间以及其他数字载体存储传播，也可以通过云存储通过互联网传播。数字出版具有"创作数字化、编辑数字化、出版数字化、发行数字化、标识

---

① 张新新：《数字出版概念述评与新解——数字出版概念 20 年综述与思考》，载《科技与出版》2020 年第 7 期，第 43 – 56 页。

数字化、管理数字化"① 的特点。

教材是用于向学生传授知识、技能和思想的材料，是教师指导学生学习的一切教学材料。它包括教科书、讲义、讲授提纲、参考书刊、辅导资料以及教学辅导材料。②

数字教材是数字出版的重要组成部分，是内容与技术相融合的多形态教育产品，具备教育性、技术性和出版性三方面特征。③ 数字教材是以信息技术为依托，融合文字、图片、音频、视频、动画及交互、AI 智能等元素，以数字化形式呈现，通过光盘、U 盘、硬盘、移动终端、其他数字载体以及云空间存储经过有机整合的教学资源，通过有形载体或互联网发售或传播的数字化教学资源。因其表达更清晰、讲解更生动、理解更有利、训练更快捷、交流更互动等特点，能够满足教师教学需要和学生个性化学习需求，成为教材的重要组成部分。

文中所指的数字教材包括以数字形式将教育教学内容编辑加工所形成的，以有形载体或云存储承载的音像电子网络和其他数字出版物，包括 CD、CD – ROM、DVD – ROM 光盘和点读笔、PC 客户端、移动终端上应用的各种数字出版物。

（二）高质量数字教材的基本特征

最近 20 年，笔者一直从事数字教材的策划、研发和出版工作，认为高质量数字教材应该具有如下特征：

（1）高质量数字教材是教科书的全面补充和提升，不仅应该具有丰富的内容、生动的形式、合理的结构、恰当的交互，更要能结合教师、学生

---

① 聂震宁：《数字出版：距离成熟还有长路要走》，载《出版科学》2009 年第 1 期，第 5 – 9、77 页。

② 邓文虹：《电子教材研发的思考与实践——以人教版电子教材的研发为例》，载《课程·教材·教法》2011 年第 12 期，第 32 – 36 页。

③ 李晓锋、孙燕：《数字教材的属性特征及标准规范体系研究》，载《出版科学》2021 年第 3 期，第 42 – 49 页。

在教与学的不同环节的不同需要，提供各种各样的教与学的支持；

（2）高质量数字教材应具有好用、实用、适用的特点，能满足不同层次教师和学生个性化的教学和学习需要；

（3）高质量数字教材的内容选取与呈现方式是核心，教育教学的实际需求是高质量数字教材存在的基础，技术手段和功能的运用是数字教材有别于纸本教材的重要特色；

（4）高质量数字教材还应该具有较好的社会效益和经济效益，是教育教学的长线、长效产品，要表现出优秀的用户（教师学生）认同度、较大的发行数量和较好的经济效益，也能为产品的升级换代提供充足的资金支持。

（三）高质量数字教材研发的基本原则

一直以来，笔者主要从事基础教育阶段数字教材的策划、组织研发、编辑审定和监制工作，作为教育信息化的重要组成部分，已经出版了一系列与教育教学直接相关的数字教材。这些数字教材或面向教师教学，或面向学生学习，或针对课堂教学需求，或帮助学生进行个性化的学习。

通过研发实践，笔者认为，高质量数字教材，要满足教育改革和教育信息化要求，切合"互联网＋教育"条件，研发要遵循以下原则：服务教育原则，以课程标准和教育改革的要求为基础，以服务教育为宗旨；关注效益原则，在策划具体选题中，注重现代教育理论的应用，注重信息技术手段的有效运用，关注教学过程和学生学习的结果，关注教育效益；强化优势原则，要挖掘各种媒体的特征，结合不同学科的不同特色，选择学科与媒体的最佳结合点，充分发挥各种媒体的优势，满足不同学科的实际需要；注重需求原则，要关注教与学的需求，从内容选择到呈现形式与交互方式上，都要满足教师实际教学需求，满足学生认知特点和情感特点的需求，关注学生的个性化学习需要，从而满足教师和学生在教与学的各个环节的不同需要；系统服务原则，就是要逐步形成全方位支持教与学的、覆盖教与学的各个环节需求的立体化的电子教材体系。

二、科研助力高质量数字教材出版的理论与实践案例

科研，即科学研究。我国教育部对科学研究的定义是："科学研究是指为了增进知识包括关于人类文化和社会的知识以及利用这些知识去发明新的技术而进行的系统的创造性工作。"

人类任何创造性工作离不开科研，数字教材的研发是一个系统工程，它集研究、建设、应用于一体，高质量数字教材研发是一个动态调整、不断提升的科研过程。[①]

文中数字教材出版过程中所说的科研包括在数字教材策划、开发、编辑、制作、出版、修订、发行中，所做的一切科学研究工作，包括需求调研、教育教学理论和教育技术学理论与实践研究、教学实际使用情况调研、信息技术运用研究、数字编辑业务研究等。由此可见，科研贯穿于数字教材出版的始终。

（一）高质量数字教材研发以调研为起点

高质量数字教材选题策划是关键。选题策划是数字教材（下文中称之为"项目"）研发的起点，开展访谈、问卷调查等调研，可以帮助我们明确项目研发目的，确定项目名称，深入了解用户需求，确定技术选型和结构框架，形成项目开发方案。

截至 2005 年，计算机开始进入学校和家庭，我们已经研发了《备课好帮手》、《中小学听说英语》、《多媒体教学资源与教学支持》系列（做了三个学科）、《人教超级智能组卷》等数字教材，教育市场上和互联网上也可能找到一些教育资源，有条件的地区正在建设地区基础教育资源网站和校园网，教师与学生已经有了应用多媒体资源进行教学活动的基础体验。

---

① 罗蓉、邵瑜：《电子教材的设计与开发》，载《中国电化教育》2006 年第 2 期，第 75－78 页。

案例一

服务于选题策划的调研案例

为了解教师使用已有教学资源的情况，笔者面向教师，做了一次旨在了解计算机使用状况和使用需求的问卷调查。调查以当时教育电子与网络出版物为物质对象，以了解教师在实际教学中的使用现状与需求为目的，从脚踏实地和着眼发展的角度展开。

数据采集中，我们注意样本选取的随机性和科学性，地域选取了大连、吉林、山东、兰州、江苏、广西、北京、唐山、广东等地，共发放问卷1050份，回收有效问卷932份。

被试教师全部是一线教师，涉及中小学各个学科。其中，语文、数学、英语教师占被试人数的69%，教龄在10~20年的占77%，54%的教师在城镇示范校任教。之所以选择示范校，是因为其设备、理念、教法具有一定的示范引领性，代表未来的发展方向。

被试教师中，57%的学校每个教室拥有计算机，79%的教师所在学校有校园网，84%的教师使用过多媒体教学光盘，89%的教师愿意使用计算机备课和上课，其中，58%的教师认为使用效果很好，42%的教师认为使用效果一般。91%的人在网上查找各种资源，但只有32%的教师认同网络收费，有68%的教师明确表示不认同网络收费。

在问卷调查中，关于教师需求，下面三个问题引起我们的重视，也成为后续我们出版数字教材一直关注的核心问题。

1. 教师希望软件中包含哪些内容。

在该项调查中，我们采用多选排序的方式进行，从图1可以看出，A和B项排在前面的较多，即教师首先希望得到现成的多媒体课件，其次是供教师自行设计制作多媒体课件的教学资源库，对优秀的教案、优秀的教学设计案例也有一定的需求。

A. 提供现成的多媒体课件；
B. 供教师自行设计制作多媒体课件的教学资源库；
C. 提供优秀的教案；
D. 提供优秀的课堂教学设计实例。

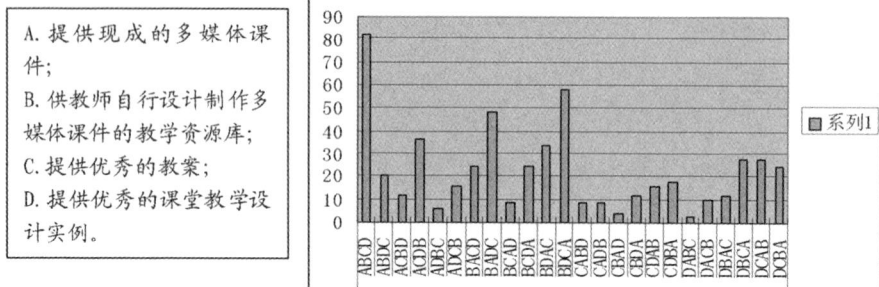

图1　教师希望备课和授课软件提供哪些内容

2. 教师最需要哪类教学软件。

调查表明，教师最需要的是学科课堂资源库类，其次是教案及教学设计类软件。

A. 学科课堂资源库类
B. 题库类软件
C. 教案及教学设计类
D. 重点难点解析类
E. 教育行政管理类
F. 团队班级组织活动类

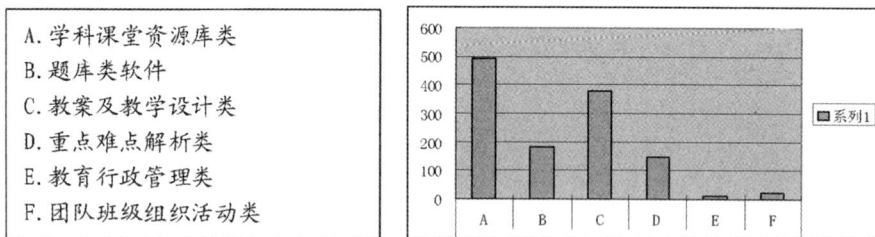

图2　教师需要哪类教学软件

3. 教师认为多媒体光盘最重要的成分。

紧贴教学实际、内容充实、操作简单，而价格实惠只在最不重要的位置。

A. 操作简单
B. 内容充实
C. 紧贴教学实际
D. 价格实惠

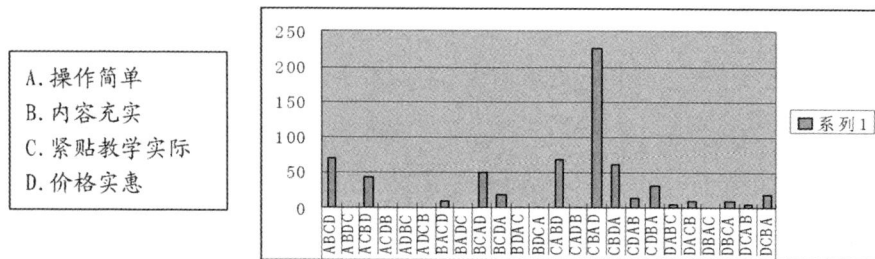

图3　教师认为多媒体光盘最重要的成分

这份调查虽然时间久远，但当时，我们正是以此为依据，坚定了全力研发《多媒体教学资源与教学支持》系列产品的信心，结合调研数据，着力组织研发适用、好用、实用，能解决教学重点难点问题的教学资源，并以最方便查询的方式——与教材章节相匹配的目录树形式，将教学资源有机组合成为帮助教师教学的数字教材。

在 2010 年《义务教育课程标准实验教科书》投入使用时，通过调研我们发现，几乎每间教室都有了计算机环境，教师随时可以在课堂上使用计算机。为此，结合教师核心工作，对光盘结构做了提升，分为"数字课堂"和"备课资源"两部分。"数字课堂"中，教师可以直接打开电子课本，各种教学资源已有机地链接其中，教师可以根据需要随时点开资源进行课堂讲解和演示，无需学生翻书，直接在课堂教学中使用；"备课资源"仍然以章节目录树形式呈现，资源中增加了教学 PPT 课件供教师参考，各种教学资源提供了分类目录管理，教师可以浏览其中的图片、音频、视频、动画、拓展资料等资源，选择自己教学需要的相关资源，修改光盘中提供的教学 PPT 或自己制作教学课件。

截至今日，《教学参考》已经涵盖义务教育各个学段、各个学科，成为深受教师欢迎的高质量长线长效数字教材，取得了良好的社会效益和经济效益。资金流为产品修订提供了保障，保证了《教学参考》这一数字教材的高质量出版。

（二）高质量数字教材以内容质量为核心

内容是数字教材存在和生命力的决定因素，合理、适用、实用的内容更是数字教材的核心组成部分。

1. 以中小学各学科课程标准为依据。

中小学课程标准（以下简称"课标"）对教材编写和教学活动提出纲领性的要求，是教材编写的直接依据，教材内容反映课标要求，是课标的具体化。因此，课标的要求是中小学教材编写的"规定动作"①。数字教材是对纸质教材的丰富、补充和深化，所以，更要以课标为依据，做好承上启下的工作，即准确选取内容，落实学科课程标准，以丰富的教学资源和适当的呈现形式，支持教学活动。

2. 以教育技术学为指导。

"教育技术学是通过设计、开发、利用、管理、评价有合适技术支持的教学过程与教学资源来促进学习并提高成绩的理论与实践。"②

教育技术学强调"促进学习"，关注"提高成绩"。这就要求我们在研发数字教材时，关注学生的学习需求、学习过程和学习结果，帮助学生通过学习获取知识、形成能力、提高成绩。因此，数字教材研发要为教师和学生提供教学建议、教学资源、教学案例，在设计、开发、利用、管理与评价等方面能够有目的、有计划地帮助教师教学，促进学生学习。

案例二

数字教材《普通高中课程标准实验教科书　配套光盘》的研发案例

为帮助高中学生，特别是偏远地区学生能够得到更优质的学习资源，笔者从 2007 年开始参与策划，直至 2010 年组织研发出版了数字教材《普通高中课程标准实验教科书　配套光盘》（以下简称《高中配盘》）。

这是一套涵盖高中各学科、各年级的数字教材，全套数字教材共 56 片 CD－ROM 光盘。在三年的时间里，我们在不同地区不同层级的学校做了需求调研，与学科编辑室编辑、一线教师教研员、高中学生进行交流，在广泛调研的基础上搭建框架、选择内

① 刘启迪：《论我国中小学教材的编写依据》，载《当代教育科学》2021 年第 6 期，第 4－39 页。

② 何克抗：《教育技术专业培养的人才应具有的知识能力结构及课程体系》，载《中国电化教育》2007 年第 11 期，第 9－12 页。

容、研究呈现形式和做技术选型，在制作出范例 DEMO 后多方征求意见修改，最终确定了《高中配盘》的框架结构和内容呈现方式。这套数字教材全部由特级教师撰写脚本和讲解，与技术领先的技术公司联合制作。

内容包括"精讲""精练""电子书"三大模块，其结构内容如下。

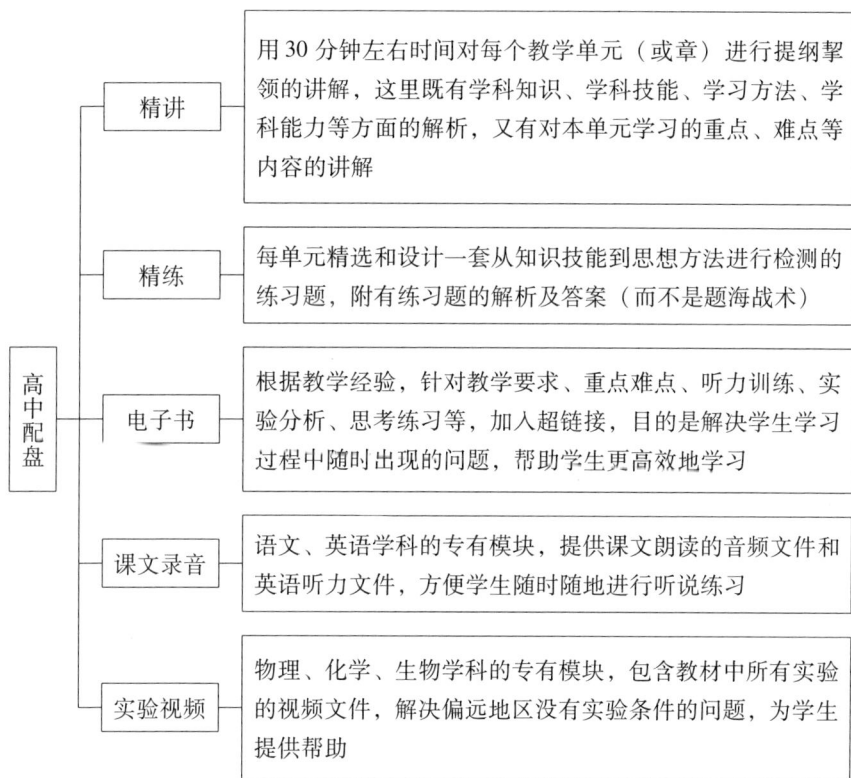

高中配盘	精讲	用 30 分钟左右时间对每个教学单元（或章）进行提纲挈领的讲解，这里既有学科知识、学科技能、学习方法、学科能力等方面的解析，又有对本单元学习的重点、难点等内容的讲解
	精练	每单元精选和设计一套从知识技能到思想方法进行检测的练习题，附有练习题的解析及答案（而不是题海战术）
	电子书	根据教学经验，针对教学要求、重点难点、听力训练、实验分析、思考练习等，加入超链接，目的是解决学生学习过程中随时出现的问题，帮助学生更高效地学习
	课文录音	语文、英语学科的专有模块，提供课文朗读的音频文件和英语听力文件，方便学生随时随地进行听说练习
	实验视频	物理、化学、生物学科的专有模块，包含教材中所有实验的视频文件，解决偏远地区没有实验条件的问题，为学生提供帮助

这套数字教材的使用对象是高中学生，学生既可以用于学生课前预习，也可以用于课中巩固，还可以在一学期或高中整个课程结束时作为综合复习教材使用。这套数字教材不仅为学生的学习提供了更多的学习选择和学习支持，更满足了不同学生在不同学习环节的差异化学习、个性化学

习的需要。

《高中配盘》出版发行 10 年来，越来越受到学生的欢迎，从 2010 年销售数量几百万片，到 2020 年，销售数量已经超过一亿片。其社会效益是帮助数以亿计的学生高效学习，良好的经济效益更为《高中配盘》持续不断的升级改造提供了资金保障。现在不仅完成了二代产品的开发，更在尝试针对计算机光驱的消失，将《高中配盘》光盘产品转化为 PC 客户端产品和同步到移动终端的 APP 产品。

（三）高质量数字教材出版要深入用户持续调研促提升

像教材一样，数字教材出版并不是项目的终结。数字教材能否解决教学需求、教学中使用状况如何、有什么需要改进的地方等问题更值得关注。

笔者所在单位一直重视科研工作，2001 年就建立了由 20 余所中小学学校构成科研实验基地，这些学校，既有东部发达地区的学校，也有中西部农村地区的学校。实验基地由几百名一线教师和学科教育专家、教育技术专家、技术开发人员构成。我们一直有目的、有计划、有组织地开展数字教材的应用实验研究，在教育教学一线检验产品，不断修改完善产品内容和结构。毋庸置疑，只有经历这样的研究—开发—实验—修改完善—再实验—再修改的过程，数字教材才能一步步走向深入和完善，实现数字教材的高质量出版。

案例三

数字教材《教学参考》《高中配盘》使用情况调研

2020 年，我们再次针对《教学参考》《高中配盘》等数字教材的需求和使用情况做了问卷调研。本次调查分教师问卷和学生问卷两部分进行，收回有效教师问卷 1221 份，学生有效问卷 8684 份。

（1）《教学参考》使用情况和问题

被试教师中，66.34% 年龄介于 30～50 岁，城镇学校占到 85.34%，语文、数学、英语教师占 73.3%，与 2005 年大致情况相同。在教师问卷中我们发现，69.04% 的教师每周三次以上使用数字教学资源，对于《教学参考》，76.06% 的教师经常使用"数字课堂"进行教学，67.55% 的教师在备课中参考使用"教学资源"。

教师更希望数字教材能起的作用是：提高学生学习兴趣 83.87%、直观呈现纸质教材中难以呈现的内容 78.21%、创设和营造教学情境 76%、延伸补充拓展视野 71.66%。

此外，有 68.62% 的教师会将所需资源保存在电脑硬盘，58.51 的教师希望光盘中的内容能同步到手机等移动设备，51.6% 的教师希望通过 PC 客户端使用，无需电脑光驱。

由此可见，《教学参考》基本符合设计初衷，能够满足教师教学的基本需求。但是随着技术的进步，很多计算机已经没有光驱，这一问题已经引起我们重视，我们正在研究通过 PC 客户端和移动终端为教师研发更方便实用的数字教材。

（2）《高中配盘》使用情况和问题

被试学生中，1105 人是高中学生，《高中配盘》是为高中学生研发的。在"你认为什么类型的学习资源对自己的学习有帮助"中，学生的排序是：辅助理解类 63.31%、巩固强化类 52.66%、操作演示类 50.03%、延伸拓展类 44.27%。认为"优秀数字资源应具有的特征"排序为：内容丰富科学准确 77.61%、形式多样生动有趣 71.74%、贴近课表符合学科特点 60.54%、便于检索下载播放和共享 45.13%。认为《高中配盘》基本满足使用需求的占 71.4%，对于其中的内容模块，受欢迎程度排序为：课文录音 40.45%、实验视频 39.82%、精讲或微课视频 37.1%、电子书

35.48%，而对于"精练"模块，只受到 19.55% 被试者的欢迎。

由此可见，虽然数字教材能够在各个学习环节对学生的学习起到一定的帮助作用，但由于地域差异、学习情况和教学评价标准不同，"精练"类评测的内容难以满足大多数学生需求，《高中配盘》还有巨大的提升空间，需要通过更加深入的教材研究、更加细致的学习者学习需求研究，不断改进提升。

此外，值得注意的是，有 90.6% 的学生希望"未来教学中，尤其在 5G 技术推广后，将 AR、VR、人工智能等智慧教育新技术引入课堂和日常学习"。

综上，数字教材研发离不开科研，高质量数字教材要在科研中开发、在开发中实验、在实验中检验、在检验中提升、在提升中完善，只有经历了这样的研究—开发—实验—修改完善—再实验—再修改的过程，才能保证数字教材出版的高质量发展。

三、领先的技术合作伙伴和复合型编辑团队是高质量数字教材出版的保证

不同学科有不同特点，语言音乐类学科关注听说读写唱练习，理化生类学科实验与虚拟现实显得十分重要，数学学科强调思想方法和逻辑推理、数形结合、计算能力，人文科学重视知识文化积累和思维品质形成。相比于纸本教材，数字教材的最大特点是其功能的拓展，利用适当的技术手段将图、文、声、像、动画、交互、超链接、智能判断、及时反馈等有机地融为一体，充分调动学生的各种感官，进行更高效优质的学习。

技术的发展和进步使得语音识别技术、智能点读技术、AR 增强现实技术、VR 虚拟现实技术、人工智能技术等越来越多地应用于数字教材的研发。在产品出版研发中，选择优秀的技术开发合作伙伴无疑是做好技术

选型、发挥不同技术特色、优化呈现方式、体现学科需求和学科特点的关键。

数字出版下，复合型编辑将成为数字教材研发的灵魂人物。数字出版需要"既懂电子出版、多媒体出版、电子商务和信息管理等数字化出版技术，又具有出版专业知识和经验"的复合型编辑。① 数字教材出版则需要这个复合型编辑还懂教材教学、懂教育教学理论、懂教育技术。毋庸置疑，这样高水平复合型编辑的培养要花费相当长的时间。时不我待，出版高质量数字教材应该由学科教材编辑、文字编辑、多媒体编辑、数字技术编辑共同组成复合型编辑团队，由优秀的一线教师、教研员、教育教学专家、教育技术专家、专业的技术开发公司共同组成研发团队来完成。

近些年来，随着信息技术的飞速发展，新技术、新载体、新手段越来越多地应用于教育领域，从家庭到学校，从课内到课外，从日常教学到拓展学习，新的技术手段层出不穷，目不暇接。近几年，我们陆续研发了点读笔、智能点读笔、人教易学 APP 等数字产品，由于计算机光驱的消失，尝试将光盘产品升级为 PC 客户端产品，也在一些产品中应用了 AR、VR和人工智能技术，一些内容和推广正在尝试使用抖音号和微信小程序。然而，怎样更有效地整合学习资源，用好各种信息技术，做到销售一代、储备一代、研发一代，在教育出版融合发展形势下实现高质量数字教材出版仍然是我们面临的持续不断的挑战。

只要有创造性的人类活动，科研就不会停止，复合型编辑团队持续不断的科研必将帮助我们解决数字出版中遇到的问题，助力数字教材出版的高质量发展。

---

① 张雪梅：《数字化出版时代高校学报复合型编辑的培养》，载《常州信息职业技术学院学报》2016 年第 15 卷第 5 期，第 28 – 31 页。

新时代数字出版人才培养的关键问题

上海大学文学院博士研究生、绥化学院数字出版专业教师　王海峰

【摘要】　数字出版是新的出版方式。数字出版人才培养与传统出版人才培养有诸多差异。对数字出版人才培养而言，培养数字产品经理人才是新时代数字出版人才培养的主要目标，培养学生的阅读与写作能力仍是新时代数字出版人才培养的重要基础，鼓励辅修是解决新时代数字出版人才培养中"博"与"专"矛盾的重要途径，以成果和项目为课程导向和载体是新时代数字出版人才培养的重要激励方法。这构成了新时代数字出版人才培养的四个关键问题。

【关键词】　数字出版；人才培养；数字产品经理；读写能力；主辅修制度；OBE

我国数字出版专业始建于 2013 年，很多数字出版专业是基于传统编辑出版专业而建，当然，也有一些是基于网络与新媒体、计算机应用技术、新闻学、广告学等专业而建，这使得建设后的数字出版专业各具学科发展特点。在 2018 年教育部发布高等学校普通本科专业建设国家标准之后，数字出版专业的人才培养目标、规格、核心课程等都有了一个较为统一的参考。不过，数字出版专业教育教学改革还有许多必须注意的关键问题需要解决。本文从人才培养目标、读写能力、主辅修制度、成果与项目导向四个方面对新时代数字出版专业人才培养关键问题进行探究，以期为数字出版专业人才培养提供参考。

一、培养数字产品经理人才是新时代数字出版人才培养的主要目标

传统编辑出版专业是以培养编辑人才为核心目标的。编辑岗位所具备的能力被很多研究者称之为"编辑力"。这方面的研究著作和实践指导图书很多，如鹫尾贤也《编辑力：从创意、策划到人际关系》、周浩正《优秀编辑的四门必修课：一位资深总编的来信》、邬锦雯《你胜任什么职业？——图书编辑能力素质模型的构建及相关因素研究》、杰拉尔德·格罗斯《编辑人的世界》等。关于编辑的核心能力和出版人才核心竞争力的探讨也有很多，如选题策划、写作、编辑加工等能力。

不过，随着编辑出版行业实际工作的细分与整合，出版界对编辑人才能力的要求出现了很多变化。这主要体现在两个方面，一个是内容编辑，一个是技术编辑。内容编辑主要体现在，要求编辑对内容的策划、审理、撰写、加工、校对等方面具有较好的把握。技术编辑则主要体现在，要求编辑对承载、表现内容的技术平台、软件、格式、数据等方面具有较好的操作。此外，从纵向的角度来看，采编合一的趋势也越发明显。很多大的报纸、杂志、网络媒介都在招录采编合一的编辑出版人才。这些媒介一方面精简用人数量，另一方面提高用人待遇，其主要发挥编辑人员的高效整

合能力与作用，从而使得采编的稿件具有极强的融合性和传播力。

随着数字出版产业的发展，数字出版产业在文化产业中的地位也越来越重要。数字出版产业领跑文化产业数字化、网络化和创造性发展。在这个大的背景下，很多人呼吁互联网产品经理人才的培养。互联网产品变得炙手可热。此方面的著作也不胜枚举，如苏杰《人人都是产品经理：写给产品新人》、唐韧《产品经理必懂的技术那点事儿：成为全栈产品经理》、权莉《从需求到产品 0 岁产品经理进阶之道》、史蒂文·海恩斯《产品经理装备书》等。在出版和文化领域，出现了从"编辑"向"产品经理"转变的行业趋势。在数字出版领域，编辑和产品经理的定义界限已经模糊，很多编辑在做数字产品经理的工作。面对这样的行业和岗位发展趋势，数字出版专业必须将人才培养的视角转向数字产品经理。

我们面对的关系不再是编辑之于作品，而是数字产品经理之于数字文化产品。经理要做的事情是更宏观的基于开发、管理、运营、销售等全方位的工作，而传统的编辑或数字编辑要做的事情则是将某个稿件在内容或技术上编辑为一个可以发布的作品。数字产品经理和数字编辑有着本质上的区别。这是数字出版专业人才培养需要思考的关键问题之一。

二、培养学生的阅读与写作能力仍是新时代数字出版人才培养的重要基础

不论是从数字出版时代"内容为王"的消费导向①来看，还是从出版专业人才需求与学生的相应能力培养②来看，数字出版专业本科教育的阅读与写作能力是数字出版专业人才培养的一个重要组成部分，而且是十分

---

① Bill Gates，"Content is king"，https：// www. craigbailey. net/content - is - king - by - bill - gates/，2010 - 05 - 31.

② 王海峰：《需求分析视角下地方高校数字出版专业人才培养思路》，载《长春大学学报》2018 年第 28 卷第 12 期，第 68 - 73、98 页。

基础和综合性的关键部分。

出版与阅读如影随形，出版就是为了阅读。写作是出版的重要组成部分。这些是不证自明的道理。出版产业的兴旺发达，和阅读活动的兴盛也自然具有紧密的联系。在数字出版时代，人们对知识付费的内容和形式都有了全新的认识。很多数字出版产品都推出了知识付费服务项目，如最新影片的付费观看、影视 VIP 年卡会员制度、在线付费课程等。这些数字出版产品不再是传统意义上的简单的作品营销，而是为了寻找阅读的受众，或者说是为了创造受众阅读需求而创作出版的数字产品，很多产品依靠口碑、质量赢得消费者订阅和付费。而基于写作行为建立的数字产品也有很多，例如网络小说付费阅读、公众号付费阅读制度、各种平台打赏制度等。数字产品产业链的盈利模式已经逐渐发生变化，它有别于传统依靠广告赚取收益的间接盈利模式，而成为一种新的知识付费产业链。

基于以上发展，数字出版专业人才培养要十分重视受众，这个受众既是传播学意义上的大众，也是出版产业中的用户和超级用户，更是阅读学意义上的数字阅读者。在人才培养上，只有了解阅读学和阅读者，才能够在消费层面、文化层面、心理层面上做好数字出版产品。对于写作，长久以来人们将它视作一种工具，也将之看作一种能力，其更是一种每个人都应该具备的素养。上海大学创意写作研究团队在国内首倡创意写作，葛红兵等研究者提倡创意写作与创意产业相融合。[1] 创意写作经历了或正在经历概念、理论、学科、文本、产业、素养六次突围。[2] 其中，产业与素养突围是写作变身产业和素养的重要环节。作为数字出版专业人才培养者，不能忽视写作在专业人才培养中的产业作用和素养价值。

---

① 葛红兵、高尔雅、徐毅成：《文学的"创意"本质及其产业化问题》，载《世界华文创意写作协会高峰论坛（2016—2017）会议论文合辑》，上海市华文创意写作中心 2018 年，第 39 – 51 页。

② 王海峰：《创意写作的六次突围》，载《文艺评论》2019 年第 6 期，第 78 – 87 页。

阅读与写作能力的培养要求数字出版专业在人才培养体系中建设好阅读与写作类课程群。这个课程群应该包括基本的出版经典导读课程、基础写作课程、语言文字规范课程、创意写作课程、信息检索课程、学术论文写作课程、出版评论课程等。

三、鼓励辅修是解决新时代数字出版人才培养中"博"与"专"矛盾的重要途径

在高等教育专业细分的大背景之下，作为应用型的数字出版专业教育，一方面应该高度整合现有的专业内部基础知识和高阶知识，另一方面应该对现有专业进行基于学生自主学习兴趣爱好的专业性拓展。将以上两个方面概括起来，换而言之，是指数字出版专业教育既要使学生学好自身数字出版专业的专业知识和技能，也要使学生掌握一门具有一定深度且能够将数字出版专业与之相结合的辅修专业。这个辅修专业可以是任何一个专业，如汉语言文学、历史、英语、化学、食品与制药、农林艺术等。

在传统的编辑出版和编辑学时代，很多研究者（尤其是编辑出版界以外）认为"编辑无学"，也有更多人认为编辑是"杂学"。不论哪一种观点，编辑学在历史上都曾陷入一种认知上的误区。[①] 在数字出版时代，编辑的技术性明显增强，在编辑转变为产品经理之后，这种基于技术、管理、策划、运营、销售等综合能力的岗位便少了很多争议。从岗位薪酬的角度来讲，一个数字编辑的岗位薪酬一般 5000 元左右，而一个数字产品经理的岗位薪酬一般可以达到 2 万元。岗位理解和岗位地位的变化，导致数字出版专业教育需要鼓励学生辅修第二专业。事实上，编辑和产品经理都

---

① 罗映纯：《走出"编辑无学"的困境——浅论〈编辑学概论〉的教学》，载《编辑之友》2013 年第 9 期，第 44 – 46 页。

是基于某个行业或某个领域的数字产品创造与管理。专业细分是在行业细分的影响下完成的。但是，数字编辑和数字产品经理都是一个需要综合行业领域和出版知识技能的特殊岗位。这个岗位需要其将自身专业知识技能与自身专业兴趣爱好有机结合，只有这样才能更好地激发数字出版专业学生自身潜在的创造力和编辑力。

刘道玉在《创造教育概论》中认为，我国高等教育采取分科教育的制度与欧美国家的"通才"教育不同，导致我国现在的专业教育存在学生学习知识面过窄和专业设置计划难以反映社会实际需要的问题，而专业主辅修制度能够有效地克服以上问题。[①] 数字出版专业同传统的编辑出版专业一样是一种工具性的专业。虽然数字出版专业能够教授学生出版规范、编辑原理、编辑实务，但是在实际的岗位运用和专业发展当中，我们必须正视一个可持续发展的问题，即数字出版专业学生在实际工作岗位中从事专业领域的契合度、认知度和专业性问题。举个例子：一个数字出版专业学生掌握了全部数字出版专业知识和技能。他任职的产业或岗位是电子竞技出版方面的。如果这个学生不能够对电子竞技有深刻的认知和理解，并喜爱这个行业，那么即便他有出色的数字出版知识和技能，恐怕也无法在电竞领域发展得更好。这就是我们鼓励数字出版专业学生进行辅修的重要性，不仅如此，我们也期望能够建立一套比较科学完整的数字出版专业主辅修制度。

此外，数字出版专业开设跨学科课程是对主辅修制度的拓展和补充。数字出版属于传播学，其专业特征和课程内容却并不局限在传播学领域。数字出版专业不可避免地要开设很多跨学科课程，这些课程可能涉及多个学科，如哲学、文学、计算机科学、数学、管理学、心理学、政治学、社会学、语言学等。

以 2018 年教育部发布的《普通高等学校本科专业类教学质量国家标

---

① 刘道玉：《创造教育概论》第 3 版，武汉大学出版社 2009 年版，第 220 页。

准》以下简称《国标》为例。《国标》中对数字出版专业所属的新闻传播学做了如下说明：“新闻传播学是文学门类下设的一个专业类，主要以文学、政治学和社会学为学科基础，同时又与哲学、经济学、管理学、艺术学、心理学和历史学等学科密切相关。新闻传播学类专业具有较强的政治性，要求学生坚持马克思主义新闻观和正确的政治立场。新闻传播学类专业同时具有较强的实践性与融合性。”数字出版的新闻传播学属性决定了这个专业必须开设诸多跨学科性质的课程。从这个角度讲，数字出版专业既是专业细分背景下的前沿专业，也是媒介融合背景下的复合专业。所谓前沿专业，是指基于数字出版产业是文化产业前沿、数字出版教育是文化教育前沿两个方面而言的专业。所谓复合专业，是指基于诸多文化、信息、资源都需要通过数字出版方式传播、沟通、销售的一种内容和技术上的融合出版而言的专业。

《国标》对数字出版专业人才能力培养提出如下几个问题：文字表达能力、业务实践能力、计算机和媒体技术应用能力、社会调查研究能力等。《国标》在课程设置上建议开设人文社会科学和自然科学类通识课程；在专业课程上，建议数字出版专业课设数字出版技术、数字出版创意与策划、数字多媒体作品创作、数字多媒体作品赏析、网页设计与制作、网络与新媒体广告、出版法规、视觉传播、电子商务基础与应用等课程。《国标》“鼓励开发跨学科、跨专业的新兴交叉课程”①。这是比较符合现在数字出版发展现状的。例如，数字出版技术与当下前沿的大数据技术、人工智能技术、云计算技术、5G技术、虚拟现实技术等的融合。此外，如何处理好内容和技术的融合也是数字出版从业者需要考虑的重要问题。很多数字出版专业开设的科学技术哲学导论课程、大数据与云计算课程等都是跨学科课程。

---

① 　教育部高等学校教学指导委员会：《普通高等学校本科专业类教学质量国家标准》，高等教育出版社2018年版，第96－100页。

四、以成果和项目为课程导向和载体是新时代数字出版人才培养的重要激励方法

数字出版专业人才培养以成果为课程导向，以项目为课程载体，均可视为 OBE 教学理念的体现。成果导向和项目载体都作用于应用型专业课程。例如，数字出版专业开始出版评论课程，在授课中教师可以将出版企业和新媒体企业的出版现象、出版活动、数字出版物、评论文章等内容作为课程作业选题，让学生撰写出版评论文章。有的出版评论可以帮助现有合作的出版企业宣传数字出版产品，有的出版评论可以探讨出版企业的发展路径。这些以项目形式带动学生参与的出版评论实践活动，对锻炼学生出版评论写作能力，有比较直接的提升和反馈作用。同时教师或专业与企业的合作关系还可以为学生提供相应报酬或就业机会。基于此，学生撰写的出版评论作品也可以作为学生社会实践或学术研究的成果。

数字出版专业要鼓励教师将课程作业与产业、行业项目结合，将业界项目引入课堂，成为学生的作业，并能够将作业转变为优良的教学成果或实践作品。这种产教融合在课堂上的具体实践也是教育部产教融合项目的具体化。但是教育部产教融合项目难以做到普及所有应用型和学术性高校，更加能深入每门课程的课堂。所以，以成果和项目为课程导向和载体是比较好的产出式与实践式相结合的教学方式。

这种教学方式并不容易实现，在实践的过程中，我们需要注意这样几个问题：第一，我们需要根据行业需求和人才培养方案进行课程定位与教学内容调整；第二，在此基础上，我们要找准与课程及课程所支撑人才培养方案中的知识、能力和素养目标相符的企业项目，然后积极与企业沟通、合作，达成共识；第三，我们要建立健全学生作业、作品的反馈渠道，教师点评作业、企业项目达成和受众传播效果三个方面成绩要尽量做到有效、均衡和可量化。此外，这种产教合作可以是有报酬的，可以是无

偿的，也可以根据学生作品的实际企业营收情况进行提成。例如，绥化学院数字出版专业出版评论课程、编辑理论与实务课程曾与企业合作图书评论与推广项目、校对项目，企业根据实际订单或工作量情况给予学生报酬等。而学生在整个教学实践过程中，既学到了知识、能力，取得了成果，又可以收获些许劳动报酬。

媒体融合视域下的传统编辑赋能路径探析

——以漓江出版社为例

漓江出版社　张津理

【摘要】　随着媒体融合越来越向纵深发展，对传统出版单位的编辑专业人才队伍建设也提出了更新更高的要求。传统编辑应如何顺应时代潮流，用新思维、新媒体、新内容、新技术为传统出版赋能？本文以笔者所在单位漓江出版社近年实践为例，从内容增值、精准营销、线上互动、高效传播四方面，探讨分析了媒体融合视域下，新时代的传统编辑赋能路径。

【关键词】　媒体融合；传统编辑；赋能

一、媒体融合视域下，传统编辑急需赋能

党的十八大之后，为推动全面深化改革，"媒体融合"逐渐上升为国家战略。2014 年 8 月，中央全面深化改革领导小组第四次会议通过了《关于推动传统媒体和新兴媒体融合发展的指导意见》；2015 年 3 月，原国家新闻出版广电总局和财政部印发了《关于推动传统出版和新兴出版融合发展的指导意见》；2020 年 9 月，中共中央办公厅、国务院办公厅印发了《关于加快推进媒体深度融合发展的意见》，从中央层面全方位明确了媒体深度融合发展的总体要求。在媒体融合视域下，传统出版业可以说已被倒逼进入出版改革的新时期。"泛传播环境形成的融媒体生态，让传统出版产业在数字技术发展的背景下显示出了融合与转型的紧迫性。"①

究其缘由，是因为近 30 年来互联网的高速发展，特别是近 10 年来移动互联网的迅猛发展，使得信息传播的成本空前降低。现代化的数字技术能优质、高效地将图文、声音、视频等不同形态的信息流兼容起来，由此轻而易举地超越了图书、音像、影视等传统媒体的传播手段。但值得注意的是，新旧媒体"不是一个前后更替、你死我活的简单替代关系，而是一个共存互补的交互融合关系"②。媒体融合已经成为一种必然趋势，旧有的单一媒体在数字时代越来越不具有优势，急需赋能。

作为新兴媒体发展理念之一，媒体融合可看作在信息传输通道多元化的基础上，将图书、报刊、电视等传统媒体与互联网、手机、穿戴式智能设备等新兴媒体传播通道有机结合起来。随着媒体融合越来越向纵深发展，融媒体产品越来越深入影响人们的日常生活，对传统出版单位的编辑

---

① 梅若冰：《功能性视角下大众图书融合出版的实现逻辑与路径》，载《出版参考》2020 年第 12 期，第 38–41 页。

② 蔡翔：《传统出版融合发展：进程、规律、模式与路径》，载《出版科学》2019 年第 2 期，第 5–14 页。

专业人才队伍建设也提出了更新更高的要求。"数字出版使得传统单一模式转变成为多媒体复合模式，编辑工作也转变成为多个复杂要素组成的系统性项目工程。"①在传统媒体与新兴媒体的融合之路上，传统编辑需要顺应时代潮流，与新时代、新媒体、新思维、新技术共同成长。具体来说，应当强化媒体融合意识，具备全面的媒体把控能力，"应当具备一定的信息素养和软件操作能力，便于支持和推进传统出版业的融媒转型改造流程"②，通过媒体的融合、理念的融合、技术的融合、运营的融合打造出不同形态的融媒体内容产品，并通过各种平台传播给广大受众，为传统出版找到赋能路径。

二、内容增值赋能之路：以富媒体电子书为例

电子书作为老牌的数字出版产品，常规形态的"纸书电子版"仅有点击翻页功能，与纸质书阅读体验相近，却被局限在较小的屏幕空间里，越来越不能满足受众的阅读需求，但当其与富媒体融合时，原有的文本内容能够利用新技术得到信息增强，并能将更丰富多彩的信息准确定向至读者。富媒体虽然借助互联网兴起，但其本身并不是一种具体的互联网媒体形式，而是指具有动画、声音、视频或交互性的信息传播方法。

富媒体电子书是"对数字内容本身进行富媒体编辑和创造。在原有内容的基础上进行图片的绘制、音乐的添加、用户交互体验的设置"③，借助媒体融合手段对原书进行内容增值赋能后（见图1），使得电子书以富媒体的形态呈现，带给读者崭新的视听联动体验及阅读沉浸感。

---

① 陈珍：《基于职能导向的数字出版编辑人才培育研究》，载《编辑学刊》2021年第3期，第117－120页。

② 赵越：《新媒体时代传统出版业如何实现融媒转型——以凤凰出版传媒集团为例》，载《科技传播》2021年第9期，第93－95页。

③ 武小菲：《泛阅读时代富媒体在数字出版中的应用》，载《出版发行研究》2014年第8期，第54－57页。

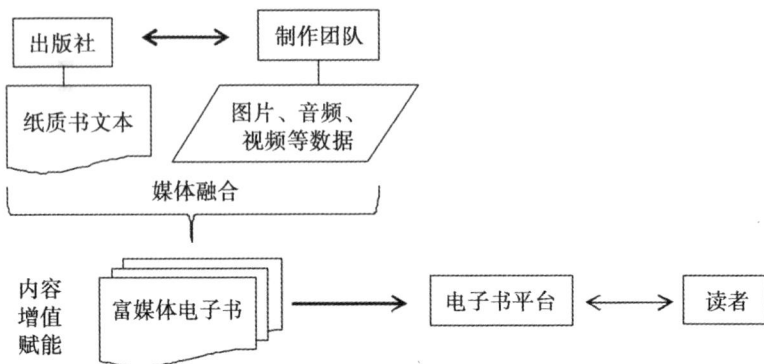

图 1　富媒体电子书制作、传播流程

例如 2021 年 5 月，笔者所在单位漓江出版社出版了向中国共产党建党 100 周年献礼的《重生——湘江战役失散红军记忆》（以下简称《重生》）。除了常规出版的纸质书，编辑还与电子书平台合作，借助媒体融合技术对其进行内容增值升级，打造出一本融文字、图片、音频、视频为一体的富媒体电子书。

《重生》以实地采访、口述实录的形式，记录了 22 位湘江战役失散红军从军、掉队和受到当地群众帮助的故事。针对其文史属性，在媒体融合视域下，我们制定了"史料价值、文学价值双重赋能"的内容增值策略，为这一主旋律题材图书录制了声情并茂、感人肺腑的 46 集有声书（见图 2），录制了红军长征过桂北调查组采访当地农民记录音频，摄制了《红军长征过桂北》视频，将这些数字内容以二维码的形式嵌入电子书，并加入点评、书摘等互动功能，在原书文本内容的基础上，用融媒体手段立体化地展示了红军绝地反击、浴火重生，信仰执着、坚守初心的"长征精神"。

《重生》富媒体电子书上线前后，我们还以媒体融合思维为指导，与光明网、中国日报网、人民网、搜狐等数十家网络媒体平台合作，为《重生》进行了大规模宣传推广，仅在网易新闻客户端发布的新闻就收获了 50 万＋阅读量。

图2 带音频、视频入口的《重生》富媒体电子书界面

从传统的翻页电子书，到融图、文、视、听、互动为一体的富媒体电子书，这一路径"强调运用图文声像等信息文本对知识进行解构及重组，更加符合新受众移动、场景、即时、社交型的阅读习惯，对媒体深度融合时代的知识传播具有深远意义"①。《重生》富媒体电子书的成功打造，为我社开辟了一条内容增值的赋能之路。

———————————

① 程素琴、郑志亮：《从翻页电子书到融媒体出版物——后接受美学视野下融媒体编创的跨界探索》，载《现代出版》2020年第6期，第54－58页。

三、精准营销赋能之路：以时效性推送为例

随着技术发展的突飞猛进，互联网受众获取信息的速度和规模日新月异，"时效性"的重要程度空前凸显，社会生活中出现的每一个最新的时事热点，都极易受到海量关注。在媒体融合视域下，传统编辑必须迭代自己"慢工出细活"的惯有思维，在立足本社资源优势、保证产品基本质量的前提下，应时刻紧绷神经，最大限度地及时跟进国内外社会时事热点，有的放矢地"蹭热点"，对出版物进行精准营销赋能。

例如 2020 年上半年的"黑天鹅"——席卷世界的新冠病毒肺炎疫情，可谓是当时最重要的全球性时事热点。在此期间，漓江出版社编辑发现，大众读者的阅读兴趣是紧随时代大潮的，疫情期间的阅读也更倾向于与疫情相关的读物。为了贴合受众的个性化需求，我们决定用时效性推送来调整与疫情有关的图书营销工作侧重点，从"做广度"提升到"做深度"，从"全面撒网"提升到"精准营销"。

经过比对，挖掘疫情内涵与我社图书底蕴的共通之处，我们最终选定了我社刚刚出版的抗疫新书《医路长行》（见图 3）。该图书是广西南宁一所抗疫医院院长亲笔撰写的行医回忆，其中对各种扣人心弦、可歌可泣的抗疫故事刻画得入木三分，这一自传性质的叙事内核与情感诉求，既符合时代主旋律，又秉持正确的价值导向，非常精准地契合了疫情期间的大众阅读倾向。

适逢 2020 年 4 月 23 日，我们决定将《医路长行》精准投放至"世界读书日：各行各业读书人共荐好书"活动，并特地请作者吴锋耀院长出镜，为其拍摄了荐书视频（见图 4）。荐书视频发布后，在我社、光明日报、中国快讯、中国图书进出口（集团）总公司等平台均广受好评。

图3 《医路长行》图书封面 图4 《光明日报》页面荐书视频截图

疫情期间的精准营销，当然只是特定时期的"点对点"应对手段，但考察这一赋能路径，以媒体融合意识进行时效性推送，正是链接时事热点与读者需求的绝佳切入点。"通过新媒体融合，出版业将搭载互联网快车，极大拓宽出版销售渠道，形成广域性、高覆盖、网络化的多维销售模式，实现自身在技术、理念和综合竞争力上的迭代升级。"①《医路长行》此后陆续进入广西"宣传部思政读书会"推荐书目、广西出版系统"防疫抗疫优秀出版物"、中国知网推荐好书、百道网推荐好书等各类榜单，证明我们用时效性推送成功开辟了一条精准营销赋能之路。

四、线上互动赋能之路：以微信公众号推文为例

腾讯公司2021年公布的数据显示：每天有10.9亿用户打开微信，其中3.6亿用户阅读公众号推文。得益于这一空前庞大的受众面，微信公众

---

① 吴田田：《移动互联网时代纸媒编辑向数字编辑转型的路径探索》，载《新闻研究导刊》2021年第4期，第211–212页。

号已成为传统出版单位进行媒体融合转型的优质头部平台。网民们司空见惯的微信公众号，在媒体融合视域下，成为传统编辑的赋能好帮手。无论是推介新书、读者培养，还是品牌宣传，编辑都可以借微信公众号这一头部大众平台，"一方面要充分发挥母媒体传播优势，如纸媒要发挥其文字、图片优势；另一方面就是要与传统媒体形成优势互补，利用微信平台弥补母媒体的传播短板"①。

例如 2019 年 4 月，漓江出版社编辑与中国知网合作，联手策划了一期图书推广活动——"猜书大作战"（见图 5），活动精心挑选了《苏霍多尔》《三个世界的西班牙人》《快乐的科学》等 10 余种我社图书，将它们的相关图文（多为书中内容）改编为谜面，其书名作为谜底选项，引导公众号读者进行有奖竞猜，竞猜全部正确的幸运读者可获赠我社图书一本。

此次活动在知网微信公众号"CNKI 知网文化"上推出后，反响强烈，几天内就收获了 1.3 万的阅读量，读者们纷纷在留言区踊跃互动。这一路径不同于"向你推荐一本好书"之类传统的微信图文内容编排，我们采用了内容生动、形式活泼的新媒体语言，让目标读者更广泛、更深入地接触、了解了我社图书，可以说是在媒体融合意识指导下，利用微信公众号开辟了一条线上互动赋能之路。

五、高效传播赋能之路：以创意短视频为例

"视频并不是电视的专利，随着人们生活节奏的加快和移动互联网时代的来临，网民进一步远离电视，义无反顾地投向移动短视频。"② 中共中央网络安全和信息化委员会办公室网发布的数据显示，截至 2020 年 12 月，

---

① 王海燕：《传统媒体微信公众号编辑与运营策略分析》，载《编辑之友》2015 年第 2 期，第 85 – 88 页。

② 邓建国、张琦：《移动短视频的创新、扩散与挑战》，载《新闻与写作》2018 年第 5 期，第 10 – 15 页。

图 5 "猜书大作战"微信活动页面截图

中国短视频用户规模已达 8.73 亿。在媒体融合视域下，短视频的优势显而易见：相比传统的图文媒体，短视频整合了屏幕形象的动态与静态，调动了观众的视觉与听觉，更具有冲击力和感染力；相比传统影视媒体单向传播的局限性，短视频在用户互动中具有扩散力和渗透力；此外，短视频是高效传播的绝佳载体，传播速度更迅捷，传播周期更灵动。

例如 2018—2019 年跨年之际，为赋能出版品牌建设，漓江出版社编辑与掌阅平台合作，拍摄了跨年短视频《2019 带上书不会输》中的一个片段。在这节名为"多看书，菜场大妈也是辩论狼人"的分段视频中，我们选用了我社的哲学类图书《叔本华的辩论艺术》作为创意素材和视频道具，将叔本华的辩论技巧融入买菜大妈讨价还价的戏剧化场景，拍摄了不到半分钟的搞笑故事（见图 6）。我们目的不在于推广单品种图书，而是要为我社品牌推广找到一条媒体融合的传播路径。

图 6 "多看书，菜场大妈也是辩论狼人"短视频截图

该短视频投放在腾讯视频、抖音、快手等各大视频平台后，传播赋能成效显著，2019 年初仅腾讯视频就达到了 13 万＋的播放量。一边是看似厚重严肃的小众图书，一边是化身"辩论狼人"的菜市场大妈，我们用日常生活场景制造了"反差萌"，用轻松诙谐的气氛消解了阅读的厚重感，用短短 20 多秒的高效传播路径，让阅读品牌更接地气。在媒体

融合进入加速的新时代，驶上短视频的快车道，就开辟了一条高效传播赋能之路。

六、结语

2014 年 8 月，在中央全面深化改革领导小组会议中，习近平总书记强调："推动传统媒体和新兴媒体融合发展，坚持传统媒体和新兴媒体优势互补、一体发展，坚持先进技术为支撑、内容建设为根本。"在媒体融合视域下，传统出版业迎来了新的挑战与机遇，传统编辑也应与时俱进，加强学习，迭代思维，更新技能，应用各种新思维、新媒体、新内容、新技术，为传统出版赋能。上文中列举的四种赋能路径，是近年来漓江出版社编辑在媒体融合领域做出的一系列探索，并不是单一、孤立存在的，实践中可以考虑两两搭配甚至几路并进，在此基础上帮助出版单位进行融合发展转型，可望在"组合拳"中实现社会效益与经济效益的最大化。

地方出版单位"专精新特"的高质量发展之路

——以安徽人民出版社为例

安徽人民出版社副社长　孙　立

新发展理念是习近平新时代中国特色社会主义经济思想的主要内容，必须长期坚持，努力实践。出版作为文化产业的重要组成部分，面对新格局、新技术，必须主动求变，适应新时代出版发展的新逻辑，实现出版高质量发展。出版单位也应主动在新时代新阶段的发展过程中积极贯彻新发展理念，坚持以供给侧结构性改革为主线，在推进高质量发展上闯出新路子。安徽人民出版社作为安徽出版集团旗下专攻党政服务的人文社科类地方党社，近些年始终紧紧围绕新发展理念，严格按照安徽省委宣传部、安徽出版集团党委的定位要求，在高质量发展上力求有所突破，特别是笔者自2018年调入安徽人民出版社任副社长以来，带领团队亲历了安徽人民出版社的一些创新和突破，取得了一些成绩，他山之石，可以攻玉，期待得到同行的指导和指正。

总的来说，安徽人民出版社和其他省份的人民社一样，历史悠久，但人员相对老化，业务相对单一，加上安徽人民出版社没有教材教辅的支撑，因此在激烈的市场竞争中，一直是处于中等位置，虽然全体员工很努力，但还是不可避免遇到一些传统出版单位的共性问题，而且有的问题还比较突出。比如信息化程度不高，出版与科技的融合度低，人才、信息、技术等高级生产要素投入比重偏低，一些传统产品科技含量少，新业态产业的总盘子小，专业化高级人才尤其是 IT 人才短缺。为此，安徽人民出版社在省委宣传部的指导下，在安徽出版集团党委的支持下，进行了一系列的革新、转变，取得了一定的成绩。

一、专

主要是指出版社的定位更加专注。根据安徽省委宣传部对安徽出版集团"做强主业"的要求，安徽出版集团旗下各出版社都严格按照各自的出版范围谋划了能在市场上有较强的竞争力的产品线。安徽人民出版社出书的范围一直比较广泛，品种众多，但相对来说单品种效益并不明显。从2019 年开始，安徽人民出版社开始调整经营思路，立足人文社科类的办社特色，坚持可持续发展理念，以主题出版为龙头，结合自身发展历史，依据现有专业人才特点，重塑图书及融合出版的产品线，制定了"一主两翼"产品主线的发展方向。

"一主"是指主题出版，即围绕党和国家的政治、经济、社会、文化等工作大局（包括外交），就当前一些重大活动、重大事件、重大题材、重大理论问题等进行专项出版。其中重点是：宣传习近平新时代中国特色社会主义思想、弘扬社会主义核心价值观、围绕重大时间节点的纪念性出版、传播中华优秀传统文化等。"两翼"是指文化教育和经济管理。文化教育主要是以传统文化、地方文化、助学读物等产品为主，打造人文社科类精品图书。经济管理主要是指经济管理理论专著、经济管理通俗读物、经济管理类教材等。从近几年的经营看，虽然安徽人民出版社的出版品种下降了一半以上，但销售收入和利润均保持了一定比例的增长，可见在专业化更加细分、更加垂直之后，单品种图书的效益得到了明显提升，整体经营水平也稳步提升。

二、精

主要指的是出版双效俱佳的精品图书。以前安徽人民出版社注重的是品种，"东方不亮西方亮"，总觉得品种多了就会有产品畅销，但其实未必。以笔者所分管的融合出版编辑部为例，以前编辑手上都是十几个品种，每天都忙于案头。在经过一段时间的充分调研之后，笔者和部门统一了思想，认为要以精品为引领，每年策划一到两种精品，深耕细作，重在策划和运营，选题、编辑、营销、活动等全流程的策划，紧紧按照安徽人民出版社的特性来对选题进行挖掘和创新。

2018 年 10 月底，《中国共产党支部工作条例（试行）》（以下简称《条例》）刚刚颁布，笔者就和编辑部联系了安徽省直机关工委的党建专家，就《条例》的具体执行层面策划出版一套图书。当我们把这个想法和专家沟通后，一拍即合，专家用了 2 个多月时间，就编写了一套 7 本的实用性手册《党支部工作一点通》，内容基本涵盖了《条例》的各个层面。拿到稿子后，我们一方面组织人手编辑，另一方面到县及乡镇中去调研，给基层的党务工作者去审读，反馈意见非常好，认为只要有了这套书，党务工作就能达标。这样编辑部就与营销部开始策划，书出版之后与省直机关工委联合进行首发，邀请了近 30 个厅局单位来交流，首发式仅一个月，图书就销售了 4000 套，取得了非常好的效果。

再比如为建党 100 周年献礼的《乳娘》，笔者于 2019 年 8 月在"学习强国"平台看到一篇新华社的专访——《红色乳娘：渐短的名单　不朽的荣光》，讲述 300 多位乳娘（保育员）在抗日战争极端艰苦的环境中，默默哺育了 1223 名八路军和革命烈士的后代，而且这些孩子无一伤亡。当时看了之后就觉得这个题材非常独特，内容令人感动不已，是不可多得的出版好题材。且当时"不忘初心、牢记使命"主题教育正在举行，笔者觉得乳娘哺育八路军后代和革命烈士后代的事情，就是我们要不忘初心的原因，是党和人民鱼水情深最生动的体现。第一时间在网上搜索各种资料，想办法联系上了乳山市党史办，并在 2019 年 10 月专程去乳山市进行现场调研。现场参观了胶东育儿所，还见到了两位 90 多岁的乳娘，现场的体验让我们更加坚定了出版这本书的决心。2019 年 12 月，《中国报告文学》杂志副主编魏建军引荐了威海作家唐明华老师，2020 年疫情稳定后立即投入紧张而繁重的采访当事人、收集资料、采写等工作，历时八个多月时间，在 2021 年 8 月再赴乳山，与作者就图书章节、写作手法、创作亮点等进行了最终的敲定。2021 年 7 月正式出版并在济南第 30 届书博会上进行了首发，反响热烈，两个月就销售了 1 万册。

三、新

主要指的是出版形式要与时俱进。出好书，是出版社的天职，也是每位出版人毕生追求的理想。出好书，有两层含义。第一层含义是出"好书"。重点是好书，强调的是书的内容属性。一本好书，逃不出有用、有趣、有理、有利等，即内容要具备科学性、趣味性、理论性、正向引导等因素。第二层含义是"出好"书。重点是"出好"，强调的是出版的管理能力，是要把出书这件事情从流程、环节上做好。

但随着移动网络时代的到来，网络对人们阅读习惯的改变让内容已经不再单纯依附图书这个载体了。从本质上说，出版社是一个以内容为核心的产业链，而当前出版所遇到的各种各样的困惑和困难，基本都可以归结为：人们日趋多样化、立体化的文化（信息）消费方式和出版单位单一的、粗放式的生产方式之间的矛盾，而解决这个矛盾的核心就是要围绕

"出好"书，出版社应该从出"好书"向"出好"书转变，这也是高质量发展的一条必经之路。"出好"书首先要解决好出版社的选题源头问题，即作者的立体化服务上。比如笔者前文提到的《党支部工作一点通》《乳娘》《陈独秀在1921》，以及中宣部"学习强国"学习平台的第一本书——《非常时刻 凡人金句——2020抗疫中那些最走心的感人瞬间》，等等，这些书都不是作者首先有稿子的，都是由出版社提出策划意向同作者充分沟通后才有的书稿，这种模式是出版社和作者共赢的一种生态，可以持续长久发展下去。

不仅如此，笔者在2018年以来策划的所有图书，均采用了融媒体的形式，除了电子书、音频书、视频书等同步外，还加入了让读者参与到书中的模式。比如《非常时刻 凡人金句——2020抗疫中那些最走心的感人瞬间》采用的是互动模式，对文中的不同人物的感人话语，每个人均可以单独生成一张电子海报，可以在社交平台转发；比如《乳娘》，在版权页之后加入了一个二维码，扫码可以在手机上以VR技术浏览现在的胶东育儿所旧址；《小学作文名师面对面》这套书则首次采用了"即写即评"的技术，作文书就是作文纸，学生在纸上写完作文拍照上传，立即可以得到老师的语音点评；《民法典走进你我他》这套丛书则首次采用了买书可以免费获得知名律所咨询法律问题的模式。以上这些模式的图书在市场中得到了读者很大的认可，认为丰富了传统图书的承载内容，也符合当前人们的阅读习惯，提供了多样化的选择，实现了增值服务。更为可贵的是通过这些新的出版形式的介入，让我们在与作者约稿的时候获得了更大的话语权。

四、特

主要是指出版的图书要和别人不一样。出版业经过改革开放40多年的高速发展，在取得巨大成就的同时，也暴露出不少的问题，其中库存大、品种无序增长、内容同质化等问题一直困扰着出版业的健康发展。出版行业的高质量发展必须依托供给侧结构性改革，无论是结构调整、渠道建设，还是增强服务、活化库存、优化产能，都要通过创新来驱动。但创新也不是一句空话，在出版过程中，由于方方面面因素比如绩效考核、市场占有率等影响，出版单位难免会有同质化的问题。除了在出版方式和经营方式、经营体制等方面进行供给侧结构性改革外，在战术层面特别是编辑部，一定要善于剖析市场同类产品，善于弯道超车，尽量做到"人无我有，人有我优，人优我特"。当然这些需要编辑部长年累月的积累，编辑需要不断学习，勤于调研，敢于创新，不是一蹴而就的。

2019 年 8 月，安徽省宣城市绩溪县一个乡镇的纪检干部李夏，在查看灾情时遭遇泥石流，不幸遇难，年仅 33 岁，被中宣部评为"时代楷模"。笔者带领编辑部在 2019 年 10 月到了宣城市文联，与文联主席谈到可以写一部反映李夏同志生平的报告文学作品。当时宣城文联并没有得到省里相关方面的指示，而且被告知"时代楷模"会有统一的出版物。笔者了解到这些情况后，与宣城文联再次进行了沟通，认为李夏同志是宣城的干部，可以从李夏同志短短的一生，特别是在宣城工作、生活、学习等方面，从小处着手，来创作一部由小见大的纪实报告文学作品——《不负韶华——追忆时代楷模李夏》。宣城文联被这个方案打动了，得到上级主管部门的认可后，立即开始采访写作。另外，笔者与编辑部经过调研，发现报告文学作品并不是安徽人民出版社的强项，要想这本书出彩，必须有不一样的元素。因此，我们提出了打造省内首套融媒体报告文学作品的想法，并与安徽电视台、安徽省纪委宣传部、宣称市纪委等部门取得联系，搜集到了大量宣传李夏同志事迹的各类视频，还把李夏同志先进事迹报告会、各类媒体的报道，以及李夏同志家人提供的大量生活和工作照片等，通过小程序的方式全部集合到书中。新书出版后，得到了安徽省领导的高度重视，在新书首发仪式上，两个省委常委参加了首发，安徽省纪委机关、安徽省委组织部和安徽省委宣传部三部委联合发文，要求在全省党员中学习李夏同志的先进事迹。这本书在出版三个月后就取得了发行 20 万册的优异业绩，成为安徽省主题出版策划最成功的图书之一。

当然，目前安徽人民出版社还是在稳步爬坡阶段，总体上还是以传统的经营方式为主，高质量发展、转型升级任重道远。但笔者在近三年的积极尝试中，认为高质量发展是出版社的必由之路，坚持做下去，一定有客观的成效。以笔者分管的编辑部为例，三年来，仅融合出版编辑部累计实现销售码洋 1000 多万元，利润 300 多万元，不仅锻炼了队伍，还取得了双效统一。因此，高质量发展的出版业，是在时代背景、历史进程和现实发展的基础上提出的，它包括出版产品的质量，但并不局限于产品的质量，而是出版业全面发展的水平问题。简单说就是更高质量、更高效率、更多业态、更新技术、更强队伍、更有魅力、更可持续、更具影响力的新型发展态势，安徽人民出版社一直在积极尝试并将继续努力，为中国出版业高质量发展的新阶段贡献一份力量。

我国出版产业的人才建设缺陷与对策

——由产学两界人才培养方向与甄选机制谈起

江苏凤凰少年儿童出版社有限公司副编审　林　茂

站在 2021 中国共产党成立 100 周年与"十四五"规划开年的交汇点，我们清晰地看到，积极响应党在新时代对我国文化事业提出的全新发展要求，勇于承担为人民群众提供优质文化产品的使命，已成为出版业义不容辞的历史责任。考虑到出版业的制版与印刷业务多为外包的特点，其核心技术并不在于物质生产环节，而在于以人才为依托的内容创造部分，因此，有关人才的甄选、培养与使用情况，对产品质量的高低起到了举足轻重的作用。需要指出的是，尽管我国出版业近年来呈现出日益繁荣、精品迭出的特点，却仍然存在着诸多发展的隐忧，它们集中表现为产学交流机制不畅、企业经营中的理论依据缺失、执行无力等现象，而背后的深层原因，依旧回归到了韬奋先生数十年前就呼吁过的人才问题。他在有关出版事业"人才主义"的论述中曾说："成功的最大要素，就是适宜的人才。人才如能各得其所，社会上种种事业，都能因此增加效率，进步得格外快。事业上最需要的是有创造力的人才——你提出原则，他能很细密地替你想出切实而具体的方案；你提出困难的问题，他能很灵敏地替你想出切实而具体的解决办法。"这些具有深邃眼光的科学论断，迄今仍对确保出版业的健康与可持续发展有着深刻的启示。

一、当代出版业在人才建设与使用领域的缺陷表征与症结成因

结合我国高校出版专业与出版企业目前的发展现状，我们不难发现，当下整个出版事业的发展在人才建设与使用领域存在以下几项硬伤，亟待解决。

1. 高校出版专业与出版产业存在明显的"产学分离、各说各话"现象。

长期以来，我国高校的出版专业建设采取了以出版实务为主要教学方向的建设思路，出版学教材看似内容涵盖广泛，涉及经济学、会计学、管理学等知识，却与当代出版产业的核心工作内容存在较大差异。需要承认的是，就出版实务这项工作而言，其入行门槛相对较低，很多非出版专业人员在经过一段时间的实践之后就可以掌握，而出版工作的核心环节是创意的实现过程，其工作内容是对图书题材的捕捉、开挖与整合，所考验的是从业者的文化底蕴与思维方式，这导致出版专业的毕业生除了从事一些常规的编务、出版史研究与图书发行工作以外，并不能派上太大的用场。

出版业"产学分离，各说各话"现状的存在，在很大程度上影响了学生的就业现状，以笔者对华东地区某大学出版专业 2017 届研究生的调研情况来看，全年级真正进入出版系统工作的仅有 35.7%，而过去曾是出版专业学生重要去向的书店，因待遇不高、无编制等因素，如今也很少受到学生关注，不少学生开始通过转行、考公务员与事业单位、继续读博深造等方法为自己寻找人生出口。就出版企业而言，因深感出版专业学生没有具体的学科专长，也不太愿意招收这类毕业生，这是客观存在的窘境——出

版专业毕业生多为文科背景，但由于未受过专业训练，其具备的文化底蕴很难承担起古汉语、外语、经济学等专业科目，对理工科图书更是难以处理。出版发行专业的毕业生过去曾受到各出版社青睐，但近年来，很多出版社发现非图书类的市场营销专业毕业生经过相关的业务培训后，也能很快适应工作需求，因而对出版发行专业的招收需求也在减少。

笔者在这里想着重指出的是，"产学分离，各说各话"现象的出现，并非出版领域所独有，对于应用类学科而言，这其实是一个通病式的存在，除了出版这样的文科类专业以外，在工业造型、艺术设计等领域也十分普遍。考虑到出版业具有较强的社会效益这一属性，我们并不能放任这种现象的存在，由此，努力打通出版业的产学连接通道此时显得格外重要——对于一个良性发展的产业而言，企业有义务对相关专业的毕业生提供发展机遇，而学界也应该以自己的理论向行业提供正确的业务指导，帮助产业界拨开迷雾，健康有序地正常发展。

2. "伪学"理论的蔓延在相当大程度上抑制了人才的正常成长。

全国版协、编辑学会、很多知名大学的出版专家都曾向教育部呼吁，期待出版学能列为一级学科，迄今还没有回音。在大学专业设置中，一级学科往往指盛行于世而影响较大的学术派别，可以被理解成文化内涵丰富、学术价值较高的学问，往往具有"理论体系＋逻辑过程＋实验证据＋国际标准＋磐石根基（所学课程相互递进，形成累积）"的特点，举例而言，一个工科生如果没有学过高等数学中的微积分知识，就无法开展后续的大学物理课程学习，进而又不能学习电学、弹性力学、理论力学，最终也就当不了工程师；但出版从业者中的大多数人都没读过编辑学，却多以自学形式成了专业编辑。所以从严谨的角度来看，出版学距离一级学科还有一定的距离——缺乏完整的理论体系，也没有统一的国际标准，亦未形成令人信服的逻辑学过程或可以多次复制重演的实验效果，进而也就形成不了能影响其他课程的磐石根基。

出版学并非一级学科，学术地位不高的现状与理论基础先天不成熟的缺憾，对图书业带来的隐性影响其实是十分巨大的：一个行业的健康发展常需要得到来自象牙塔内的理论指导，于是我们看到，类似建筑、通信、软件这些发展得比较好的基础类行业，往往学界与企业界呈现出一种彼此支撑、互相成就的良性互动关系。但对于一些理论性不强的行业，这种互动关系就没有那么紧密。我国图书业一直处于快速发展的进程之中，但如果得不到足够完善的理论体系加以支撑，没有一定的逻辑方法论作为指导，在国外的同行业领域又借鉴不到更为先进的商业模式（仅就生产与营销模式而言，国外的图书业与国内其实差别不大），那图书业势必会向其他社会领域寻求参照，而这种参照有时是不适用的。在这个过程中，一旦发生误判，势必导致"伪学"理论的蔓延。

这里所说的"伪学"，是指一些听起来很有道理，但经不起实践检验，短期内可能会产生一些效益，长期却会造成危害的业务发展理念。我们看到，在实际工作中，一些原本盛行于企业界、学界的传统理念，包括网络上出现的新兴名词，经常被有心人强行嫁接于出版业，这导致出版社在没有经过认真论证的情况下跨入自己原本陌生的领域。最终，所做的很多事情并没有起到很好的效果，甚至成为无用功。这些概念其实并不适用于出版业，但经过嫁接后，它们对一部分人很有迷惑性，不断对图书行业产生了干扰和渗透，严重浪费了从业者的时间与精力，那些原本蕴藏于其中的人才也会因此疲于奔命，忙着完成一个又一个"大项目""新任务"，缺乏能有效发挥自身才干的业务空间。

例如，最早来自制造业，曾盛行我国出版界多年的"多元化"发展理念，由于一直找不到在出版主业以外更好的可持续发展模式且长期受挫，目前正逐步淡出社会舞台。那些曾投入其中的物力，也许还会以固定资产的形式得以保存下来，但在人力部分所经历的损失，却是无法挽回的。前些年，一些出版单位出于完成产值的压力，在看到社会培训产业红火的表象后，草率地认为涉足培训能快速吸纳资金并创造效益，让原本从事图书出版的编辑人员也投入培训拓展当中，但又没有认真分析自身的特长所在，跟风式地上了一些类似"西点制作""摄影班""书法班"的新项目，最后劳而无功，严重耽误了主营业务的发展，更挫伤了人才的积极性。

3. 出版企业自身缺乏良好的人才甄选与培养机制。

自2008年出版企业逐渐转制以来，在相当长的一段时间内，我国出版企业将精力更多地投向了经济效益的创收方面。受这根指挥棒的影响，在人才的选拔与培养方面，很多单位转向以个人创造效益大小作为重要衡量指标，把能快速创造效益的员工优先列为培养对象。这导致一些出版企业在还未对新员工进行起码的业务投入、传授基本技能的前提下就试图让其创造效益，同时也不愿意对普通员工提供自己的核心业务平台进行支持。上述行为让员工的业务开展活动举步维艰，呈现出散兵游勇式的个体户特征，非常不利于事业的发展，也由此忽视了对人才甄选与培养机制的有益探索。一部分新员工甚至因无法承受入职第二年就要独自跑选题和经受业绩考核的压力，过早地退出了出版行业。应当看到，出版对生产技术的要求相对较低，就经济效益的产生而言可能只需要很短的时间——尤其是基于某种人际关系的重大项目一经落实，确实可以造成经济效益在短时间内的飞速增长。但就事业的发展前景来说，如果一家企业不具备可持续的人才储备，仅仅以当下创造的效益大小作为人才甄选与培养的基准，是一种短视的行为——如果业务的成功接洽源自人自身的创新能力，在未来尚可持续；但若当事人并无过硬专业技能，仅仅依赖某种来自亲友的人际关系，一旦日后这种人际关系出现消退，那不仅会造成业务的雪崩式坍塌，更对员工自身的发展无益，这在多年的出版实践工作中屡见不鲜。出版企业真正需要做的，是通过提供一定的业务平台资源，在实践中检验员工的工作能力，帮助其实现创新和成长，最终甄选出具有灵气的潜力型员工加以培养。有些员工也许早期并不能产生较高的经济效益，但在掌握一定的工作方法后，很有可能在日后成为出版企业的中坚力量。

其中，那些不以连贯性与系统性为导向的在职教育培养模式，不仅消耗企业的财力人力，更无法从实质上促进人员的业务素养提升：大约十年前，华东某出版企业曾和某大学的出版专业合作，开展了出版学在职硕士培养工作，在持续招收了几届学生之后，最终，该合作项目基于种种因素的考量而被迫宣告终止。就实际成效而言，这种以提升在职人员学历为指向的人才培养方式，由于采取的是定期集中授课的模式，导致学习缺乏连贯性与系统性，同时也缺乏实践锻炼，最终也并未从根本上提升学员的业务水平。

二、有关化解我国出版产业人才建设缺陷的几点对策与建议

综合以上论述不难看出，解决我国出版产业人才队伍建设问题的关键在于如何有效实现学界与企业界二者之间的联动效应，这在以往的行业发展研讨与学术交流活动中，恰恰是一个被忽视的重要问题。过往的经历中，出版企业带有一种"拿来主义"的思想，不愿意做出合理的付出与投入，过多地强调人才应该由社会提供，由学校培养，期待自己接收的人员都是现成的人才，忽视了自身在创造良好企业环境以甄选和培养人才方面的责任。一旦高校不能为其提供符合要求的毕业生，又会片面地落下"出版专业毕业生可用度低"的主观印象，既进一步加大了出版专业毕业生的求职难度，也让自己因为无法受到科学理性的专业指导而容易出现盲动与机会主义，陷入发展困境。作为高校的出版学专业而言，出版学偏重出版实务的教学方向，确实与当代出版产业的发展要求产生了一定的落差，需要加以调整，但作为一门历史悠久的应用型学科，否定出版学的历史地位与现实作用是不客观的，因为确实有很多出自该专业的从业人员在出版领域做得有声有色，乃至引领着这个行业的发展。无论从哪个角度来说，出版学仍然大有可为。

笔者认为，可从以下几个方面加以考量，在逐步深化和落实人才发展策略的过程中形成宏观积累，最终实现质变式的飞跃。

1. 打通出版产学衔接环节，实现两者之间的良性互动。

出版专业的毕业生确实存在专业性不强的弊端，但从社会上招募来的其他专业毕业生，同样存在着一些缺点。比如，有的学生也许专业程度尚可，但文字功底或者沟通能力较差，会给后续工作的开展留下隐患。出版产业要想实现高质量的发展，离不开相关学科对自身的支撑作用，若过多强调出版实务知识仅需通过自学就能完成，进而忽视了两者之间的良性互动和有效衔接，是不理智的冒险行为。在一家出版企业当中，如果完全都是改行过来的人员而缺少出版科班"正规军"，很容易造成做事的不规范，最后影响企业的正常运行。毕竟，不同专业背景的人员靠自学而来的实务知识，所得到的理解与出版的真正宗旨常常是有所差异的。这在一些出版集团内部重组所产生的新企业中，印证得淋漓尽致，由于这些新企业大多呈现出人员年轻化的特征，所以存在根底不扎实的弊端，造成了一些工作上的混乱和被动。不像一些传统型的老社，因从业者中有不少人具有一定的出版科班经历，在印务、编务、发行、校对等领域显得颇为规范，井井有条。

针对出版专业毕业生的就业难问题，笔者建议可以建立由校方与出版企业牵头，共同打造能有效连接高校与企业的实习通道。例如，通过递交申请、校方推荐、学业成绩考核等方式，每年定期择优选派一些业务条件较好的学生前往出版企业实习，在实际工作中培养他们对出版的认知。这样既能激发学生的上进心，帮助其了解出版行业的真实状况与需求，也能给出版社提供潜在的人才储备力量。在日常的教学过程中，高校可以邀请出版企业的知名人士定期前来讲授业务实战范例与做事方法，增进他们的专业知识积累，而高校也可以承担对出版企业继续教育的培训工作，从理论层面一同探讨与化解企业可能面临的业务困惑与发展迷思。

2. 摒弃"伪学"理论，营造回归本源式的良性人才成长环境。

事业发展的长河无穷无尽，人的青春岁月却无法回头。身处什么样的工作环境，会极大程度地影响一个人所能取得的业务成就。市场经济时代，结合社会热点主题、新形势与新技术，与时代相呼应，固然是从业者的前进方向，但如果不能对"伪学"理论有一个清晰的认识，实际会导致出版事业劳而无功，让人才不断陷入盲动的过程，无暇有益的思考与真正的创新，让单位呈现"内卷化"的倾向，消耗本就有限的资源，这值得众人警惕。

如果对这些"伪学"理论加以分析，我们会发现，它们往往是跟社会新闻热点结合，以跟风的面貌进入视野的。为了迎合市场上那些未经验证的新式理念而粗制滥造出来的产品，无论表现为何种形态，它的生命力都是很短暂的。出版更应该有一种严肃的方式和态度，有深入的研究、考证，尊重事实，这样不仅是对读者负责，更是对企业内部的员工负责。其中，提高业务辨别力、遵循基本逻辑以回归本源，构建一个适合人才发挥创造力的生态环境显得格外重要，唯有此，人力才不会被空耗，创新才能从中源源不断地涌出。

图书的应对反应能力本就落后于网络时代下的新闻业，不可能如新闻APP那样紧密地追随社会上那些看上去十分新潮的理念。真正依靠跟风式的蹭热度而获得成功的出版产品少之又少，或者说，即便成功，也是昙花一现。出版行业应当对此认真反思，结合实际条件去做出版应该做的事情，依据必须恪守的原则去对待出版。只有营造出一种愿意付出时间、精力、经济成本的良性企业环境，才能有效发挥人才的创造性。倘若出版工作者不愿意付出这种成本，最终就只能选择降低质量来换取仅具有短期效应的"亮点"。例如，一些单位虽然看到了数字化出版的趋势，却没有结合自身优势去思考实现途径，其中不乏些许理论高手，他们也能洋洋洒洒地抛出一大串看似前景广大的业务论述（前期实行自主开发，中间开展自主运营并积累"粉丝"，最后实现盈利创收，逐步推向全国之类），却在实际操作中发展成了旧瓶装新酒，仍采用既有的建设思路和业务流程，虽然这中间也指派了精通网络操作的专业人才去加以运营维护，却一步步把原本活力十足的人才带入僵化、守旧、拖沓的思想境地。一些出版企业自认为用微信公众号发布一些新闻，在图书上印制一批嵌藏了视频的二维码就代表着融合，忽略了文化传播效益的真正实现途径，最后收效甚微——所发表的公众号文章平均每篇点击率不到100，二维码收看人数寥寥，很难真正为读者所认可，这样的产品被时代淘汰只是时间问题。与之形成对照的是，有些出版企业审时度势，清晰地认识到依靠传统的建设思路很难与新媒体机构抗衡，也无法实现大范围传播的特点，转而将自己定位成内容提供商，委托抖音等具有战略优势的互联网企业加以运营，把与图书宣传有关的制作、发布、推广环节直接外包出去，反而获得了不错的经济与社会效益，也在此过程中培养出一批真正与市场接轨、具备互联网思维的新式人才。

在推动人才培养方面，凤凰出版传媒集团回归出版本源，做了很多务实的工作。自2019年末开始，其在全集团范围内开展了"凤凰青年讲师"选拔工作，力求从内部发现人才，运用青年的思维与创造力来开展内训工作。笔者经公司领导推荐，历经两轮选拔后成功入选，在随后开展的讲课工作中有效地推广了一些在实践中总结与思考出的有益出版理念，获得了较好的反响。

3. 高校出版专业应适当进行课程改革，出版企业可在实习生招收环节有针对性地做好储备工作。

高校出版专业近年来面临着一定的生存危机，中国人民大学、四川大学新闻学院、苏州大学等高校已经陆续取消出版专业的本科或研究生招生工作，这会让该学科的发展与进步处于较为被动的境地。客观来看，出版专业的学生虽然具有自己的优点，但在文化基础方面不仅相对理工农医类学生要弱，相对文科生而言也处于劣势状态。笔者建议，出版专业在学科设置方面可进行适当调整，在大三以后开设文科通识课程（涵盖文学、历史、政治、经济等）或自然科学通识课程（含理工农医等基础知识），这在一定程度上可以提升学生的文化底蕴，增大其就业时的竞争砝码。同时，可考虑在全校范围内开设以出版为主题的公共选修课，促进其他相近专业的学生了解出版业，增加可能投身于此的后备军。

就出版企业而言，考虑到理工农医类大学生在整个求学阶段的思想处于一个动态变化的过程，不排除其中出现有志于出版业的青年人才，所以建议出版企业在每年的实习计划拟订过程中可以表现得更有针对性，直接去一些理工农医类院校招收实习生，支付其一定数额的实习报酬，对表现好的学生可尝试与之建立稳定联系，争取留用。

三、结论

基于出版产品表现形式的多样化与内容的丰富性特点，其质量的好坏归根结底取决于人的创造力。因此，有关出版业的人才建设问题在业界一直是一个经久不息的讨论热点。新媒体时代，高校中的出版专业必须对此做出调整与适度变革，而出版企业也应当认清自身的发展定位：在技术上，传统出版企业很难拼得过新兴科技企业，因为它们是标准和规则的制定者，出版企业在这方面更多地只能采取有限模仿和深度合作的方式。为了实现出版物精品生产的可持续性发展，最迫切的工作并不是依靠孤立的个人素质提升，也并不是把希望押在新旧媒体融合技术上，而是要回归出版本源，从管理架构、治理方式着手，有效打通出版产学两界的交流通道，将两方面的力量有机地整合到一起。唯有此，才能有力地摒弃与抵御那些可能会干扰出版事业发展的"伪学"理论，真正构建起一个适合人才发挥才干的良好生态环境。倘若人才能够自由地栖身于此，创新就不仅仅是促进生产和进步的源头，而是环境的必然产物。

使命驱动　价值引领　锤炼精品
——"新儿童"教育图书品牌案例分享

广西师范大学出版社　刘美文

教育乃国之大计，儿童教育更是事关国家和民族未来的重要基础。随着时代的不断发展、科技的加速迭代、社会的竞争加剧，我们步入了举国重教的时代，各行各业也将儿童教育视为未来事业开拓与发展的蓝海。而优质教育资源的不充分与不平衡，使得教育功利主义愈演愈烈，"虎妈、猫爸"四处涌现，每逢开学"几连跳"的悲剧不断重演，教育行为严重变形，儿童研究不断割裂，价值意义日渐缺失……在国家"双减"政策要求与全民教育焦虑的巨大挑战面前，作为教育事业重要组成部分的教育出版，如何担负起立德树人的时代使命，重回"儿童立场"，重归教育本质，重新关注、发现、研究儿童，锤炼打造适合当代儿童成长发展的精品出版物，是每一个教育出版人必须思考的时代命题。

作为以"开启民智、传承文明"为理想，以"为了人与书的相遇"为使命，以"出好书"为精神追求的广西师范大学出版社，其上海公司在承继与发展这一理念的前提下，为更好地服务于 3 ~ 18 岁青少年儿童，以自身多年深耕儿童教育类图书出版执行，积累聚合优质的作者资源，精心打造"新儿童"教育图书品牌，锤炼打磨高品质教育图书产品，以昂扬奋发的姿态担负起新时代教育出版的责任使命。

一、以教育人的初心使命，驱动品牌创立

溯源"新儿童"品牌的由来，皆因教育人初心使命的驱动。2016 年，在某次教育论坛上偶遇杭州师范大学的高振宇老师，十分投缘。年底，有幸受邀与高老师一起在西湖边青藤茶馆，召集志同道合的青年学人，共同发起成立儿童哲学研究中心，并相约将来有机会要一起创办一个儿童研究学术期刊，推进国内儿童研究事业。这个约定，更像是初生牛犊不畏虎的目标与期待。之后几年，虽未得成，但也多处留心推进。到了 2019 年 11 月 1 日，杭州师范大学举办首届"跨学科视野下的儿童研究"高端论坛，此次会议同时启动与广西师范大学出版社携手出版儿童学术辑刊的合作，以展示儿童研究领域学术理论最新成果、构建儿童研究学术共同体并推动实践反思，服务于高等院校、科研机构、中小学、幼儿园及儿童服务机构、儿童智库等组织的科研人员与实践者。会上邀请了国内外儿童史学、文学、哲学、心理学、脑科学、社会学、教育学各研究领域的知名学者专家共聚一堂，商议这本学术辑刊的使命定位及命名。

其间，华东师范大学刘晓东教授特别提出，我们创办这个学术辑刊的目的在于捍卫我们今天新一代儿童的基本权益，提升儿童在整个社会、文化和教育中的地位，以实际行动推出新的学术研究成果，助推"儿童"成为下一个百年的新的学术关键词。最终，大家一致认同用"新儿童研究"来命名。与梁启超关注"少年"、陈独秀关注"青年"相呼应，我辈教育同人关注"儿童"，创办"新儿童研究"，既是对先贤精神的弘扬与承继，

更是对同辈学人与教育者的开当代儿童研究风气之先的邀请与感召。

后来，在"新儿童研究"辑刊的组稿、编辑过程中，一大批对教育有着真情关切，对儿童、对未来有着殷切期许的文章陆续刊出，如熊秉真教授的《如之奈何，中国数百万的"小祖宗"们》《又见童年：近代中西学界对儿童问题的知识考掘》、刘晓东教授的《来吧，让我们与儿童一起生活》、朱自强教授的《为什么儿童会沉默》、潘小慧教授的《儿童是不是天生的哲学家》、国际杜威研究协会前主席列奥纳德·沃克斯（Leonard J. Waks）教授的《撒网：互联网时代青少年的力量》等，让我们越来越认识到"新儿童"的内涵价值，它所传达的对当今新一代儿童生存现状的真实关切、对当下国家教育改革政策的回应，与我们广西师范大学出版社自身的文化使命与教育理想高度契合。同时，广西师范大学出版社上海公司近些年坚持儿童本位的立场，深耕教育领域，力出精品，成功运营了儿童母语教育领导品牌"亲近母语"几百个品类的系列图书，并聚合优质学术科研与高端教育平台，探索研发有广泛市场需求的精品图书，打磨了团队，拓展了渠道，积累了经验，教育图书出版运作团队建设格局已经稳定。而当前国家相关部门、教育系统、社会各界人士对儿童教育有着前所未有的重视，更是为"新儿童"教育图书品牌的创立提供了良好的契机，有着功在当下、利在千秋的高远立意及深远价值。

二、以儿童中心的价值立场，引领出版执行

2020 年，广西师范大学出版社"新儿童"教育图书品牌正式创立，该品牌的最大特色在于秉持为儿童成长奠基的使命，旗帜鲜明地高举"儿童中心"的价值立场，定位于"发现儿童，探寻无限可能"，致力做真正适合新一代儿童的教育出版。

这里的"儿童中心"不仅是我们教育生活的初始，更是我们做教育出版的起点。以此为核心，"新儿童"教育图书品牌旗下的所有图书的策划

与出版，必须服务于发现儿童伟大的天性资源，以一切从儿童自身需求出发的原则，构建以儿童为本位，符合当今新一代儿童身心发展规律，适应未来社会对公民需要的高品质、全方位的素养类儿童教育图书格局，来助力"儿童教育"回归科学与理性、回到人本与常识，为当前的教育改革、儿童阅读推广及儿童学术研究开创探索路径、累积实践经验，以此打造我社教育类图书的示范品牌，在国内外教育与出版界产生积极的影响。

以此为愿景，"新儿童"教育图书品牌旗下的所有图书的策划与出版，都服务于发现儿童伟大的天性资源，以一切从儿童自身需求出发的原则，构建以儿童为本位，符合当今新一代儿童身心发展规律，适应未来社会对公民需要的高品质、全方位的素养类儿童教育图书格局，出版品类主要为：适合儿童阅读的文学艺术、科学通识、人文经典、思维教育、传统文化等优秀原创及引进图书。以此来助力"儿童教育"回归科学与理性、回到人本与常识，为当前的教育改革、儿童阅读推广及儿童学术研究开创探索路径、累积实践经验，以教育出版助力当代儿童幸福成长。

基于此，不论是学术团体的构建、选题的策划、作者的邀约、装帧设计的呈现形式，还是绿色环保标准的印制，甚至后期的推广营销，我们都坚定不移地以儿童的视角、儿童的趣味、儿童的需要与儿童的发展来进行考量与执行。

三、以匠人精神组建团队，锤炼出版精品

"新儿童"教育图书品牌运作团队为广西师范大学出版社上海公司文教主编领衔下的编辑、品管及营销团队，共十余人。我们深知：教育出版承担着传播知识、传承文化、引导社会、为时代立言的重要职责，每一位教育出版人都必须秉持敬业奉献的人文情怀，担负起立德树人的根本使命，坚守儿童中心的价值立场，孜孜以求，锤炼和打磨真正适合儿童未来成长需要的精品出版物。

　　笔者作为该项目的领衔人，在做编辑之前，有多年从事一线教学及教育科研的工作经验，秉持对编辑出版的敬畏之心，一直定位自己为编辑的教育人，执着教育出版，着力构建满足未来儿童发展素养需求、覆盖全学段的文教图书产品布局。而文教组的三大主编板块中的幼教主编李梅，已从事出版业 16 年，策划图书项目曾获得"国家出版基金""上海图书奖（一等奖）""2019 年中国童书 Top100"等荣誉，现执行从日本引进的《儿童思维训练 365 天》系列图书，出版后被万千妈妈称为"幼儿思维训练必备神书"，一年销售逾 30 万册；儿童阅读主编杨仪宁，自 2010 年起从事童书出版相关工作，有多年童书营销编辑和童书编辑经验，其策划出版的"少年轻科普"丛书、"上海博物馆文物游戏绘本"等，一经面世便广获好评，被称为"拿奖专业户"；文教综合主编周伟毕业于复旦大学哲学系，在教育学术出版领域耕耘十余年，出版了很多大部头的重点图书。文教组的编辑、品管、营销主编也都是热爱儿童教育，有着深切的儿童关怀，丰富的童书和教育图书编辑、发行及营销经验。整个团队人才梯队充实，秉持精益求精，力出精品的匠人精神，形成了好学精进、锐意革新、敢于作为的团队文化，为该品牌的运作奠定了良好的基础。

　　截至目前，"新儿童"教育图书品牌下已出版图书 90 余种，形成了一定的品牌阵容，收获了多个行业奖项，成功输出版权，得到了相关行政部门、权威专家及行业同人的高度赞赏与一致好评。《少年轻科普》系列多个单品入选 2020 "书香羊城"十大少儿好书，入选《2020 年农家书屋重点图书推荐目录》，入选第七届"中国童书榜"年度百佳童书；《鼠来宝——国宝里的汉字》入选《中华读书报》月度好书榜，入围深圳读书月"2020 年度十大童书"百本书单，入围 2020 年桂冠童书·知识类读物，荣获新浪微博"我最喜爱的童书"2020 年度 30 强、深圳少年儿童图书馆年度童书榜单 30 强；《探秘古画国》入围 2020 深圳读书月"年度十大童书"百本书单；《迦陵各体诗文吟诵全集》入选《中国教师报》助推教育发展的"十本书"；《中国人系列》《儿童哲学导论》入选中国教育新闻网给教师推荐的 100 本书；《给青少年的思政课》荣获国家新闻出版署 2021 年农家书屋重点推荐图书；《中华传统文化优秀基因现代传译课程》获上海市教委中小学推荐图书一等奖。两年来，该品牌系列图书首版造货及重印码洋约计 5000 万元，实现了该品牌图书良好的双效收益。

四、以锐意革新的开拓精神，应对变局，履践使命

今天的我们已经站在百年变局的交汇点，在疫情防控常态化、消费习惯线上化、直播销售野蛮裹挟、调控政策不断推出等诸多因素的影响下，整个出版行业销售降幅明显，利润更是进一步下滑，这些都给"新儿童"教育图书品牌项目带来了巨大的冲击与挑战。面临困境，没有退路，我们只能以锐意革新、主动求变的开拓精神，积极探索突围路径。认真学习分析政策与形势，进行专项调研，走访传统渠道、新媒体平台、社群中盘，拜访合作伙伴、优秀同行及专业人士，适应业态新变化，分析市场新数据，掌握领域新发展，并探索其他营销合作开展的可能。明确了出版的核心资源、关键业务，以及新形势下注重价值主张、注重刚需切入的做书关键点，探析下阶段工作开展的方向，并在"新儿童"教育图书品牌项目的执行中，打磨优秀的团队，助力教育出版的高质量发展。

未来，我们将积极应对挑战，克服困难，稳步做大做强"新儿童"教育图书品牌。致力于不断完善"新儿童"教育图书品牌产品体系，力争在三年内完成 150 个单品的产品体量，实现年销售码洋 5000 万元的目标，以全新的教育出版助力新一代儿童幸福成长，为他们的终身发展奠基，并以此推动全社会对儿童的发现、儿童的研究及儿童的教育等领域的现代化发展，更好地履践新时代出版企业传播文化、传承文明、立德树人的历史使命！

新时代出版业高质量发展的"道"与"术"

——加强思想建设　聚焦数字出版

科学出版社石家庄分公司编辑　宋　丽

2021 年是"十四五"规划的开局之年，是实现"两个一百年"奋斗目标的关键之年，也是中国共产党建党百年之年。受 2020 年至今的新冠肺炎疫情的影响，许多行业面临重新洗牌，出版业亦是如此。疫情对出版业的生产、销售等各个环节都造成了不同程度的冲击，但也加快了出版业的数字化转型和线上线下融合发展的趋势。要实现出版业的高质量发展，就要正确认识出版行业的未来发展趋势，科学把握后疫情时代出版业的转型发展机遇，这是出版行业重获新生的必然选择。

一、出版业高质量发展的方向及目标

（一）加强思想建设，是实现出版业高质量发展之"道"

出版业是国家文化产业的一部分，它的每一次发展都与国家的政治导向密切相关。习近平总书记在十九大

报告中强调，政治建设是党的根本性建设，决定党的建设方向和效果，要把党的政治建设摆在首位，坚持政治建设对其他各项建设的统领作用。出版业是党和国家的重要舆论宣传阵地，坚持正确的政治导向是出版工作的灵魂，因此，加强出版人才的思想建设是实现出版业高质量发展的根本之"道"。司马迁在《史记·商君列传》中曾道："千羊之皮，不如一狐之腋；千人之诺诺，不如一士之谔谔。"因此，编辑必须要加强自身思想建设，提高自身政治素养，强化自身政治化思维，将国家需求与自身实际工作相结合，力求多出精品力作，真正促进出版业的高质量发展。

（二）推进数字化转型，是实现出版业高质量发展之"术"

当前出版业正面临着空前的机遇与挑战，信息技术正在改变着出版业的发展环境。数字化技术的应用使数字化出版成为现实，不仅适应时代发展的需求，也极大地推动了出版行业的转型升级。出版业数字化转型升级历经近10年的持续推进，在实践中遇到了一些困难，如"成本过高、资金储备不足"的"不愿转"心态，"战略不清、定位不明"的"不善转"表现，以及在转型过程中"人才储备不足、转型能力不强"的"不会转"结果。

出版业迎接高质量发展必须适应世界发展趋势，跟上世界出版业前进的步伐，更直接地用好信息技术提供的历史机遇来推动发展，这是整个出版业高质量发展之"术"。数字化出版是出版融合发展的典型路径，如果出版企业对这样的变化认识不够，接受度不高，就会出现很多出版人才对数字化出版的具体方式不甚明了、对数字出版技术的掌握不充分等问题，会严重阻碍出版工作的开展。

二、出版工作高质量发展面临的困难与挑战

（一）出版单位对社会效益不够重视

随着文化体制改革的深入推进，多数出版机构进行了市场化改革，然

而由于缺乏必要的制度规范，并受到内部管理制度不合理等因素影响，许多出版机构在改制后盲目追求短期效益，将经济效益作为最重要的考核指标，而忽视了社会效益的重要性。在历史虚无主义、拜金主义等不良思想文化影响下，许多出版机构和出版人员的思想意识、价值目标等发生了一定变化，从而导致了一些低俗、媚俗出版物的产生，这些直接影响了出版业的高质量发展。同时，许多出版机构片面重视短期利益，忽视了编辑人才培养，导致编辑人才流失严重，这些也影响了出版业的高质量发展。

（二）出版人才结构不合理

目前，出版业需要培养全能综合型人才来适应数字时代的发展，这些人才不仅要有很高的专业能力，还需要对数字化技术有一定的了解。如今出版行业的资深编辑虽然有着深厚的专业功底和丰富经验，但对新鲜事物缺乏热情，缺乏对数字出版技术的学习积极性，而年轻人虽然对新鲜事物充满好奇心，敢于创新和尝试，却没有足够的专业经验，如果可以将两者的优点结合起来，则可以极大地提高数字出版的编辑能力。专业出版人才只有适应数字时代的演变，同时具有深厚的专业功底和数字化技术，才能有效地推动数字出版业持续健康发展。

（三）编辑人员的数字化技术水平低

新时期背景下，先进的数字化出版技术与出版模式已经被较为广泛地推广和应用，但仍有相当一部分资深出版人对现今的数字化理念和数字化技术理解和认知不够充分，仍旧习惯沿用传统出版方式进行日常工作。数字化理念一旦得不到认可和认知，整个数字化出版工作的推进必然会举步维艰。数字出版技术在出版单位的真正落实，需要出版人员真正具备数字出版的专业素质，了解和掌握多样化的数字出版技术，并能将其熟练应用于出版实务工作中。

（四）传统出版流程不适应数字出版要求

数字技术改变了传统出版流程。传统出版流程主要以纸稿为介质，在编辑、排版、校对、作者等多方角色之间反复传递，因此不可避免地存在时效性差、实用性不强等问题，且出版的过程中要耗费大量的人力、物力，一定程度上影响了图书出版的效率。而采用数字化出版流程，以数字化文档为载体，可以提升排版和校对的工作效率，省去传统稿件的传递、邮寄等程序，极大地提升了图书出版的效率和质量。

三、新时代出版人才培养路径

（一）强化出版单位的政治思想建设

所谓政治思想建设，就是加强对出版机构及编辑人员的思想政治教育，提高出版机构人员的政治觉悟、职业素养、道德水平等，使相关人员能够自觉遵守出版行业的法律规范、道德要求等，能够自觉把握出版物的选题关、编审关、校对关、印刷关等，确保出版物的质量和水平。在这个伟大时代，各出版单位要以习近平新时代中国特色社会主义思想为指引，发挥党组织的领导核心和政治核心作用，强化党建在出版社改革发展中的保障和引领作用，为出版社的改革发展提供强有力的思想、政治和组织保证，以高质量党建引领推动出版社高质量发展。

（二）加大出版人才数字化技术培训力度

出版人才是出版社发展的核心竞争力，也是出版社发展的第一生产力。加强出版人才培训力度，是传统出版社在融合发展环境下实现产业升级的关键。目前，中国出版业的人员培训大多仅限于编校知识方面，仍缺乏足够的专业数字化技术的培训，这样很难适应时代发展，须尽快根据企业发展目标，采用各种方式，如在线课程、行业交流、编排人员轮岗等方式，加大对出版人才的数字化技术培训力度。掌握计算机操作技能是对数字时代编辑的基本要求，出版人员要不断学习计算机技术和多媒体制作技术，加强对数字技术知识的学习。

（三）开发智能化审校工具做辅助

在数字化出版模式中，编辑由于承担了更多的职能，就必然面临着如何提升工作效率的问题，而学会应用市场上现有的智能化审校工具以及开发自己的智能化工具可以在文章结构、字词符号、图表公式序号、敏感内容，以及参考文献等方面辅助编辑加工，最大限度地提升编辑的工作效率，达到事半功倍的效果。例如，常见的黑马、方正审校等工具能够依据其内嵌的大规模专业库，快速识别稿件中存在的错词、错字及敏感词，并给出正确建议供编辑参考。另外，各出版单位也根据自身特点，研发出各种有针对性的审校工具，如中国科技出版传媒股份有限公司石家庄分公司自助研发的括号核对工具可对数学及计算机类稿件中出现的大量括号进行成对核对，避免编辑肉眼核对造成的漏错。

（四）改善出版流程

出版单位应该根据目前数字化转型的需要，进一步改善图书出版流程，以更加适应出版工作的实际需要。例如，中国科技出版传媒股份有限公司近几年不断调整优化出版流程，在传统流程之外增加了多项定制性出版流程，如 Word 数字加工流程、PDF 数字加工流程、在线优先出版流程等，并且不断进行合并与更新，以更加适应各学科不同类型的稿件需要，同时也在积极构建自身的线上编校平台，以尽早实现图书出版全过程的线上操作，力求在"十四五"期间尽早实现完全数字化转型。

推动出版业高质量发展是建设社会主义文化强国的必然要求，也是促进出版行业转型、建设出版强国的重要途径。在出版行业发展中，加强出版单位的政治思想建设是出版业高质量发展之"道"，提高出版人员数字技术水平、推进出版单位数字转型是出版业高质量发展之"术"，只有将两者有机结合起来，才能更好地实现出版业高质量发展的目标。此外，出版行业还必须加大资金投入力度，开发更加专业化的智能工具，制定更加完善的出版流程，注重培养专业的高素质人才，全面提升出版人员的数字化水平，从而实现全行业高质量发展的目标和预期，为国家"十四五"规划目标的实现贡献自己的力量。

参考文献：

[1] 李睿. 探讨研究数字出版技术与编辑出版工作的数字化[J]. 新闻研究导刊，2020(2)：180－181.

[2] 秦德继. 融合出版背景下的人才队伍建设浅析[J]. 出版参考，2019(6)：62－64、67.

[3] 秦红玉. 关于数字出版技术与编辑出版工作数字化研究[J]. 新闻传播，2020(24)：77－78.

[4] 席莉，艾云，宋春利. 数字时代出版编辑力提升策略研究[J]. 中国报业，2019(22)：52－53.

[5] 张晨. 智能编校工具辅助传统编务工作的探索与实践[J]. 科技传播，2020(20)：163－165.

[6] 张新新. 基于出版业数字化战略视角的"十四五"数字出版发展刍议[J]. 科技与出版，2021(1)：65－76.

[7] 郑鑫. 数字出版技术与编辑出版工作的数字化探究[J]. 新闻传播，2021(2)：70－71.

筑牢出版高质量发展基石

——对提升新时代编辑职业认同的几点思考

人民音乐出版社 《中国音乐教育》杂志社编辑部主任 王正君

2017 年，党的十九大首次提出了"高质量发展"的表述，表明中国经济由高速增长阶段转向高质量发展阶段。之后，基于各行各业的实际需要与不同发展诉求，高质量发展的内涵无论是在纵向的层次上，还是横向的广度上，都得以不断丰富。作为肩负服务国家现代化建设与自身现代化建设双重任务的出版业，在指导理念、内容建设、技术创新等方面都需要而且必须面对高质量发展这一新命题。众所周知，编辑群体作为出版行业发展的基石是一个永恒不变的主题，而编辑群体职业认同的建构也因此成为一项永恒不变的任务。特别是在新时代出版高质量发展的大背景下，持续关注编辑群体的培养与发展，明确编辑职业认同之于出版单位发展的重要意义，构建提高编辑群体职业认同的路径，具有重要的现实意义与价值。

一、编辑职业认同对出版单位高质量发展的意义

"编辑的职业认同是指编辑个体对编辑工作的肯定性评价，如对编辑工作性质、功能、地位、价值等的认可。"[①] 职业认同是编辑努力做好本职工作、完成职业目的的心理基础，是职业发展的激励性因素，更是编辑主体建设不可或缺的一项重要内容。从一定角度来说，编辑群体的职业认同关系到出版单位的未来发展前景，而在高质量发展、产业竞争日趋激烈的社会大背景下，编辑群体的职业认同甚至关系到出版单位的生死存亡！

（一）编辑职业认同影响出版单位的发展水平

职业认同对出版单位发展的影响主要体现在以下几个方面：第一，职业认同是编辑开展工作的必要前提，它直接决定了编辑对本职工作的态度与编辑的工作质量。第二，职业认同是编辑职业发展的催化剂，编辑职业认同程度的不同决定了其自我发展和自我价值实现的自觉性会存在较大差异，其创造性价值和专业性价值的实现也会千差万别。第三，职业认同决定了编辑的职业倦怠水平。编辑的职业认同程度不仅决定了其对自身工作满意度的高低，而且决定了其保持积极工作状态并避免或降低职业倦怠感的能力。因此，职业认同的意义决定了出版单位提升编辑职业认同的价值所在，无论是综合性出版社，还是专业性出版社，强调职业认同都决定着出版单位的未来发展水平。

（二）编辑职业自我认同决定出版单位的发展动力

编辑的职业认同一般包含自我认同和社会认同两个方面，即编辑的职

[①] 段乐川：《论编辑的职业认同及其培养》，载《河南大学学报（社会科学版）》2010 年第 5 期，第 148－151 页。

业认同水平往往受到内外两种力量的制约。其中，影响自我认同的因素有很多，包括职业动机、职业兴趣、职业意志及专业技能等。编辑只有不断地加强职业自我认同建设，提高自身修养与专业素质，才能创新编辑思维，适应读者文化需求变化，策划、生产更多的精品出版物。需要特别指出的是，编辑职业自我认同度的提高虽然离不开编辑个体的自我学习，即内在力量的激励，但同样离不开出版单位这一外部力量的作用，甚至单位外部环境对编辑自我认同的影响更大。没有内外两种力量的相互作用，编辑主体便缺失了对编辑工作价值、编辑工作地位、编辑使命感的自我认同，出版单位也就必然失去了发展的动力。

（三）编辑职业社会认同体现出版单位的管理能力

社会对编辑工作的评价不仅是编辑自我认同的重要参照之一，而且会影响编辑自我认同的确立。原因在于，编辑个体在一定的社会基础和社会群体中开展各项工作，其职业认同因此不可避免地受到各类社会因素——社会认同（主要是出版单位内部与出版行业外部）的影响。一方面，编辑个体与编辑群体的关系会影响编辑个体目标的实现，如果编辑个体目标与群体目标高度契合，那么编辑就更容易实现自我价值，更容易获得工作的成就感，对编辑工作也会产生更高的认同度。另一方面，编辑个体的社会认同往往关系到整个出版单位的人才梯队建设。大到整个出版单位的干部人才建设，小到一个出版部门的人才培养，无论是青年编辑、业务骨干，还是部门领导，都应该找准自身在整个梯队中的准确位置，展现出不同职业发展阶段的职业认同，才能充分发挥"传帮带"的效应，而且对于很多人才出现断档的出版单位来说，这项工作更是迫在眉睫。编辑的社会认同考验的是一个出版单位的管理能力，因为出版单位对编辑的管理体制、机制、水平，不仅影响编辑个体的社会认同感，影响编辑工作的整体成效，更关乎出版单位的整体发展状况。

二、出版高质量发展背景下编辑职业认同的构建途径

正如前文所述，编辑的职业认同水平往往受到内外两种力量的制约，因此，编辑职业认同的构建也应该基于自我认同、社会认同（出版单位）两方面展开。编辑群体的职业自我认同程度不同，其追求自我发展、价值实现的自觉性和原动力也就不同，意味着编辑自我实现和社会评价的"同一性"不同。出版单位作为编辑社会认同实现的主要载体，对编辑职业认同的构建发挥着举足轻重的作用。只有编辑实现了自我认同、社会认同的双向构建，免受两种认同的制约，编辑个体和出版单位才有可能在未来的发展中实现双赢。

（一）提升专业自我认同，打造职业发展原动力

要想真正提高出版物质量，必须在加强编辑队伍建设方面下足功夫。其中，职业自我认同往往是编辑发展的原动力，也是出版单位走上高质量发展道路的引擎。以专业出版单位为例，提升专业认同是提升职业自我认同的关键：第一，专业出版单位的编辑首先需要像专家、学者那样，对某一专业（学术）领域"深耕细作"，而不能只做仅知皮毛的等闲之辈；每一位编辑都需要掌握丰富的专业理论知识，并拥有广阔的学术视野。更重要的是，专业出版单位的编辑要对本专业领域抱有强烈的认同感，充分肯定本专业领域之于整个文化领域的重要意义。第二，专业出版单位的编辑更要表现出对编辑学的专业认同，这是由专业出版单位的编辑人员构成决定的。专业出版单位的绝大多数编辑所学都非出版专业，即使目前部分院校相继设置了如音乐编辑等出版专业，但人才培养数量还远不能满足行业需求。因此，提升专业出版单位编辑的编辑学专业认同、转变编辑的工作思路已为大势所趋，而且在信息化、数字化技术迅猛发展的今天，这项任务已经被赋予了更多的内涵。对于专业出版单位而言，只有提升编辑的职

业自我认同，才能保证出版内容的"专、精、深"，因为内容资源特色是企业品牌之本；专业出版单位的作者与编辑队伍只有成为细分市场的专家，出版单位才能对这一细分市场形成特定的影响，对作者队伍与编辑队伍才有可能产生持续的吸引力。否则，出版高质量发展便无从谈起。

（二）找准梯队建设定位，实现群体优势互补

编辑是出版高质量发展的决定性因素之一，是出版单位第一位的资源优势所在，出版高质量发展的关键因素是人才培养与队伍建设。出版单位拥有"高精尖"的编辑人才队伍，方可论及"高大上"的、高质量的选题策划、内容架构、编校能力、新技术运用、宣传推介等。出版单位只有始终树立"人才引领"的发展理念，才能保有并不断提升企业的核心竞争力。特别是在编辑行业随社会进步而进步、随时代发展而发展、随技术变化而变化的背景下，出版单位只有编辑群体梯队建设合理，特别是编辑个体能够找准自身定位，在实现自我认同的基础上做到群体优势互补，才能释放更多的发展红利。

第一，新编辑要筑牢基础，坚守内容为王、质量为先。对于初出茅庐的新编辑而言，首先应该明确出版作为意识形态工作、作为舆论宣传阵地、作为文化建设传播载体的重要地位，充分认识到始终坚持正确的政治方向、出版导向和价值取向对出版行业的特殊意义。其次，应全方位筑牢出版专业基础知识与基本技能，打好职业发展基石，并在思想认识上坚定自我职业认同，方能行稳致远。再次，发挥在新技术、新理念掌握与应用方面的优势，助力出版单位创新转型、结构优化等改革要求。最后，应秉持内容为王、质量为先这一底线，紧抓内容生产的核心竞争力，如此才能打造适应多媒体环境的出版物，如果丢弃了内容与质量而只谈形式创新，也就失去了安身立命之根本。第二，老编辑要发挥优势，与时代同向同行。在新媒体广泛应用特别是媒体融合日新月异的发展态势下，出版单位在软硬件方面不断注入新鲜的血液，在出版理念等层面对老编辑们造成了

一定程度的冲击。基于此，老编辑们应该发挥自身长处，利用自身丰富的出版理论与实践经验，一方面要理性面对媒体融合等新发展理念与手段，坚定自我而不落俗套；另一方面应以开放姿态吸收新发展理念，发挥自身优势，在出版单位媒体融合发展、产业结构调整等方面贡献自己的智慧。也就是说，只有新老编辑充分发挥各自优势，找准梯队建设定位，实现优势互补及自我认同，出版高质量发展才不会是无源之水、无本之木。

（三）做好出版发展规划，引导编辑找准职业发展定位

在出版高质量发展的背景下，出版单位应着眼于国家中长期发展战略部署，特别是关于教育改革、文化传播等方面的新发展、新变化、新特征、新要求和新举措，基于自身传统优势与未来发展趋势，明确发展机遇与挑战，聚焦高质量发展主题，强化战略规划与定位。这不仅关系到出版单位未来的核心竞争力，还关系到编辑群体的职业发展定位与职业发展动力。

第一，只有出版单位做好未来发展计划，编辑才能够不局限于眼前事、手边选题，而是能够做好长期规划，从长远角度思考选题内容、出版结构，从宏观角度潜心研究政策形势、分析产业趋势、挖掘专业优势。第二，只有出版单位做好未来主攻出版方向、重点发展板块和产品线路规划，并提前设定目标、明确任务、谋划举措，才能引导编辑在大的方向部署中，依托自身专业优势，找准职业发展定位。换言之，编辑群体只有明确出版单位的长线布局，才能够明确自己应该做什么、能够做什么，以及为什么做、怎样做；才能够找准类型定位，在为出版社创造"双效益"的同时，实现自身价值。更为重要的是，编辑只有找准职业发展定位，才能够获得充分的职业认同特别是社会认同，才能够创造出版单位与编辑个人"互惠互利"的局面。

（四）健全激励保障机制，提升编辑职业发展获得感

出版单位的发展与编辑群体的发展可谓是彼此成就、相辅相成、荣辱

与共的关系。在出版高质量发展的新要求下，出版单位也应该积极应对新挑战、新局面，创新在健全保障、激励机制等方面的管理方式。这不仅关系到出版单位的软实力与发展韧性，还关系到编辑群体的职业发展获得感。

第一，出版单位应该不断建立健全重大出版计划、重点出版工程、创新出版项目的鼓励与保障机制，消除编辑群体做大事、谋发展的后顾之忧；对于高质量产品、高效益产品应该给予政策与资金支持，并探索科学、有效、公平、公正的双效考核办法，让编辑群体敢做事、能成事、有收益。第二，着眼出版单位与编辑同向同行发展趋势，出版单位应该"建立青年员工培训、骨干编辑培训、年度出版业务培训、专项人才培训、行业培训、出国培训等多维度、多块面培训体系，适应不同编辑不同阶段的不同专业需求"①，以应对出版业开放度高、融合性强、知识更新快的行业特色，满足编辑长效发展、提高的职业需要。换句话说，编辑群体只有在出版单位拥有良好的存在感、获得感，并且对未来拥有更高的存在感、获得感和发展空间充满信心，才能持续保有职业认同，发挥工作中的能动性；出版单位也才能因此充满活力与韧劲，敢于面对当前与未来的各种风险与挑战，在百年未有之大变局中肩负起历史与现实的责任。

三、小结

虽然随着产业化、市场化、信息化进程的不断推进，编辑、设计、印装、发行、营销等环节正日益构成出版行业一个缺一不可的闭环，关系到产品能否实现社会效益与经济效益的双赢。但对于任何出版单位来说，无论市场风向发生怎样的转变、出版业态出现什么样的转型，拥有高质量、

---

① 郑可：《高质量发展主题下的高水平编辑队伍建设——以时代出版传媒股份有限公司为例》，载《中国出版》2019 年第 18 期，第 30 – 32 页。

高素质的编辑队伍都是高质量发展的基本保障。职业认同作为编辑人才培养与发展的重要内涵之一，理应引起编辑群体与出版单位的高度重视。本文对职业认同之于出版单位发展意义的强调、对编辑职业认同构建途径的探讨，都是基于出版高质量发展这一大的现实背景。出版高质量发展是一项国家级战略性工程，其复杂性、动态性、丰富性有待更多、更深层次的探究。

有学者指出，文化的进步有三大标志——作者的发现、读者的发现和编辑的发现。其中，编辑的发现体现了这一职业在文化创造中的价值，即编辑不仅保存和积累着人类文化成果，而且通过对文化成果的选择、出版、编选和推崇，体现着自己的文化倾向和价值取向。从宏观的、历史的角度来看，编辑甚至影响着人类文明发展和进步的进程。因此，只有提高编辑的培养质量、提升编辑的职业认同，才能筑牢出版高质量发展基石，人类文明成果才能得以更好地传播与发扬！

探究新时代出版人才培养模式

清华大学出版社有限公司 赵 欣 张瑾田

【摘要】 中国出版业在国际化数字出版浪潮中已经由传统的纸质出版向数字出版转型，并催生了新型产业链。在此过程中，大量新技术、新技能得到高效应用。新技术、新技能需要新的知识做支撑，衍生出大量新型营销方法和管理手段，对我国新闻单位工作提出了更严谨的挑战及要求。本文针对目前我国出版单位人才教育培养现状，溯源当前现状产生的原因，以及新时代视角下构建数字出版人才培养模式，探究数字出版人才培养模式。

【关键词】 数字出版；数字教育；人才培养

近年来，随着互联网网络的发展和科技的不断进步，出版业也在不断发展，新媒体技术的发展也在不断向产业化、数字化发展。我国出版业传统模式的转型相对于国外发达国家起步较晚，欧美发达国家早在 20 世纪末就开始探讨数字化出版转型问题，而我国从 21 世纪初才开始踏足数字出版业，随后国家和各省市积极跟随时代潮流，自中国出版集团建设"中国数字出版网"战略制定之后，多个省份也启动了诸如"项目推动数字出版发展"等数字化合作出版项目，力图对数字化出版流程、数字化内容以及网络营销等进行管理，成功实现了出版单位由传统的纸质提供者向数字内容服务商的转型。多地的出版社也纷纷开拓数字出版领域，随后我国又开始逐渐构建国家级别的数字出版基地，数字出版产业也成为新闻出版业新的经济增长点，为我国经济的发展带来不竭动力。

数字出版产业的发展离不开新时代人才的支撑和科学技术的进步，因此新闻单位出版人才队伍建设是数字出版产业发展的关键，数字出版产业的发展也离不开具有数字出版能力的优秀领军人才的支持与培养。国家制定的《国家中长期人才发展规划纲要（2010—2020）》对人才队伍建设专门提出了要求和方法，并提出"通过各种途径和方式，加强出版领域高层次人才队伍建设"，为出版领域队伍建设和产业发展指明了道路。

一、新时代对出版人才提出了更高的要求

如今是互联网和高科技时代，社会发展的支柱产业要和互联网、大数据等高科技技术和产业相结合，才能促进整个电子商务、工业互联网、互联网金融等产业健康发展，这恰好构建出网络时代传统出版业转型和发展的新蓝图。传统出版业在数字化科技、大数据营销、全媒体发展等浪潮的推动下，正在进行转型和发展。自 2005 年数字化浪潮的推进，传统出版业也经历了数字化革命，逐渐向数字化方向发展，这是出版业经受的第一次革命；后来，互联网的发展进一步推动出版业的发展，为出版业带来了第二次革命。虽然当前出版业正在致力于探索数字化出版、开发电子读物、

建立网络阅读社区，并以互联网为根据地实现和读者的有效沟通，但这种方式仅是通过一定的平台和网络的浅显的、表象的互联网方式，而没有对读者的行为、习惯等深入挖掘，因此，出版业想要有更深一步的发展，还需要采用互联网思维方式，走数字化路线。

出版行业不同于其他行业，对出版内容的要求较高，虽然在互联网时代下出版业的经营模式和理念有所改变，但在很多方面如选题策划、内容服务方式、市场营销等方面依旧沿袭以往的思维方式和方法。这种模式在新时代会显得越来越不适应，所以一定要从内容的深度和广度上实现接轨。出版业在新时代下秉承着创新驱动才能实现发展需要，才能实现高质量可持续发展。

二、以"互联网+"思维培养互联网复合型出版人才为培养目标

新时期，对出版专业人才的培养除了从源头上，也就是高校人才培养方面入手，还需要出版单位从自身发展需要进行培养。通过将互联网特点与传统互联网的融合，将已有人才在拥有传统出版专业能力的基础上，打造成适应新时代发展需要的人才。出版单位对人才的培养有很多途径，首先可以以员工的年龄和接受能力划分为不同的层次，根据不同层次的员工特点制定出专业化的提升策略，帮助员工更快、更好地学习；其次，系统地组织员工进行培训，如连续举办多年的数字出版专题沙龙，邀请社内相关人员或者外请知名数字行业的佼佼者进行培训，督促员工学习发展。最后，直接引进相关行业的专业人才，通过与传统出版人才的配合，实现"互联网+"和传统出版行业的人才融合，进一步完善部门内部人才结构。

在新技术、新科技的强大推动下，整个出版业面临着巨大挑战，亟需更多符合当前行业和社会需求的新型复合型人才，才能实现更好的发展。

（一）互联网复合型出版人才

在新时代下，出版业对出版人要求更加多元，尤其是编辑，不仅需要将纸质版内容用数字化形式呈现出来，还要结合网络传播渠道、高科技技术等对消费者阅读爱好等进行全方面的了解。许全军针对"互联网＋"时代下人才需求现状发表了《"互联网＋出版"对编辑的素质要求》，文中提出：在"互联网＋出版"时代，传统的编辑六艺——选题、组稿、审读、加工、发稿、读校——与互联网融合以后，其对编辑的素质要求比以前更高。编辑必须在一个大格局之中考虑一本书的出版，即以互联网思维贯穿选题策划—编辑制作—宣传营销整个业务流程，熟练运用大数据、碎片化阅读、云计算等新技术手段。

（二）具备复合型的营销宣传能力

新时代下，编辑已经不仅仅局限于传统的把握选题、组建构建、审查稿件、加工和校对文字等，还需要具备一定的市场敏感度，能够善于利用互联网社交媒体挖掘出选题的价值。同时，出版业为了更好地宣传推广，需要复合型营销宣传能力人才的加入，将营销过程贯穿于出版的整个流程。虽然目前有很多出版单位将市场营销人员编制在出版发行部门，但这并不是说营销人员和编辑流程毫不相关，编辑人员也不仅仅从事传统编辑工作，双方都应当对编辑工作和营销工作有着充分了解，才能根据市场变化和需求及时、准确地做出决策，提高出版影响力。互联网社交媒体的应用，在疫情期间起到了突出作用。我社一名新编辑，擅长新媒体运营，在疫情期间，举办了近百场直播，公益营销相结合，发挥了我社在高等教育领域的社会价值。在直播模式上有所创新，创造性地将链式建群模式应用到会议直播中，一举两得，使直播产生较大的影响力。如《教导》译者分享活动采用线上线下同步直播，引发新华网、人民网、光明网、中国教育新闻网、长安街读书会、搜狐、澎湃新闻、今日头条等20余家媒体报道，共计超过 80 万人在线上参与了活动。直播的成功，真正实现了社会效益和经济效益的双丰收。

（三）具有文化情怀

出版行业的一个重要任务是为了传播先进知识和文化，传承中华民族优秀的传统文化，因此，出版从业人员需要具备文化情怀。我社社长宗俊峰对此也曾发表过《坚守使命融合发展重在实践——谈"互联网＋"时代的出版人才培养》，并在文中提出，现代出版业的历史进程也一再表明，无论出版本身如何变革，出版的成就永远是由那些具有文化情怀的出版人所创造的。因此，在融合发展的进程中，高度认同互联网思维和数字化战略的高层管理者和掌握前沿技术的专业人才，还须具有文化情怀才会被时代所接受。

三、新时代出版人才培养的路径

随着数字化技术的发展和科技的进步，数字出版技术得到迅猛发展，我国的教育出版也随着教育体系的变革不断探索和调整，紧跟时代发展的步伐。为了更好地发展，培养出复合型数字出版人才，新时代出版人才的培养已经逐渐成为亟须解决的问题。

（一）树立大编辑、大文化、大媒体的教育理念

人才培养需要教育理念做指导，教育理念能否与时代相适应和人才需求相匹配都能够直接对人才的成长产生影响。因此，出版业从传统转向数字化的过程中，需要树立起和新时代相适应的教育理念。编辑是文化的生产和传承者，肩负着文化传播的社会责任和担当。新时代下，编辑在满足上述要求的同时，还需要能够熟练运用纸媒、网络、智能设备等多媒体和先进技术进行文化传播。在互联网时代，传统的出版也逐渐转变为数字出

版，出版也由内容为王转变为内容为王、渠道为王、终端为王，最终又回到内容为王的轨道上，这更能凸显出编辑的重要性，尤其是大编辑；文化是文明的血脉、人们的精神家园，因此需要具备为文化服务与风险的激情，具有宽广的文化视野和深厚的文化底蕴。互联网时代，传统媒介被新媒体所取代，因此，编辑需要合理利用多媒体环境，实现内容传播最大化，不断提高文化的传播力和影响力。

（二）培养复合型编辑专业队伍

数字出版业对人才的需求不仅需要具备传统出版业所具备的能力，还要具备"互联网＋"时代信息搜集、智能设备运用等能力的复合型人才，因此，出版单位应当积极创造人才培养环境和条件，创新人才培养制度，有计划地培养出一批批应用型、复合型、技能型人才，打造出一支具有高素质的符合新时代出版工作要求的专业编辑队伍。

（三）培养创新型经营管理领军人物

数字出版产业具有集聚性、竞争性等特性，其生产和经营方式相差并不大，因此，实现数字出版产业的发展需要培养出一支具有战略眼光、一定的市场开拓精神以及良好管理创新能力的经营管理人才队伍，以管理人才带领团队通过新产品、新技术的开发，带动新市场、新领域的开拓。在"互联网＋"背景下，需要以培养"技术＋战略"型企业家为目标，挖掘和培养创新型数字出版经营管理人才。

（四）培养外向型营销推广领军人才

出版业也是一种产业，离不开产品营销与推广。市场营销主要针对的是客户市场，具体是指由具有社会公关活动能力的人才制定出数字产品的宣传促销策略，开拓市场消费需求。在中外文化交流不断拓展加深、"一带一路"倡议获得国际社会普遍响应的大背景下，版权贸易与版权合作作为中外人文文化交流与合作的主要方式，日益受到出版单位的重视，从而为企业创造价值。因此，培养具有国际视野、传递中国声音的营销人才是新时代出版业人才培养的重要方面。

（五）转变数字出版储备人才培养模式

在传统出版向数字出版的转型发展过程中，两者之间相互影响、共同发展，对专业人才的需求越来越大，这方面人才不仅要通过自身的实践来推动行业的发展，更要通过传统到数字出版人角色的转变来实现出版平台的融合发展。通过领军人才的培养，发挥出领军人才的示范作用，及时发现和解决出版产业转型升级中遇到的深层次问题，才能实现数字出版产业的发展。

（六）出版单位强化数字出版专业培训

出版单位想要获得长久、稳定的发展，在吸纳新力量的同时，还需要对现状进行优化调整，单位内可以通过数字出版模块课程的讲解，增强员工数字出版方面的理论知识，通过日常工作中遇到的数字出版实战，实现理论与实践的结合。同时出版单位也要做好自身的内容数据库，从近年来统计的数据显示：网络游戏、广告、手机出版成为数字出版行业的三大巨头，各出版单位根据自身涉及的领域，开设强化数字出版相关理论课程，提高员工数字出版理论，增加员工知识储备，在此基础上才能同时做好数字内容的服务商和数字技术的开发运营商，最终打造出适应数字出版需要的复合型专业人才，适应社会发展，满足行业需求。

四、结语

新时代下出版人才的培养要和当前时代的要求和社会的发展相一致，才能实现人才培养目标，从而推动社会的发展需求。本文通过对我国数字化出版人才培养现状、数字化出版发展现状的分析，指出新时代对出版人才提出要求，提出了互联网复合型出版人才的培养目标。最后，提出出版人才培养的路径。结合出版行业的时代发展需要，建立和完善新时代人才培养机制，通过具体的实践培养出一批具有较高综合素质、较硬专业素质、较强创新能力的复合型专业人才，这样才能够适应时代对人才的需求，才能够实现传统出版行业向数字出版行业的转型。

参考文献：

[1] 李宝玲，丁晓花. 互联网 + 时代的出版人才培养探究[J]. 北京印刷学院学报. 2016(1)：12 – 15.

[2] 曾繁文，黄丽丽. 基于文化产业人才素质结构的出版人才培养路径探析[J]. 中国出版. 2016(4)：28 – 31.

[3] 黄先蓉，刘玲武. 媒介融合背景下出版人才培养的路径选择[J]. 出版广角. 2015(13)：13 – 15.

[4] 姚小菲. "互联网 +"时代的出版人才培养策略[J]. 新闻研究导刊. 2020(21)：42 – 43.

[5] 姚丽亚. 出版类专业互联网思维培养课程构成[J]. 青年记者. 2016(29)：103 – 104.

新时代出版行业困境与人才差异化培养的思考

海豚出版社　王凤丽

党的十九大报告指出，我国社会的主要矛盾已经转化为人民日益增长的美好生活需要和不平衡不充分的发展之间的矛盾。具体在出版领域，则体现为人民群众对高品质、高水平出版物的需求不断增长。从现实情况看，出版行业是知识密集型行业，人才是行业发展的核心资源，出版行业应持续加强对新时代出版人才培养模式的探究，培养一批"跨界""破圈"人才，以推进社会主义文化繁荣兴盛，为广大人民群众提供高质量精品图书。

一、简要回顾出版市场变化以及出版人面临挑战

出版行业不仅面临市场竞争，还有行业内部竞争，以及其他行业的跨界竞争。自 20 世纪 90 年代以来，出版行业遭遇的挑战大致可分为三类：

（1）发行渠道变化带来的挑战。受文化企业机制体制改革刺激，有的民营公司从销售末端向发行中盘迈步（比如人天书店、北京鹏飞一力等），有的民营公司从作者端向选题策划方向推进（比如共和联动、磨铁等），还有一些非国有公司从零售端改变图书发行格局（如当当网、卓越网/亚马逊等），几种不同力量推动出版行业从两端向中间变革，使"出版社+新华书店"这一相对封闭系统开始松动，为传统出版行业注入更多的新鲜观念、市场逻辑和高效的管理方法。图书策划主体不再是出版社的专利，发行主体也不再是单一的新华书店系统，出版行业从资本角度看，出现国有和民营之别；从市场角度看，出现主渠道、二渠道之别。而民营力量和二渠道迸发出的活力改变着原有的图书出版和发行版图，也极大地丰富了过去20多年出版行业向群众的文化供给。2010年以后，京东和天猫等电商平台从图书销售嗅到商机——"人数众多+订单分散=强大的引流"，此后多家中小电商陆续进军图书销售领域，图书销售公开打"价格战"，至今硝烟未散。近两年来，"直播带货"风行，当一场直播带货销售额相当于一个中型实体店全年销售额时，当线上平台图书实际结算折扣接近图书制作成本价时，当以知识价值为核心的图书被电商平台按食品、日用品、电子产品等无差别对待时，出版行业自发地焦急喊出"融合""创新"时，这个行业的市场已经支离破碎。

这一挑战，需要新时代出版人具备突出的具体业务的执行力，能迅速应对出版产业链条本身的变革。

（2）阅读载体和读者阅读习惯变化带来的挑战。世纪之初，榕树下、天涯社区、晋江文学、中文在线、掌阅等数字阅读平台闪亮登场，不仅催生一批批知名网络写手，打破网络文学和传统严肃文学的界限，不少写手进入图书出版行业，影响了今日图书出版市场格局之形成。而智能手机和信息技术的交互提升，使得移动终端成为最重要的信息集散地，还改变了人们的阅读习惯。新技术支持下的出版物形式不再仅仅是服务于内容，内容与形式的边界越发模糊并紧紧融为一体，形式增添了内容的含量与价值，成为内容的重要有机组成部分。新技术也引导和培养人们的新习惯。

这一挑战需要新时代出版人有高超的专业技术能力，能把握知识传播的权威性和准确性，能迅速应对其他行业对出版行业产业链的变革式冲击。

（3）出版行业如何与互联网时代共振、融通和调适带来的挑战。这是我们目前必须面对的"霍布斯选择"——没有选择的选择。面对互联网行业的降维打击，跨界合作、联手破圈、IP 赋能行业发展等热词频频出现的背后，是出版行业在挑战和机遇并存之时的焦灼与希冀。虽然出版物意识形态把关和三审三校流程，用书号、CIP 仍严格控制在出版社手中，但必须承认民营书业从业人员已基本打通出版行业市场领域各环节。以中文在线、新经典、读客、果麦等为代表的民营文化力量在市场领域取得亮人成绩，但这些行业新锐和传统出版社一样，都遇到互联网平台对全产业链的强烈冲击。互联网平台对出版行业的降维打击体现在方方面面：基于作者、出版者和读者多方互动的选题产生方式、基于终端阅读的多元载体、基于大数据技术的市场营销及分销配送模式等。图书生产工艺复杂化、原材料价格上涨、印制与仓储迁址等交互作用，导致印制成本明显增加，与此同时，零售市场单册平均销售量明显下滑，销售回款折扣却从 10 年前的 55% 降至 2021 年的 35%。出版行业在生产和销售两头挤压下，利润空间越来越窄，发展潜力与后劲堪忧。

这一类挑战，需要新时代出版人有高超的跨界协作力以及研判行业发展方向的精准前瞻力。

二、把好图书的政治导向关和编校质量关，是新时代出版行业人才培养的起点

（1）扎实贯彻党和国家有关出版工作的指导意见或具体要求，不断增强政治敏锐性和政治鉴别力，严把图书出版导向关。新时代出版工作者要

深刻领悟习近平总书记关于党的新闻舆论工作的重要讲话精神，切实以马克思主义新闻观指导出版工作实践，唱响主旋律，传播正能量。不断提高政治站位，不断强化四个意识，坚持贯彻落实党和国家对宣传战线的工作要求。坚定地把正确出版导向摆在工作首位，把好图书出版的三审与选题申报环节，始终做到讲导向不含糊、抓导向不放松。确保图书出版始终坚持正确的政治导向，不仅是编辑出版工作的底线，也是做好出版工作必须担当的责任和必须具备的政治素质，更是编辑从业人员事业发展的生命线。坚持以人民为中心的出版导向，把满足人民美好生活的出版供给和引导人民建设美好生活的大众出版、个性化出版，作为工作标准和事业发展的方向。出版是生产精神文化产品的经营活动，具有很高的知识含量。而学科不断发展、知识不断更新、产品不断迭代，都需要从业人员持续学习、与时俱进，而扎实的理论基础是我们评判优劣、去伪存真的前提和底气。

（2）坚持学习行业法律法规和专业技术，不断提高业务水平，严把图书出版质量关。在加强政治理论学习、提高思想认识的前提下，严格遵守编校制度，积极主动地参加政策法规和业务培训，认真参加编辑继续教育培训，全面提升专业知识，做精通编校的行家里手，严把编校质量关。出版物内容质量要精益求精，是新时代出版工作者基本的工作素养。坚持学习《出版管理规定》《图书质量管理规定》《图书质量保障体系》等管理规定，将《图书编校质量差错案例》作为随身相伴的参考书。关注《人民日报》《现代汉语词典》等权威参考对字、词的使用规范，随时学习中宣部及新华社对特定词语的使用规定，随时更新知识积累，时时在工作中学习相关业务知识，提高编校专业素养和业务工作能力。内容产业以创新为灵魂的特殊性决定了其特质就是创新，而创新靠的是人才，所以，出版行业的竞争首先是人才的竞争，而人才的竞争，是出版单位基层员工执行力、中层员工协调力和高层管理者决策力的综合竞争。

三、管理学视角下出版单位内部"基层—中层—高层"的差异化 人才培养

（1）基层员工要突破"蘑菇效应"，重在培养执行力和创新力。编辑岗位有专业技术门槛，出版单位一般不轻易把图书项目交给无工作经验的行业新人，新人不可避免地遭遇"蘑菇管理"。蘑菇管理是指新人被放在阴暗的角落（不受重视的岗位或打杂跑腿的工作），不时浇上一堆大粪（被批评、指责或误会），基本处于自生自灭状态（得不到充分的专业指导）。出版编辑岗位对专业技术和实践经验要求高，一些应届大学生甚至研究生，即使是编辑出版专业科班出身，虽然有较为扎实的教育背景与知识结构，但其实践能力与工作经验跟编辑岗位所需要的专业技能仍存在较大的差距。但"守正创新"要求出版社一方面要坚持良好的传统，另一方面更要寻求突破、取得创新，以适应不断发展变化的出版环境，因此，出版单位除了重用专业型编辑，也始终很重视年轻人才的培养，对有行业发展潜力的年轻"蘑菇"，出版单位很快就会放到重要位置上。以笔者曾参与创办的北京时代华文书局为例，这是一家 2012 年成立、2013 年获得出版资质的出版社，笔者在 2012 年参与招聘了 20 多名新人，他们无一例外地从辅助类工作（核红或跑签字流程）起步，在失落与破壁中慢慢积累行业经验、锻炼具体工作执行力。这批新人多数在 2015 年前后已推出社会效益和市场效益突出的精品图书，但凡留下来的，到 2021 年均成为中层业务骨干，挑起所在部门业务大梁。

职场新编辑也有独特的优势。大数据、可视化、社群裂变等新技术、新思维在出版领域的广泛应用，打破了出版学科知识结构的原有体系，策划编辑、营销编辑、数字编辑甚至发行员的界限已经越来越模糊。传统出版行业以文科生为主，多是"定性"思维，即使擅长跑市场、做调研，也多是费时费力且样本有限的个案研究，并通过长年累月的个案来积累经验，普遍缺乏大数据时代的定量研究思维，缺少数理统计软件分析模型，

难以得出与现实拟合度较高的市场预研。而刚入出版行业的新人，往往是新技术应用能力较强的新人，有的熟悉 SPSS，有的熟悉掌握 PYTHONE、UCINET 等，这些专业技能可以成为业务创新的突破口。

因此，基层员工应做 SWOT 分析，把自身特有优势迅速转化为职场核心竞争力，迅速提升执行力，夯实专业技术基础。

（2）中层负责人要避免"华盛顿合作效应"，重在培养沟通力和协作力。中层负责人普遍是出版单位的骨干和团队负责人，往往负责一条产品线或一个产品板块，要带一个团队，就要避免团队出现"华盛顿合作效应"。管理学上的"华盛顿合作效应"，是指一个人敷衍了事，两个人相互推诿，三个人难有成事之日，有点儿类似我们常说的三个和尚没水喝。团队的合作不仅仅是把人力简单叠加，它是复杂又微妙、立体又综合的动态合作过程，5 个 1 相加有时候可能大于 5，有时候可能比 1 还小，因为人非静止的机械，更像方向各异的能量，相互推动时事半功倍，相互抵触时一事无成。

中层负责人不仅能在选题会上说服众人，能帮作者改稿甚至指导作者创作，能帮设计师画创意图，能掌握各类纸张和印厂的成本与工艺，还要说服营销和发行部门的资源"倾斜"，能对着直播镜头侃侃而谈地卖书……，还要能够协调各种力量、聚拢各类资源，调动不同专业、不同资质、不同性质、不同诉求的人，在多个维度的网络中确定最佳动态平衡点，协调好当前具体任务和整体目标——每个具体任务都很重要，但整体目标的时间成本、人力成本、机会成本也很重要。

因此，中层负责人应开放头脑，调度行业内外各类资源，着力于培养一流的团队协作和沟通能力。

（3）高层管理者要突破"帕金森定律"，重在提升决策力和前瞻力。英国学者诺斯古德·帕金森提出的"帕金森定律"，通俗说就是"劣币驱逐良币"。在出版行业管理实践中会有这样的现象：某出版单位高管业务能力弱，为了完成工作，他有三个解决方案：第一是让贤，把位置让给能力强的人；第二是请一个能力强的人协助自己工作；第三是找两个水平比自己更低的人当助手。高管一般不会采纳第一个办法，因为让贤意味着自己失去权利和权力（在我国还涉及董事会、股东会或上级组织的人事任命问题）；第二条路也不能走，因为那个能力强的人很可能变成自己的对手；只有第三条路最靠谱。于是，他请来两个更平庸无能的副手分担工作，由于这两个副手能力更弱，于是上行下效，也分别为自己找来两个更无能的中层助手。如此一来，企业机构臃肿，内部流程复杂，相互扯皮，而且由于复杂的利益关系，参与企业决策的非必要成员也越来越多，导致"无效率系数"越来越大，每个人都很忙，但单位业绩越来越差。优秀的管理者，擅于识人、用人，能高效地激发现有人力资源的内部潜能与活力，人尽其才，物尽其力。

新时代出版单位的高层管理者还必须具备前瞻力。高层管理人员的前瞻力轻则影响产品线或产品结构，重则可能影响单位管理水平、发展速度甚至发展方向。高层管理者应具备国际视野，能以国内国际两个市场、两种资源为切入点，能驾驭国际内容生产组织、国际营销传播的能力，能不断强化我国出版业的国际话语权、国际传播能力；能通过高超的决策和精准的前瞻力，培养核心业务团队精准的选题策划能力、高品质的内容挖掘能力、精细的编校能力、高水准的新技术应用能力、高层次的宣传推介能力等，以保障出版产品的质量。

四、行业发展视阈下新时代出版人才培养的几点建议

（1）进一步发挥行业协会、行业研究机构和行业宣介平台的作用，全面推进行业的跨界与破圈发展。进一步丰富中国出版协会、韬奋基金会、中国新闻发展研究院等协会或机构的职责、职能，在推进中国特色新闻出版学科体系、学术体系、话语体系建设基础上，还要引领并创新出版行业人才学研究和人才培养机制，开展新闻出版人才标准研究和落实工作；适

时建立全国性的出版人才信息库，把包括民营书业人才、相关行业跨界人才等一并纳入。

（2）发挥政产学研协同，向学术研究与智库机构"借脑出力"，迅速补足"高、精、专"人才的不足。产业拓展能"借船出海"，人力资源也可以向其他行业"借脑出力"。中共中央办公厅、国务院办公厅 2016 年印发《关于实行以增加知识价值为导向分配政策的若干意见》，鼓励事业单位科研人员离岗到企业从事科技成果转化等创新创业活动，鼓励高校教师利用网络平台等多种媒介，推动精品教材和课程等优质教学资源的社会共享。依据这一政策，出版行业可以直接向各类大学、研究机构借力，鼓励相关科研人员通过兼职或离岗方式，到出版行业来开展创新创业。鼓励跨部门、跨行业、跨体制的人才交流，创造条件鼓励新闻、传播等相近行业和专业的人才流动，加大交流和轮岗力度，引导对出版有知识有情怀的专业人才进入出版业，为更多复合型融合型人才的产生创造条件。

（3）主动与高校、职业机构合作，持续培养具有不同专业基础和能力特点的出版人才。为实现出版人才具备新技术的使用能力，出版教育还要在人才培养中落实产学研协同创新，依托产业前沿力量，培养新时代出版形势需求的人才，更要发挥高校智慧力量和科技优势，成为新技术试验与研发的重阵，引领知识整理和技术传播。一方面，鼓励出版单位人才参与学历提升、继续教育、专业培训等，协调财政资金或社会资金分担出版单位或从业人员的培训经费压力。另一方面，促进有关高校和职业教育院校的人才培养，如学校统一安排到对口出版单位实习、见习，尽可能完成出版新人的融合型知识体系培养，能与行业实际需求较顺利地对接。

五、结论

出版行业是一个专业性、技术性、协作性、实践性很强的应用型学科。新时代新形势对出版人才培养提供了新的要求。站在新的历史起点上，要高度重视高端出版人才培养问题。针对出版行业处于基层、中层、高层等不同岗位的从业人员，应采取差异化的目标能力培养着力点。同时，还要进一步发挥中国出版协会、韬奋基金会、中国新闻出版研究院等机构的作用，推进政产学研协同，向高校和智库机构"借脑出力"，推进出版人才的可持续发展。只有切实提高出版行业人才能力，才能更好地继承并传播我国优秀的文化精髓，推出更多社会效益和市场效益双突出的精品出版物。

参考文献：

[1] 曹继东. 论数字化出版人才生态系统的内涵和构建[J]. 传播与版权，2021(6):75-77.

[2] 陈莹. 新时代出版人才培养的着力点[N]. 光明日报，2018-11-05(11).

[3] 孙彦君. 媒介融合趋势下的编辑出版专业人才培养模式探索[J]. 传播与版权，2021(6):73-74,77.

[4] 卫敏. 融合背景下人才培养困境与路径探析[N]. 中国出版传媒商报，2021-07-30(6).

[5] 魏玉山. 探索传统出版融合新路径[N]. 中国新闻出版广电报，2020-10-16(7).

[6] 徐志武，田蔚琪. 融媒体环境下出版人才培养工作的不足与变革[J]. 中国编辑，2021(7):86-90,96.

[7] 中国外文局计财部课题组. 后疫情时代出版业面临困境和转型探索[R]. 2020.

[8] 周海英，陈曲，宫志伟. 分层培养新时代出版人才[N]. 中国新闻出版广电报，2021-01-27(4).

附

录

第十届韬奋出版人才发展论坛征文活动获奖名单

一等奖

《加强党史学习教育，锻造高素质出版人才队伍》

　　人民出版社　柴晨清

《精品为基，人才为本，开创出版高质量发展"新时代"》

　　山东出版集团　迟　云

《从"传统编辑"到"产品经理"——编辑角色转变的底层逻辑及工作方法探析》

　　荣宝斋出版社　郑　硕

《浅谈新时代优秀童书编辑成长策略——以接力出版社编辑培养为例》

　　接力出版社　王　燕

《〈殷墟文化大典〉：一套中国出版政府奖图书的诞生》

　　时代出版传媒股份有限公司　李　旭

二等奖

《学习出版史上苏区精神，培育新时代出版人》

      福建教育出版社   孙汉生

《新时代出版人才培养初探》

      浙江教育报刊总社   楼仲青

《新时代优秀科技编辑要具备的核心素养》

      南方出版传媒股份有限公司   张   芳

《新时代出版人才培养模式探究——以＜贵州文库＞为例》

      贵州人民出版社   韦天亮

《论主题出版高质量发展驱动下编辑素养的提升》

      中国人民大学   龙明明

《"现代纸书"出版融合模式下编辑队伍高质量发展路径探究》

      国家新闻出版署   刘永坚   白立华   施其明   郭雪吟

《精品项目与人才培养的内在逻辑和实践路径研究——以外研社丽声阅读系列和丽声团队为例》

      外语教学与研究出版社   陈媛媛

《知识流动视角下专业出版单位编辑人才培养体系搭建刍议》

      电子工业出版社   潘   娅   赵丽波

《为编辑减负与出版的高质量发展》

      福建人民出版社   何   欣

《探究融媒体时代的出版人才画像和人才培育机制》

      重庆出版集团农家科技杂志社   李文萍

三等奖

《新时代编辑力提升探究》

　　江苏凤凰少年儿童出版社　王泳波

《融合发展　守正创新：新时代出版行业与人才培养》

　　中国传媒大学　郑志亮　田胜立　李忆箫

《我国出版专业教育新形势与人才培养路径探究》

　　北京印刷学院　陈怡颖　张文红

《为人作嫁诗星亮　闻道未迟天地宽——沈鹏先生诗书出版文化赏析》

　　中国书籍出版社　吴化强

《深挖传统出版业务的效率潜力》

　　国家开放大学出版社　石明贵　许　进　任　岩

《科研助力数字教材出版高质量发展——复合型编辑团队研发高质量数字教材的案例与思考》

　　人民教育电子音像出版社　邓文虹

《新时代数字出版人才培养的关键问题》

　　上海大学文学院　王海峰

《媒体融合视域下的传统编辑赋能路径探析——以漓江出版社为例》

　　漓江出版社　张津理

《地方出版单位"专精新特"的高质量发展之路——以安徽人民出版社为例》

　　安徽人民出版社　孙　立

《我国出版产业的人才建设缺陷与对策——由产学两界人才培养方向与甄选机制谈起》

　　江苏凤凰少年儿童出版社　林　茂

《使命驱动　价值引领　锤炼精品——"新儿童"教育图书品牌案例分享》

　　广西师范大学出版社　刘美文

《新时代出版业高质量发展的"道"与"术"——加强思想建设　聚焦数字出版》

　　科学出版社　宋　丽

《筑牢出版高质量发展基石——对提升新时代编辑职业认同的几点思考》

　　人民音乐出版社　《中国音乐教育》杂志社　王正君

《探究新时代出版人才培养模式》

　　清华大学出版社　赵　欣　张瑾田

《新时代出版行业困境与人才差异化培养的思考》

　　海豚出版社　王凤丽

优秀奖

《回归本位、跨界协同与实践赋能：新文科视野下新闻出版人才培养的创新与实践》

　　广东财经大学　李　镓　马持节

《新时代背景下高校编辑出版学人才培养创新改革探析》

　　湖北大学　张　琦　葛翌莹

《新时代的编辑素养：基于编辑隐喻的分析》

　　中南出版传媒集团《新课程评论》杂志　余孟孟

《浅论新时代西藏出版工作者应具备的素养》

　　西藏人民出版社　增太加

《新时代图书编辑提升主题出版顶层设计质量的基本路径》

　　安徽人民出版社　何军民

《浅析提升编辑价值的三个要求》

　　中山大学出版社　邹岚萍

《新时代高校出版社人才队伍建设有力推动出版社高质量发展研究——以郑州大学出版社为例》

郑州大学出版社　赵常信

《充分发挥职称制度正向激励作用　推进新时代出版人才队伍建设——以武汉出版社为例》

武汉出版集团　刘棣辉

《新文科建设背景下我国编辑出版本科教育现状及再思考——以广东省为例》

广东财经大学　周　畅

《基于全面质量管理理论谈新时代教材教辅出版人才培养模式》

科学出版社　李立云

《通过图书版权页的三个细节谈谈出版人才应该具备的基本功》

浙江少年儿童出版社　石英飞

《出版行业青年编辑的培养路径》

广东经济出版社　徐依然

《践行读者路线，推动出版高质量发展——基于出版与读者相互关系的视角》

科学出版社　余少力

《基于PMP管理思维看编辑人才的培养》

中国人民大学出版社　周扬帆

《铸就学术津梁　锻造精品名刊——论新时代学术期刊高质量发展》

高等教育出版社　马伊颀

《植根教育，铸造精品，助力新时代教师队伍建设——案析"当代中国语文教育家口述实录（第一辑)"丛书之策划》

广西教育出版社　陆思成　张巧慧

《强化"八个意识"　提升出版质量》

经济管理出版社　姜思宇

《志·毅·识——培养新时代编辑优秀编辑的三重境界》

陕西师范大学出版总社　曹海英

《我国图书版权输出存在问题与对策探讨》

北京印刷学院　唐姝菲

《新时代优秀文字编辑的自我学习与成长》

科学出版社　刘巧巧

《学术期刊在推动期刊繁荣发展中的定位、使命及创新方案》

安徽理工大学学术出版中心　范　君

《图书编辑提升主题出版力的四条基本路径》

安徽美术出版社　徐海燕

《新时代关于出版人才培养的思考》

中国地图出版社　宁嘉宁

《基于高质量发展的国际化出版人才培养研究》

吉林工程技术师范学院　杨　明

《企业新型学徒制助力新时代出版人才培养》

中华书局　刘冬雪

《编辑高质量发展意识的生成困境及其解决措施》

福建教育出版社　刘筠

《顶层设计下的主题精品系统建设——以苏少社"童心向党·百年辉煌"出版为例》

江苏凤凰少年儿童出版社　许　建

《编辑与项目共成长——从〈中国共产党人的精神〉到"红色初心丛书"系列》

安徽教育出版社　魏飞建

《如何让硬核党史知识软着陆——以〈上党课了〉为例》

漓江出版社　刘红果

《新时代做好少儿图书编辑工作的四种意识——以中小学〈人工智能〉媒体融合出版项目为例》

接力出版社　刘蓉慧

《浅谈新时代图书校对人才的培养与发展》

贵州人民出版社　李　方

《论编辑在出版中的引领——以"王阳明教育思想系列读本"开发为例》

　　贵州人民出版社　钱海峰　陈　章

《寓教与学于编校实践——结合〈贵州文库〉丛书编辑之实践论述》

　　贵州人民出版社　杨抒婕

《培养新型人才，推动出版高质量发展——新时代背景下出版人的角色定位》

　　黄山书社　王陶然

新时代数字出版平台高质量发展模式探究——以湖南教育出版社贝壳网为例》

　　湖南教育出版社　陈东锋　张艺琼

《民族共同体背景下少数民族地区出版人才培养路径》

　　云南科技出版社　王首斌

《韬奋思想在当代的影响力》

　　辽宁人民出版社　阎伟萍　孙　雯

《编辑加工过程中编辑法律素养的培养与提升》

　　中国法制出版社　陈　兴

《十年积累，磨砺精品，服务法治！——〈中国法院年度案例〉系列丛书出版经验分享》

　　中国法制出版社　韩璐玮

《以高质量人才培养推动出版业高质量发展》

　　中国法制出版社　黄会丽

《服务读者，与作者共同成长——以法律普及读物作者的发掘与合作为例》

　　中国法制出版社　王佩琳

《中国儿童学研究专业辑刊的"新突破"——〈新儿童研究〉辑刊编辑手记》

　　广西师范大学出版社　周　伟

《城市文化生态视阈下的出版发展研究》

　　武汉出版社　朱金波

《〈古路之路〉出版中的高质量发展思考》

　　天地出版社　漆秋香

《关于自媒体环境下书评创新的思考》

　　中国人民大学出版社有限公司山东分公司　李　建

《新时代背景下引进图书如何实现高质量出版——从诺贝尔文学奖获奖图书的引进说起》

　　海天出版社　简　洁

《论高质量发展形势下的专业出版社人才队伍建设——以电子工业出版社有限公司为例》

　　电子工业出版社　韩　蕾

《浅谈教育出版业实现高质量发展的路径——以人教社推动融合发展为例》

　　人民教育出版社　锦传银

《融媒体时代编辑技能提升初探——基于融媒体教材出版的思考》

　　国家开放大学出版传媒集团　张　曒　王　普　周婉月

《新技术：出版业高质量发展的新引擎》

　　山东教育出版社　赵鑫莹　任晓敏

《关于新时代培养出版人高质量发展意识的思考》

　　中国方正出版社　张晓双

《强化出版人的高质量发展意识》

　　北京印刷学院　刘华坤　王子乾

《新时代青年图书编辑如何"自学成才"》

　　黑龙江教育出版社　牛壮壮

《新业态下出版硕士专业学位人才培养现状与对策研究——基于26所高校培养方案的内容分析》

　　广东财经大学　余来辉

《浅谈地方出版企业如何走出新时代编辑队伍建设的困境》

　　广西科学技术出版社　彭溢楚

《新时代编辑的核心素养和培养路径》

　　北京体育大学出版社　郭晓勇

《出版高质量发展与学者型编辑》

　　　知识产权出版社　薛迎春

《新时代编辑的培养——从出版专业资格考试辅导教材的修订谈起》

　　　新疆青少年出版社　张玉洁

《新时代背景下，童书出版的新征程——一个青年编辑对出版高质量发展的思考》

　　　广西师范大学出版社　霍　芳

《文化自信与新时代出版人才培养刍议》

　　　时代新媒体出版社　田　龙　江舒帆

《2020 年后编辑继续教育培训的变化分析及建议》

　　　南昌大学　敖　萌

优秀组织奖获奖名单

广东省出版集团有限公司

北京印刷学院

时代出版传媒股份有限公司

广西出版传媒集团有限公司

贵州人民出版社有限公司

广西师范大学出版社

陕西师范大学出版总社有限公司